(RE)PENSANDO A PESQUISA JURÍDICA

Miracy Barbosa de Sousa Gustin
Especialista em Metodologia pela Universidade de Michigan – EUA.
Pós-Doutora em Metodologia pela Universidade de Barcelona/CAPES.
Doutora em Filosofia do Direito e Mestre em Ciência Política pela UFMG.
Professora Associada da Faculdade de Direito da UFMG (Aposentada).
Professora do Corpo Permanente do Programa de Pós-Graduação em Direito da UFMG.
Professora do Mestrado em Direito da Universidade de Itaúna.

Maria Tereza Fonseca Dias
Bacharel em Direito, mestre e doutora em Direito Administrativo pela UFMG.
Professora Adjunta da UFMG e dos cursos de graduação
e pós-graduação stricto sensu da Universidade FUMEC.
Bolsista de Produtividade em Pesquisa no CNPq.

(RE)PENSANDO A PESQUISA JURÍDICA:

Teoria e Prática

4ª Edição

Revista e atualizada de acordo com as
NBRS 14.724/2011; NBR 15.287/2011
e NBR 6.024/2012 da ABNT

3ª Tiragem

Del Rey
EDITORA

Belo Horizonte
2015

EDITORA DEL REY LTDA.
www.livrariadelrey.com.br

Editor: Arnaldo Oliveira

Editor Adjunto: Ricardo A. Malheiros Fiuza

Editora Assistente: Waneska Diniz

Coordenação Editorial: Wendell Campos Borges

Diagramação: Lucila Pangracio Azevedo
João Bosco Mourão

Editora / MG
Av. Contorno, 4355 – Funcionários
Belo Horizonte-MG – CEP 30110-027
Telefax: (31) 3284-5845
editora@delreyonline.com.br

G982 Gustin, Miracy Barbosa de Sousa.
(Re)pensando a pesquisa jurídica: teoria e prática / Miracy Barbosa de Sousa Gustin e Maria Tereza Fonseca Dias. – 4ª ed. rev. e atual. – Belo Horizonte: Del Rey, 2013.

278p

ISBN 978-85-384-0265-7

1. Projeto de pesquisa – Metodologia. I. Dias, Maria Tereza Fonseca. II. Título.

CDD: 001.42
CDU: 001.81

Bibliotecária responsável: Maria da Conceição Araújo
CRB 6/1236

PREFÁCIO

Os julgamentos dos projetos de pesquisa em Direito no âmbito do CNPq, dos quais participo como integrante do comitê assessor nessa área, têm sido monocórdios e recorrentes. Invariavelmente, a cada sessão 90% dos pedidos são rejeitados logo de início, por falta de um rigor metodológico. Mal formulados em seus objetivos, inconsistentes em termos analíticos e pouco convincentes em sua fomentação teórica, esses projetos revelam o grau de desinformação de seus autores. Além de não saberem claramente o que é um projeto acadêmico ou uma tese, eles também desconhecem o funcionamento das universidades norte-americanas e européias mais importantes, o nome de seus principais professores, as pesquisas de ponta em andamento e o próprio "estado da arte" de suas respectivas áreas de especialização.

Este problema é de caráter estrutural e está ligado à má qualidade do ensino jurídico, tanto na graduação quanto, em alguns casos, na própria pós-graduação. Excessivamente formalista e restrito ao aprendizado de códigos ultrapassados, ele não acompanhou as sucessivas transformações sofridas pelas instituições de Direito no âmbito de uma sociedade marcada pela velocidade, intensidade e profundidade de suas mudanças.

Acima de tudo, o ensino jurídico se destaca pelo flagrante envelhecimento de seus esquemas cognitivos e pelo esgotamento de seus paradigmas teóricos. Por isso, tornou-se incapaz de identificar e compreender a extrema heterogeneidade dos novos conflitos sociais, a enorme complexidade técnica das novas normas, as interdependências cada vez mais presentes no funcionamento da economia, os valores, as demandas e as expectativas por ela gerados na sociedade e a emergência de um sem-número de novas fontes de Direito com a preeminência dos conglomerados transnacionais como atores internacionais. Embora esse diagnóstico seja conhecido há anos, as poucas soluções adotadas até agora – como a flexibilização curricular e a introdução de maior número de disciplinas teóricas – não deram os resultados esperados.

Esta situação, contudo, não é exclusiva da área de Direito. Num belo texto sobre sua área de atuação, a economia, Robert Heilbroner e William Milberg lembram que a teoria econômica atualmente ensinada na graduação e na pós-graduação estaria atingindo um grau de isolamento e distanciamento da realidade comparável apenas ao alcançado pelo pensamento escolástico medieval (*The crisis of vision in modern economic thougth*. Cambridge: Cambridge University Press, 1966). Essa teoria econômica é repleta de abstrações e modelizações matemáticas dos mercados, afirmam eles, sem nenhuma relevância – inclusive ética – para o entendimento do mundo real. O hiato entre essa teoria e a realidade é cada vez mais flagrante e perigoso, concluem, levando assim os cursos de economia a terem uma percepção equivocada ou enviesada, quer do próprio objeto do ensino, quer do mercado de trabalho.

A mesma crítica, creio, também pode ser feita ao ensino jurídico. Ele continua preso a uma concepção estrita de sociedade (encarando-a como um sistema dotado de estruturas estabilizadas), a um tipo de Direito (o editado por um Estado soberano) e ao papel dos tribunais como *locus* privilegiado de resolução dos conflitos. Na prática, contudo, a crescente complexidade da sociedade contemporânea vem tornando inviáveis os mecanismos jurídicos de controle e direção baseados na rígida dicotomia entre o constitucional e o inconstitucional, o legal e o ilegal. Está tornando impossível o enquadramento jurídico de situações heterogêneas e multifacetadas por normas padronizadas com validade universal. E tem minado a efetividade das intervenções diretas por parte do Estado, rompendo com a exclusividade de seus direitos e obrigando-o a promover um ambicioso e problemático processo de deslegalização de suas obrigações e desconstitucionalização de suas responsabilidades. Incapaz de promover uma regulação minudente das relações socioeconômicas, ele optou pragmaticamente por estimular a livre negociação e aceitar como inexoráveis os mecanismos de auto-organização social e econômica, limitando sua atuação jurídica à tentativa de coordenar essas diferentes formas emergentes de legalidade.

Apesar de seu impacto desagregador sobre os paradigmas teóricos vigentes no ensino jurídico, essa metamorfose do Direito e de suas instituições continua sendo por ele ignorada. A maioria dos cursos trata a ordem jurídica contemporânea como se ela não tivesse sofrido nenhuma alteração estrutural nos últimos 50 anos, quando o País sofreu sua revolução industrial. Confunde-se a elaboração de uma dissertação ou tese com a redação de projetos de lei pretensamente capazes de resolver problemas socioeconômicos cujo alcance e implicações ainda nem sequer são conhecidos. Acima de tudo, são ignoradas algumas questões essenciais para a revitalização do ensino do Direito e do próprio pensamento jurídico, dentre as quais se destacam:

- Como é possível a produção legislativa em contextos marcados pela velocidade e intensidade das transformações econômicas e pela proliferação de situações sociais novas e ainda não estruturadas?

- Se os direitos civis e políticos nasceram contra o Estado, o que poderá acontecer com eles, agora que o Estado-nação parece entrar em refluxo com a transnacionalização dos mercados? Nesse contexto, em outras palavras, não estão esses direitos com sua continuidade ameaçada?
- Se os direitos econômicos e sociais foram concebidos para serem concretizados basicamente por meio das políticas governamentais de caráter distributivo, como podem ser eficazes no âmbito de Estados enfraquecidos perante o poder econômico transnacional?
- Até que ponto tribunais empenhados em assegurar o cumprimento desses direitos não correm o risco de encarecer os custos das transações econômicas e, por conseqüência, afugentar investimentos externos geradores de empregos, prejudicando indiretamente os supostos beneficiários desses mesmos direitos?
- Se, com o fenômeno da globalização, a esfera da política vem sendo progressivamente esvaziada pela esfera da economia, e como esta vai sendo cada vez menos determinada pelos Estados e cada vez mais condicionada pelas empresas transnacionais, sem nenhum compromisso social como o ambiente em que atuam, de quem cobrar responsabilidade? Que tipo de direito pode ser invocado e que tribunal pode ser acionado?
- Com a redução do tamanho e do alcance do direito positivo, a paralela expansão do Direito Internacional, a emergência do Direito da integração regional, o ressurgimento da *lex mercatoria* e a proliferação de normas técnicas produzidas por entidades privadas, como o *Accounting Standards Committee* e a *International Organization for Standardization*, a ordem jurídica se estilhaça em distintos sistemas normativos independentes e colidentes entre si? Ou, ao contrário, existe entre eles algum tipo de sincronia e congruência?
- Por fim, o processo de deslegalização atualmente patrocinado pelos Estados e o peso crescente da *lex mercatoria* produzida pelos conglomerados transnacionais podem levar ao refluxo do direito público e ao retorno do direito privado como paradigma da reflexão jurídica?

Evidentemente, há muitas outras questões mais técnicas e interdisciplinares. O problema é saber como tratá-las com rigor metodológico. E é justamente essa a tarefa a que se propõem as professoras Miracy Barbosa de Sousa Gustin e Maria Tereza Fonseca Dias, neste livro. Ou seja, fornecer aos estudantes de Direito um roteiro metodológico para a elaboração de projetos e execução de pesquisas jurídicas, permitindo-lhes desta maneira ultrapassar o estreito patamar dos textos retóricos e críticos rumo a trabalhos mais analíticos e corretamente fundamentados, sem os quais o ensino jurídico continuará desprovido da massa crítica necessária para fomentar e alimentar sua modernização.

José Eduardo Faria
Professor Titular do Departamento
de Filosofia e Teoria do Direito
da Universidade de São Paulo (USP).

NOTA À QUARTA EDIÇÃO

Esta quarta edição, mantém, em linhas gerais, os conteúdos do livro em suas edições anteriores, mas apresenta mudanças significativas acerca da formatação dos trabalhos acadêmicos e projetos de pesquisa em virtude da edição das NBRS 14.724/2011; NBR 15.287/2011 e NBR 6.024/2012 da ABNT. Nesse sentido, foram destacados os capítulos que tratam dos conteúdos de projetos e trabalhos acadêmicos e aqueles dedicados apenas às questões de formatação. Muitas destas alterações estruturais e de conteúdo foram sugeridas por alunos e professores de metodologia que utilizam nossa produção em seus cursos.

Foram incluídos novos capítulos ou parte de alguns capítulos para que pudessem ficar mais claros alguns conteúdos que, antes, pareciam confusos aos alunos. Incluiu-se, por exemplo, nova parte sobre Planos Esquemáticos para o desenvolvimento da pesquisa. Estes planos têm tido resultados positivos na realização de pesquisas quer de Graduação ou de Cursos de Pós-Graduação. As autoras esperam que com isto possam auxiliar a orientadores e estudantes-pesquisadores no acompanhamento e execução de suas investigações.

Estamos honradas por ser lançada a quarta edição desta obra e certas de que isto decorre da utilização deste livro por diversos cursos de graduação e de pós-graduação em Direito de Universidades, centros de ensino superior e facultades isoladas de Minas Gerais, bem como de outros estados brasileiros. Somos gratas à contribuição de todos aqueles que utilizaram nosso livro e apontaram pontos obscuros ou inconclusões que permitiram o aperfeiçoamento desta quarta edição. Esperamos continuar a contar com a colaboração de todos, nos endereços eletrônicos que apresentamos a seguir ou até mesmo em conversas informais ou em palestras e encontros científicos onde nos encontrarmos.

Devem ser destacadas as alterações promovidas que, em nossa avaliação, tornaram mais claras as estruturas formais de projetos e relatórios de pesquisas. Vários exemplos foram acrescentados nesta seara, passando de 14 a 24 o número de exemplificações constantes do novo Capítulo 7 da obra. Sugerimos ao leitor, contudo, que, mesmo após as indicações deste livro, que são atuais, consulte o site da Associação Brasileira de Normas Técnicas (www.abnt.org.br), pois as normas às vezes mudam com maior rapidez que as novas edições de livros de metodologia. Além, é claro, da consulta a outros manuais de metodologia, mesmo de outras áreas, para as comparações necessárias ou algumas lacunas que porventura tenham permanecido.

Esperamos que as mudanças processadas nesta edição, tanto quanto na anterior, possam contribuir para um maior aperfeiçoamento das pesquisas no âmbito das Ciências Sociais Aplicadas e da Ciência Jurídica, uma vez que continuamos defendendo que esta obra não se constitui como um manual definitivo da Pesquisa Jurídica.

Belo Horizonte, 13 de agosto de 2012.

Miracy Barbosa de Sousa Gustin
(miracygustin@gmail.com)
Maria Tereza Fonseca Dias
(mariaterezafdias@yahoo.com.br)

LISTA DE FIGURAS

SUMÁRIO

CAPÍTULO 1

INTRODUÇÃO

O texto a seguir tem o propósito de apresentar um conjunto de indicações básicas e preliminares para o desenvolvimento de pesquisas no campo das Ciências Sociais Aplicadas, mais especificamente no campo do Direito.

Além do curso promovido pelo Núcleo Interdisciplinar para a Integração do Ensino, Pesquisa e Extensão – NIEPE, da Faculdade de Direito da Universidade Federal de Minas Gerais, este texto é produto de diversos outros cursos ministrados em graduações e pós-graduações e palestras proferidas sobre os temas, em vários estados brasileiros, bem como de uma larga experiência em planejamento e pesquisa na Fundação João Pinheiro, por parte de uma das autoras.[1] Um outro motivo, de igual importância, derivou da inclusão nos currículos dos cursos de Direito da disciplina Metodologia da Pesquisa em Direito e da obrigatoriedade da apresentação e defesa de monografias de final de curso para obtenção do título de Bacharel em Direito.[2] Também na disciplina de pós-graduação Metodologia da Pesquisa em Direito, urge a adequação de metodologias genéricas ao campo da produção do conhecimento jurídico e das ciências sociais aplicadas.

O motivo maior é, talvez, a exigüidade de textos específicos sobre o assunto, dado o surgimento recente do interesse pela pesquisa científica na esfera jurídica do conhecimento. Hoje já não se contesta a inserção da Ciência Jurídica dentre as chamadas Ciências Sociais Aplicadas. É nesse

[1] As autoras puderam aplicar e adequar seus conhecimentos metodológicos ao campo do Direito, no planejamento, implementação e avaliação da pesquisa-ação do Programa Pólos Reprodutores de Cidadania, da Faculdade de Direito da UFMG, sob a chancela do CNPq, e no acompanhamento de orientações e docência em cursos de Graduação e Programas de Pós-graduação de Direito e de áreas conexas.

[2] *Vide* Portaria n. 1886, de 30/12/94, do Ministério da Educação e Cultura. BRASIL, 2000).

campo de conhecimento, justamente, que a produção do conhecimento jurídico vai buscar os fundamentos de sua metodologia científica.

Apesar de vivermos um momento de incertezas em relação à fundamentação do conhecimento científico, a ciência, dentre todas as demais formas de conhecer a realidade, parece ser a que ainda pode contribuir para a emancipação dos sujeitos e para a alteração do *status quo* vigente. Apesar das mazelas a que se prestou, à ciência resta proporcionar a democratização do conhecimento produzido e a melhoria das condições sociais da humanidade.

A Lei de Diretrizes e Bases da Educação Nacional – LDB (Lei n. 9.343/96), alicerçada nos fundamentos do ensino universitário, quais sejam, a indissociabilidade entre ensino, pesquisa e extensão, prevê que a educação superior tem como finalidades "[...] estimular a criação cultural e o desenvolvimento do espírito científico e do pensamento reflexivo" e, ainda, "[...] incentivar o trabalho de pesquisa e investigação científica, visando o desenvolvimento da ciência" (art. 43, incisos I e III) (BRASIL, 1996).

A referida norma veio disciplinar uma descoberta já antiga das universidades públicas: a de que o ensino superior deve refletir sobre o conhecimento que procura transmitir e sobre a formação que deve necessariamente proporcionar aos seus alunos.

A disciplina Metodologia da Pesquisa Jurídica, introduzida nas grades curriculares dos cursos de Direito, é ainda uma disciplina em construção, apesar dos 10 anos de sua inclusão nos cursos jurídicos. Primeiramente, porque deveria caber a ela a reflexão sobre o estatuto epistemológico da Ciência Jurídica, passando antes pela discussão da viabilidade de uma "Ciência Jurídica". Em segundo lugar, deveria, ainda, não somente criar, como também aprofundar o debate sobre qual o conteúdo a ser ministrado por essa recente "cadeira" do curso de Direito. Outra observação que se faz pertinente, é o fato de ainda não possuirmos suficiente material didático sobre a metodologia da pesquisa voltada exclusivamente para a Ciência Jurídica. E isso não parece ter sido efetivamente constituído em todas as unidades de ensino desse campo da produção de conhecimento.

As peculiaridades do Direito, como Ciência Social Aplicada, reclamam uma reflexão sobre os aspectos teóricos e metodológicos que lhe dizem respeito, para posteriormente serem aplicados à compreensão e ao ensino da Ciência Jurídica.

A Metodologia da Pesquisa Jurídica pode desenvolver seu objeto de estudos sobre dois aspectos distintos. Do ponto de vista teórico, cabe à disciplina apresentar os principais debates sobre a fundamentação do conhecimento científico por meio do estudo da metodologia científica das Ciências Sociais Aplicadas. No que concerne ao aspecto prático da disciplina, essa busca descrever os elementos fundamentais para o desenvolvimento do projeto e da própria pesquisa científica, com a finalidade de dar orientações para a composição de relatórios finais que se transformarão em monografias de graduação, exigidas até o momento para a obtenção do diploma de bacharel em Direito, e propor redirecionamentos para as pesquisas que fundamentam as dissertações e teses das pós-graduações em Direito.

Percebeu-se, no ensino superior, que não basta apenas apropriar-se do conhecimento produzido e transmiti-lo aos alunos. É necessário fazê-los sujeitos do processo de aprendizagem, bem como indivíduos críticos em relação ao que é ensinado, não só em relação ao conteúdo das disciplinas como em relação à sua prática profissional cotidiana.

Cabe ao cientista do Direito, um papel de reflexão sobre o objeto de suas investigações, no sentido de transformar e redefinir o papel do Direito na sociedade.

A primeira parte do texto dedica-se a uma visão global sobre a pesquisa como função acadêmica de grande relevo para a produção do conhecimento científico, dando-se valor ao papel da metodologia e às formas de raciocínio e de argumentação na investigação do fenômeno jurídico. Apresenta-se, nessa primeira parte, a disjunção entre uma concepção tradicional de pesquisa e uma nova concepção que se institui por seu conteúdo problematizador.

A segunda parte apresenta as grandes vertentes metodológicas da pesquisa nas Ciências Sociais Aplicadas, dando relevo às condições e possibilidades de utilização dessas vertentes no campo específico do Direito.

Enfim, a terceira parte discute os elementos essenciais do desenvolvimento de pesquisas no campo jurídico, desde a colocação do tema-problema e da fundamentação teórica até às particularidades da montagem de um projeto de pesquisa com todos os seus elementos, quer pré-textuais, quer textuais ou pós-textuais.

Deve-se fazer um alerta ao leitor: este livro não tem o propósito de constituir-se em um manual completo de metodologia da pesquisa. Constitui-se em um roteiro geral de reflexões e sugestões, aberto à crítica e às inúmeras adaptações e complementações que se fizerem necessárias. É apenas um dos textos – e não o único – para ser utilizado e discutido pelos alunos das Faculdades de Direito e das demais áreas das Ciências Sociais Aplicadas.

Espera-se, inclusive, que este trabalho possa ser útil, de alguma forma, aos professores de Metodologia da Pesquisa que se esmeram pela melhoria da produção do conhecimento científico e por sua adequação à complexidade da sociedade atual.

Procurou-se adotar neste livro, as formas de referências bibliográficas, citações, tabelas, gráficos, notas de rodapé, numeração e paginação da forma mais aproximada das regras da Associação Brasileira de Normas Técnicas (ABNT), aplicáveis à confecção de monografias, dissertações e teses. Mas como a própria ABNT possui regras diversas para a normalização de trabalhos monográficos, relatórios técnico-científicos, publicações periódicas, livros e relatórios de pesquisa, as autoras sugerem, quando necessário, uma consulta direta às normas da ABNT, no que diz respeito à adequação formal dos trabalhos acadêmicos.

CAPÍTULO 2

VISÃO GLOBAL SOBRE A PESQUISA

2.1 Conceitos e definições preliminares

Ocorre, na atualidade, uma profunda disjunção entre conhecimentos produzidos de forma compartimentada em nossas universidades e os fatos ou problemas multidimensionais, transdisciplinares e transnacionais. Ciência, consciência de realidade e racionalidade crítica são hoje indispensáveis para todos aqueles que desejam se dedicar à produção de conhecimento. Torna-se cada vez mais necessária a consciência da complexidade de nossas relações em razão da diversidade dos fatos da vida e da cultura. O reconhecimento dessa complexidade externa deve ser expresso a partir da construção de novas aptidões para a produção, inovação e organização do conhecimento.

Existe, entretanto, em nossas universidades, especialmente nas áreas onde a produção de conhecimento é muito incipiente, uma grande simplificação dos significados atribuídos à pesquisa cientifica. Em sentido corrente, várias acepções de pesquisa têm sido utilizadas, algumas extraídas de concepções de senso comum.

Uma delas, e a mais corriqueira, é a que concebe a pesquisa como uma simples consulta de determinado tema em manuais didáticos, enciclopédias, jornais, revistas ou outros textos com maior ou menor aprofundamento do assunto. Essa acepção foi-nos transmitida, supostamente, por professores, que insistiam em denominar "pesquisa" todo e qualquer aprofundamento de estudo sobre determinado tema previamente escolhido e indicado aos alunos. Quase sempre o produto desse estudo restringia-se à repetição de trechos (com uma linguagem bem mais superficial do que no original) de livros ou de revistas, algumas vezes até mesmo acompanhados de sínteses e análises bem formuladas e inovadoras. Apesar disso, o produto desse esforço não passa de um estudo mais ou menos aprofundado sobre determinado tema que **não deve ser visto como uma investigação cientí-**

fica. Isso não significa que bons estudos sejam desnecessários ou, até mesmo, que não colaborem com o desenvolvimento de pesquisas científicas. O que se pode afirmar, contudo, é que não devem ser considerados como pesquisas científicas, mas tão-somente aprofundamentos de estudos.

Outra acepção distorcida de pesquisa é aquela que a correlaciona com simples levantamentos de opiniões sobre determinado tema ou assunto. Esses "levantamentos" podem até se transformar em estratégias imprescindíveis para o desenvolvimento de uma investigação, mas não são, por si, pesquisas científicas. Pode-se, pois, concluir que uma pesquisa científica, em nosso caso aplicada ao campo jurídico de conhecimento, tem uma concepção bem mais complexa do que aquela que se lhe atribui. Isso não significa, contudo, que devemos apresentar, neste livro, a pesquisa científica apenas como a elaboração de projetos de investigação ou seu desenvolvimento. A metodologia científica deve envolver desde as abordagens teóricas que vêm sendo utilizadas nos trabalhos científicos – o que exigiria retorno histórico às variadas dimensões epistemológicas sobre a ciência e sua relação com o senso comum – até as técnicas e procedimentos utilizados na produção do conhecimento das Ciências Sociais Aplicadas e, dentre elas, a esfera de produção do conhecimento jurídico. Inserem-se aí, inclusive, as formas de preparação e divulgação da pesquisa, ou seja, o projeto, o relatório e a comunicação do conhecimento científico. Optou-se por um texto de conteúdo mais objetivo: breves reflexões sobre a ciência na atualidade e seu estatuto teórico, as formas de elaboração e conteúdos do projeto, as opções discursivas para desenvolvimento do relatório, quer como monografia, quer como dissertação ou tese, sem, contudo, deixar de indicar a complexidade epistemológica em que essas escolhas estão inseridas.

2.2 Origem das investigações científicas

A definição mais simples de pesquisa poderia ser formulada como a procura de respostas para perguntas ou problemas propostos que não encontram soluções imediatas na literatura especializada sobre o assunto. Afirma-se, pois, que uma pesquisa científica origina-se sempre de uma **indagação**, de uma questão posta pelo pesquisador, sem solução imediata. Se essa resposta é passível de ser encontrada por meio de simples consultas a livros, revistas ou jornais, sem a utilização de uma metodologia sistemática de investigação que possa ser verificável mediante procedimentos racionais e críticos, deve ser considerada como simples aprofundamento de estudo sobre determinado tema e não como uma investigação científica.

Não se pretende afirmar, no entanto, que a pesquisa científica é o único caminho para a produção de conhecimento ou de verdades. O homem, em seu cotidiano, aproxima-se de seu mundo por intermédio de sua capacidade de conhecê-lo e de transformá-lo. É um erro entender que somente o cientista é capaz de produzir conhecimento. A diferença entre a produção de conhecimento do homem em seu cotidiano e a produção de conhecimento com objetivos científicos é a forma de observação utilizada. A primeira é, na maioria das vezes, sensitiva ou vivencial, ou melhor, sem a exigência de uma conduta voltada para a sistematicidade de procedimentos ou de um indispensável aprofundamento desse conhecimento, de modo que o indivíduo possa se satisfazer apenas com as aparências dos fatos e dos fenômenos. Não se quer afirmar, entretanto, que o conhecimento popular é sempre superficial e acrítico. O que se diz é que a observação que cotidianamente realizamos não tem a necessidade de ser sistemática ou de se fundamentar numa teoria crítica.[1]

Boaventura de Sousa Santos, no livro *A crítica da razão indolente: contra o desperdício da experiência* (2002b), entende a teoria crítica como aquela que não reduz a "realidade" ao que existe, pois a mesma se constitui de campos de possibilidades que devem ser confirmadas ou superadas (condições positivas ou negativas). As Ciências Sociais Aplicadas interessam-se, primordialmente, pela natureza moral de nossa sociedade e pela qualidade dessa moralidade. As investigações no campo do Direito estarão, portanto, sempre voltadas à procura de possibilidades emancipatórias dos grupos sociais e dos indivíduos e pelo conteúdo ético dessa emancipação. Afirma-se, assim, que o Direito e a produção de seu conhecimento não se restringem à regulação social. Se assim fosse, as investigações seriam desnecessárias, pois o caminho social não seria transformador. A produção de um conhecimento emancipador origina-se por um problema complexo que é vital e que se configura a partir de um fenômeno jurídico compreendido em sua dimensão cultural e tridimensional: fática, axiológica e normativa.

Logo, a produção do conhecimento é sempre contextualizada. Ela tem um tempo e um espaço e se inicia pela crítica não só de seu contexto como dos próprios meios e teorias que utiliza para a produção do conhecimento jurídico. Por essa razão, o conhecimento científico origina-se em si mesmo,

[1] Sobre as diversas formas de conhecer a realidade *vide*: (DEMO, 1995, 2002), (LAKATOS, 2002) e (SANTOS, 2002a, 2000, 2002b).

por meio de seus procedimentos e de formas sistematizadas e críticas de raciocínio, mas aspira a um conhecimento final que promova um senso comum emancipado em relação a seus sentidos ético, político, estético e do próprio saber que produz.

2.3 A mudança de rumos na concepção da pesquisa

Na concepção tradicional da pesquisa, eram valorizados critérios lógico-formais. Priorizava-se, extensivamente, as experimentações e todas as investigações que permitissem quantificações e mensurações de todos os tipos. Os campos de conhecimento eram fragmentados e unidisciplinares. Essas características estavam relacionadas e, ao mesmo tempo, se dissociavam de suas condições no momento do surgimento das ciências sistemáticas do século XVI. Deu-se, nessa fase, a necessidade de emancipação dessas novas formas de saber em relação ao campo monolítico da Filosofia. Substituiu-se o método dedutivo-demonstrativo pelo método indutivo da observação e da experiência. Essa "nova" ciência exigia uma demarcação de fronteiras: fazer de cada ciência uma especialização.[2]

Até muito recentemente (meados do século XX), predominaram a unidisciplinaridade e a metodologia monográfica, que não pretendiam uma visão de totalidade. No pós-guerra, ocorre uma mudança de rumos. A realidade, cada vez mais complexa, é problematizada e experimenta-se a institucionalização da pesquisa. O enfoque metodológico deixa de ser monológico e, no primeiro momento, assume uma vertente da **multidisciplinaridade**, ou seja, de cooperação teórica entre campos do conhecimento antes distanciados. Passa-se, daí, não mais, somente, para a cooperação, mas para a coordenação de disciplinas conexas ou para a **interdisciplinaridade**. Atualmente, a **transdisciplinaridade** ou a produção de uma teoria única a partir de campos de conhecimento antes compreendidos como autônomos é a tendência metodológica que emerge com maior força.[3] Os dois últimos enfoques exigem uma nova linguagem, dialógica e interativa. Do paradigma da consciência, que antecedeu a esses novos enfoques, pas-

---

2 Na ausência de uma nomenclatura adequada para a mudança de paradigma, tem-se adotado diversas terminologias, tais como: "O novo espírito científico" (BACHELARD, 1998, p. 9), "Paradigma Emergente" (SANTOS, 2002a, 2002b), "Ciência Pós-Moderna" (SANTOS, 2000), entre outras concepções.

3 Uma disciplina possui natureza transdisciplinar quando se institui além das tradicionais fronteiras disciplinares (MIAILLE, 1994, p. 61).

sa-se para o paradigma da inter e da transcompreensão, período conhecido como da emergência de um novo paradigma (SANTOS, 2002a, 2000, 2002b). Da antiga razão centrada no sujeito e na metodologia monográfica surge a razão metodológica comunicacional. Inserem-se, aqui, as "novas" vertentes metodológicas da Ciência do Direito e da Sociologia Jurídica. O objeto do Direito passa a ser uma variável dependente e a relação jurídica um fenômeno social.

Até bem pouco tempo, os cursos jurídicos brasileiros faziam tábula rasa da pesquisa como fonte propulsora de novos conhecimentos ou como manancial de renovação do conhecimento jurídico-científico. Quando existia, a pesquisa quase sempre se restringia a consultas a manuais, a coletâneas de jurisprudência, a recortes de jornais, a anotações de revistas especializadas ou a simples levantamentos de opiniões sobre determinado assunto ou tema específico. Em inúmeros casos, mas sempre com honrosas exceções, as "pesquisas jurídicas" eram feitas sem qualquer sistematicidade e sem adequada fundamentação teórica. A problematização da realidade ou o teste de hipóteses eram questões tidas como dispensáveis e irrelevantes. Supunha-se, tal como na concepção de senso comum, que os dados "falavam por si", tornando dispensável qualquer tipo de dúvida ou de incerteza sobre o fenômeno jurídico real.

Nesse panorama estéril da pesquisa, a "iniciação científica" teve alguma função? Sem dúvida, a inserção dos alunos da graduação nas atividades de pesquisa validou o surgimento de uma multiplicidade de enfoques e de tipos de investigações jurídicas que conduziram os cursos de Direito a estímulos incessantes e à busca de novos métodos e técnicas que pudessem dar conta desses interesses de natureza diversificada. Verifica-se, hoje, em um número crescente de cursos, desde investigações histórico-jurídicas até aquelas de conteúdo jurídico-projetivo, jurídico-exploratório ou as pesquisas qualitativas de campo. As metodologias também se multiplicaram. Temos, atualmente, procedimentos que se utilizam não só das chamadas "fontes de papel" (levantamentos bibliográficos, documental, jurisprudencial) como das "fontes personificadas" (estudos de caso, de opinião, pesquisa-ação, entre outros).

O que devemos, pois, esperar dessa inusitada e extraordinária movimentação de alunos à procura de orientadores e de indicações metodológicas para a investigação de questões relevantes para a problematização do campo jurídico a partir de conhecimento crítico? Dessa efervescência de saberes deve-se esperar o máximo. E o que seria esse nível "máximo" ou "ótimo" de pesquisa? Não seria, por certo, continuar a priorizar a unidisciplinaridade do conhecimento, dando relevo somente a critérios lógico-formais e não pretendendo uma visão crítica da totalidade. O propósito atual deve se dedicar à passagem de uma razão centrada no sujeito e no paradigma da consciência à razão comunicacional e ao paradigma da intercompreensão e da transcompreensão. A problematização da realidade jurídica brasileira, por nossos pesquisadores, deve representar um movimento objetivo em favor da coordenação de disciplinas conexas ao campo jurídico na produção de teorias estruturadas a partir de uma linguagem comum e segundo marcos teóricos convergentes. Essa movimentação pode conduzir orientadores e orientandos a serem capazes de, por intermédio da pesquisa, iniciar um grande esforço argumentativo que não permaneça fechado na tradicionalidade discursiva unidisciplinar do Direito. Para tanto, tornam-se imprescindíveis uma linguagem compreensiva e novos vôos metodológicos e conceituais que façam aflorar um aluno-pesquisador mais criativo e mais consciente de sua importância no mundo vivo da ciência. Com isso, novas possibilidades de conhecimento seriam permitidas e uma noção mais adequada da complexidade jurídica poderia surgir de estudos objetivos, conduzidos segundo parâmetros mais criativos das novas orientações científicas.

Não é sem razão que Renato Janine Ribeiro afirma não haver "pior inimigo do conhecimento do que a terra firme" e completa:

> [...] não vejo razão, para alguém fazer uma pesquisa de verdade, que não o amor a pensar, a libido de conhecer. E, se é de amor ou desejo que se trata, deve gerar tudo o que o intenso amor suscita, de tremedeira até suor nas mãos. O equivalente disso na pesquisa é muito simples: o susto, o pavor diante da novidade. Mas um pavor que desperte a vontade de inovar, em vez de levar o estudante a procurar terra firme, terreno conhecido (RIBEIRO, 1999, p. 190).[4]

[4] Indicamos a leitura de todo o artigo, em: *Tempo Social*: Revista Social. USP, São Paulo, n. 1, v. 2, p. 189-195, maio 1999.

CAPÍTULO
3

A CIÊNCIA JURÍDICA E SEU OBJETO DE INVESTIGAÇÃO

Na atualidade, a maioria dos teóricos do Direito afirma que o saber jurídico não se restringe a um saber dogmático.[1] Até meados do século XX, afirmava-se que a Ciência do Direito limitava-se a um conjunto de teorias sobre as normas vigentes e suas exigências práticas, dando assim um maior realce ao aspecto regulador do Direito. Entendia-se o Direito somente como um elenco de normas, proibições, obrigações e instituições, e a Ciência do Direito dedicava-se à sistematização e interpretação unidisciplinar desse elenco. O saber jurídico, nessa concepção, tinha natureza dogmático-tecnológica, preocupando-se com as noções de vigência e de eficiência procedimental; por essa razão, priorizava-se a criação de condições para a ação e para o aumento da possibilidade de decisão dos conflitos sociais, sem se preocupar com a problematização dos fenômenos sócio-jurídicos e das formas de atuação e de regulação desses mesmos fenômenos.

Novas condições de concepção da Ciência do Direito e das demais Ciências Sociais Aplicadas foram constituídas a partir da noção da complexidade das relações sociais, que não podem ser compreendidas em sua plenitude a partir do aumento da eficiência dos procedimentos. A Ciência Jurídica contemporânea apela à razoabilidade, ao conhecimento crítico e à reconceituação do ato justo. Suas formas de produção do conhecimento são discursivas e seu conjunto de complexos argumentativos trabalha com a validade dos argumentos por sua relevância prática e sua capacidade de emancipação dos grupos sociais e dos indivíduos. Só podem ser considerados emancipados aqueles grupos de pesquisadores que, a partir dos conhecimentos científicos, convencem-se da validade dos argumentos e do saber produzido e, por isso, adquirem a capacidade de julgá-los e justificá-los perante si mesmos e os demais grupos sociais e indivíduos.

---

1 Essa discussão é aprofundada em Ferraz Júnior (1980, 2001).

Alguns modelos teóricos têm sido atribuídos à produção do saber jurídico: o **analítico**, o **hermenêutico**, o **empírico** e o **argumentativo**. O modelo analítico foi sempre apresentado como sendo de caráter formalista e que se dedicava à sistematização de regras e de normas. O interesse restringia-se às questões voltadas ao ordenamento jurídico e às suas relações internas. Logo, a produção do conhecimento da Ciência do Direito tinha como elemento primordial a norma e, como paradigma, o Direito como campo autônomo em relação à sociedade. O modelo hermenêutico, ou a teoria da interpretação – tradicionalmente assim concebido –, constrói-se como sistema jurídico aplicado e compreensivo das condutas humanas por meio da atividade discursiva-interpretativa. O modelo empírico, razoavelmente trabalhado por Viehweg (1979) e, entre nós, por Tércio Sampaio Ferraz Júnior (2001), constitui-se como teoria da decisão jurídica no sentido de investigar normas de convivência, no interior ou no exterior do ordenamento jurídico, para facilitar os procedimentos decisórios formais e não formalizados. O modelo da teoria da argumentação jurídica é aquele que sustenta a necessidade de convencimento, por meio da atribuição de validade aos argumentos utilizados e de legitimidade dos procedimentos decisórios e dos próprios argumentos. Este modelo inverte o procedimento da subsunção silogística: a tendência contemporânea é de construção da premissa maior a partir do esclarecimento do caso. O fundamento dessa inversão deriva do entendimento de que as premissas maiores, por si, já não dão conta da complexidade do "real" como dado antecedente ou construído.

Nessa análise dos modelos mais correntes, é necessário entender que há uma interação entre esses modelos que não se constitui, porém, como uma unidade sistemática (forma tradicionalmente utilizada). A interação entre esses modelos dá-se por meio de um processo dialético de inclusão/complementação/distinção. Ou seja, cada um deles deve ser entendido dentro de suas particularidades e, na aplicação, esses modelos podem ser complementares e inclusivos, apesar de se distinguirem em seus fundamentos. Essa complementaridade, entretanto, dá-se a partir de permanentes conflitos e de contraditoriedade, por ser um processo dialético de realização.

Para Boaventura de Sousa Santos (2002b), urge uma nova síntese jurídico-cultural, um "des-pensar" o Direito fundado em tradicionais dicotomias: Estado Nacional x Sistema Mundializado; Sociedade Civil x Sociedade Política; Direito Público x Direito Privado; Utopia Jurídica x Pragmatismo Jurídico. Somente o "des-pensamento" dessas dicotomias pode revelar dissimulações tradicionais que ocultavam o fato de que o Direito, assim pensado, pode "regular" tanto o progresso ou o desenvolvimento quanto a estagnação ou a decadência. Esse processo pode culminar na eliminação da dicotomia fundamental: **regulação-emancipação.**

Para o mesmo autor, em obra anterior (SANTOS, 2002a), o conceito de ciência requer, na atualidade, ser formulado e justificado a partir de um conjunto de quatro teses que se inter-relacionam e se complementam. A primeira tese afirma que **todo conhecimento científico-natural é científico-social**. Enquanto na ciência dos tempos modernos havia uma nítida separação entre Ciências Naturais e Ciências Sociais, no paradigma emergente, fenômenos naturais também são explicados a partir de conceitos originários das Ciências Sociais. Ao mesmo tempo, teorias físico-naturais são aplicadas ao domínio social. A pessoa surge como autor e sujeito do mundo e este, por supor constantes situações comunicativas, não mais permite campos de conhecimento unidisciplinares e fragmentados. A segunda tese refere-se ao **conhecimento como local e total**. O conhecimento total é aquele que tem como horizonte uma globalidade universal e indivisa. Ele é também local, no entanto, pois é formado por temas que, em momentos determinados, são assumidos por grupos sociais concretos, com projetos locais de vida. Essa ciência pode ser vista como uma ciência tradutora, pois estimula os conceitos e teorias desenvolvidas localmente a tornarem-se universais. A terceira tese afirma que **todo conhecimento é autoconhecimento**. Não mais existe a distinção dicotômica entre sujeito do conhecimento e objeto: um conhecimento compreensivo e íntimo, que nos relaciona ao que estudamos, torna o objeto uma continuação do sujeito. O ato criativo da produção científica deve conhecer-se intimamente antes de conhecer aquilo que cria ou compreende.

A última tese culmina com a postulação de que **todo conhecimento científico visa constituir-se em senso comum**. Sendo assim, nenhuma forma de conhecimento é, em si mesma, racional; necessita-se dialogar com outras formas de conhecimento que se interpenetram e se completam. Apesar de o conhecimento científico originar-se de regras metodológicas próprias, porém inter ou transdisciplinares, ele só se realiza quando se transforma em senso comum, só assim se constituindo como ciência clara e transparente. Esse é o objetivo primordial das ciências.

O conhecimento científico, a partir dessas teses, visa construir um paradigma em que a ciência, por ser social, é concebida como um conhecimento prudente para a constituição de uma vida humana decente e o desenvolvimento tecnológico deve traduzir-se em sabedoria de vida (SANTOS, 2002a).

Deixam-se de lado, pois, todas as concepções anteriores de um conhecimento absoluto ou de verdades absolutas. A produção do saber está sempre condicionada por um sistema de referências do sujeito de conhecimento que se insere em um patrimônio cultural comum a determinados grupos sociais ou sociedades mais abrangentes e a determinados tempos. A ciência, como um conjunto de constatações, deverá ser sempre passível de verificação por ser um saber coerente, metodicamente fundado, demonstrado e sistematizado. A atividade científica ordenada, segundo princípios próprios e regras peculiares, possibilita fundamentar a relativa certeza do saber produzido e de sua validade para o ser humano e a sustentação de seu bem-estar e de sua dignidade.

Não sem razão, Ilya Prigogine – prêmio Nobel de Química – assevera em seu livro *O fim das certezas*: tempo, caos e as leis da natureza, que:

> A ciência clássica privilegiava a ordem, a estabilidade, ao passo que em todos os níveis de observação reconhecemos agora o papel primordial das flutuações e da instabilidade [...]. A democracia e as ciências modernas são ambas as herdeiras da mesma história, mas essa história levaria a uma contradição se as ciências fizessem triunfar uma concepção determinista da natureza, ao passo que a democracia encarna o ideal de uma sociedade livre. [...] Pensamos situar-nos hoje num ponto crucial dessa aventura, no ponto de partida de uma nova racionalidade que não mais identifica ciência e certeza [...] (PRIGOGINE, 1996, p. 12-14).

Por tudo que se afirmou até aqui, percebe-se que a emergência de um novo paradigma das ciências finaliza com a noção anterior de que as investigações científicas deveriam se estruturar sobre o fundamento da neutralidade e da teoria da causalidade, segundo os quais tudo estaria previsto e os achados das pesquisas seriam imutáveis e absolutos.

3.1 O paradigma da razão comunicacional

Assumimos neste trabalho a posição teórico-metodológica que entende ser objeto do Direito o fenômeno jurídico historicamente realizado. Um fenômeno que se positiva no espaço e no tempo e que se realiza como experiência efetiva, passada ou atual. Entende-se, portanto, que não há Ciência Jurídica sem referência a um campo de experiência social, daí sua inclusão entre as Ciências Sociais Aplicadas. Uma forma de conhecimento que se torna objetiva no decurso do processo histórico e cuja principal função, segundo Rodriguez Molinero, é "[...] atribuir valor e submeter a juízo crítico o conteúdo regulador do direito, expresso através de normas estabelecidas em determinado espaço e tempo." (RODRIGUEZ MOLINERO, 1991, p. 153).

Esse objeto estrutura-se a partir de um paradigma que denominamos "da razão comunicacional" (DEMO, 2002); (GUSTIN, 1999, 1999a); (HABERMAS, 1994, 1997); (SANTOS, 2002b); (DIAS, 2003). Para explicação dessa nova racionalidade, há que se compreender que os seres humanos convivem com uma tensão permanente em razão de sua dupla natureza, ao mesmo tempo individual e social. Há que se entender, igualmente, que esses seres, na atualidade, inserem-se em uma ordem social imersa em uma contradição fundamental. Enquanto o ser humano estrutura sua individualidade moral a partir de relações de fidelidade com as esferas locais e com os grupos menores e mais próximos (familiares, profissionais, de amigos, entre outros), as fronteiras nacionais se expandem e os seres e as entidades coletivas (sociedades nacionais, empresas de grande porte, grupos associativos e representação profissional, etc.) passam a conviver em um ambiente cosmopolita, de expansão não só de fronteiras geográficas, mas, inclusive, dos limites éticos, políticos e jurídicos, numa expansão também permanente de suas necessidades. A individualidade torna-se, portanto, ao mesmo tempo, local e global, dependendo de sua inserção nas estruturas da sociedade. E isso afeta, sobremaneira, as formas tradicionais pelas quais ela tem sido concebida, tendo em vista a perspectiva de um desabrochar dessa individualidade por meio da superação de suas necessidades, visando a um ser capaz de recriar sua própria autonomia.

Considerando essas argumentações, torna-se possível afirmar que:

a) Deve-se garantir aos indivíduos e aos grupos, ou coletividades, oportunidades que lhes permitam adquirir capacidades efetivas de minimização de danos, privações ou sofrimentos graves e, assim, ampliar essa potencialidade de atividade criativa e interativa, cuja pré-condição é a autonomia.

b) Sendo assim, a realização ou não-realização das necessidades afetará positiva ou negativamente a plenitude das pessoas ou das coletividades em sua busca permanente de um ser humano emancipado e auto-realizado. Essa realização parece estar limitada tão-somente pela escassez de tempo da vida humana. Mesmo assim, não se pode afirmar que essa auto-realização esteja limitada pelo tempo biológico de forma inexorável. Sabe-se que o ser recebe capacidades e potencialidades que são anteriores ao seu limite biológico, tais como influências familiares e comunitárias, entre outras. E, afinal, a morte não é seu limite, pois lega à sua posteridade não só descendentes, como ações relevantes e os mais variados tipos de heranças e sucessões.

c) As necessidades, por todas essas razões, concedem aos indivíduos argumentos sobre a justiça e a justeza dos fatos e das relações; portanto, sobre os fundamentos de sua legitimidade. Sendo assim, a constituição dessa legitimidade deverá ter, igualmente, conteúdo social e cultural, obtido a partir do consenso discursivo e do exercício de uma democracia na qual a participação se estruture de forma solidária e emancipada.

d) A autonomia, aqui reafirmada como necessidade primordial do homem ocidental contemporâneo, deve ser considerada num sentido interativo e dialógico, por isso, também de natureza social e transcultural, que supera a concepção restrita e individualizante da doutrina liberal do mundo moderno e que rompe com a visão tradicional da tensão irremediável da disjunção entre as esferas pública e privada. A autonomia reconceituada nesse sentido é obtida mediante formas discursivas e auto-reflexivas passa a vislumbrar um privado que se realiza no público, este último construído a partir de uma concepção de cidadania ativa e de sociedade civil que se expande além das fronteiras locais ou nacionais.

e) A potencialidade de aprendizagem, de criatividade e de inovação do ser humano tem permitido que ele, por meio da condição de uma crescente autonomia, seja capaz de transcender uma visão e um discurso comunitário tópicos e os limites de uma linguagem normativa particular, possibilitando um processo de emancipação do homem ao qual não se pode atribuir um termo. É um processo de construção normativa que, por intermédio da expansão das relações democráticas, realiza-se no constante desvendamento de novas alienações e das variadas formas de exclusão do mundo contemporâneo.

É certo que a sociedade contemporânea terá de proporcionar aos cidadãos mecanismos efetivos de satisfação das necessidades que agora se expandem de forma incomensurável a partir da expansão dos mercados e das formas de comunicação. É necessário que se submeta a economia globalizada a fins últimos, tais como o acesso a igual poder e a igual participação, oportunidades justas de desenvolvimento das competências comunicativas e a efetivação igual e para todos dos direitos fundamentais e humanos, conferindo a esses temas sentido político e direções normativas cada vez mais precisas e mais adequadas às condições que estruturam a nova ordem social. Todas essas iniciativas deverão ter como meta o desenvolvimento da potencialidade criativa, interativa e dialógica da pessoa humana em níveis cada vez mais altos, no sentido de ampliar sua capacidade de inserção autônoma em seu contexto e, assim, contribuir para uma efetiva minimização de danos, privações e sofrimentos graves para si mesmo e para sua coletividade comunicativa.

Para que essas aspirações tornem-se realidade é indispensável um processo de reanimação e de re-conjugação de esforços dos sistemas político e jurídico de cada sociedade, com o objetivo de estabelecer uma nova capacidade de debate nacional sobre as escolhas fundamentais que devem ser feitas e os procedimentos a serem utilizados. Cada participante desse debate deverá estar consciente do valor de sua própria competência comunicativa para o desenvolvimento de uma dialogicidade e de uma discursividade democrática que possam dar legitimidade política e normativa a esse processo. Na atualidade, uma sociedade justa deve supor a existência de políticas e de critérios normativos, discursivamente estabelecidos por indivíduos com autonomia, que regulem uma distribuição eqüitativa do produto social e que permitam a obtenção de novos patamares de emancipação social. Tudo isso permitiria a realização da autonomia privada por meio da consolidação do debate na esfera pública e do efetivo desenvolvimento da capacidade de convencimento como expediente de consenso e de legitimação das estruturas e dos canais normativos democraticamente obtidos.

A tarefa metodológica da Ciência do Direito não pode desconhecer esse novo homem que se constrói numa malha complexa de relações que combina as pretensões de institucionalização das relações sociais com o valor inescusável da autodeterminação da pessoa. Isso supõe a dialogicidade como método e a autonomia interativa e discursiva como fundamento dessa relação metódica.

A razão comunicativa ou comunicacional (GUSTIN, 1999a, p. 209) é aquela que promove a inclusão de um sujeito emancipado que se insere socialmente por meio de múltiplas formas de participação nas esferas públicas e privadas de tomada de decisão. Ele é um sujeito complexo e múltiplo. De um lado, ele é a soma de interesses e de papéis diversificados, muitas vezes dicotômicos: pai/filho, trabalhador/patrão, professor/aluno, cidadão, entre outros que se diversificam em termos de habilidades, qualificações, capacidades e responsabilidades. São múltiplas suas relações discursivas: grupos diferentes de pessoas interagem com sua identidade heterogênea. Finalmente, esse ser complexo comunica-se por meio de mais de uma linguagem moral, ou seja, ele estrutura sua individualidade por intermédio de valores e princípios diversificados. Uma das linguagens, por certo, é a do Direito, da Ciência do Direito e da justiça, que permite a inclusão desse ser em seu meio social a partir de nova compreensão do mundo e de si mesmo pelos novos patamares científicos obtidos pelo homem.

CAPÍTULO 4

OPÇÃO METODOLÓGICA

Toda opção metodológica supõe uma concepção provisória da realidade a ser conhecida. Três elementos de grande importância condicionam, em nossos dias, a escolha dos procedimentos científicos para a pesquisa a ser desenvolvida. O primeiro elemento é a idéia de que a realidade jurídica está condicionada pela trama das relações de natureza econômica, política, ética e ideológica. Esse elemento aponta para o fato de que o Direito, como fenômeno jurídico, é também social e cultural. O segundo elemento constitui-se na necessidade de questionar os institutos já positivados no ordenamento jurídico nacional que, em boa parte, reproduzem o *status quo* e, por conseguinte, praticamente desconhecem as demandas de transformação da realidade mais abrangente. O terceiro elemento refere-se ao fato de que a escolha da metodologia significa a adoção de uma postura político-ideológica perante a realidade. Essa adoção deve ser entendida como a procura, nas reivindicações e demandas sociais, de uma racionalidade que se desprende da racionalidade formalista e que supõe a produção de um conhecimento jurídico que não se isola do ambiente científico mais abrangente e se realiza por meio de reflexões discursivas inter ou transdisciplinares.

Apesar das reações em contrário, o Direito hoje se instala na sociedade como um dos elementos de transformação modernizadora das sociedades tradicionais, especialmente aquelas que são referidas como de Terceiro Mundo ou de desenvolvimento precário. Após a década de 60, surgem novas condições teóricas e sociais aplicadas. Dentre elas, destacamos a análise das organizações como novo procedimento metodológico e o interesse pelas novas formas de análise das instâncias de decisão e de poder político surgem como formas metodológicas de grande importância, que permitem a conexão entre a Ciência do Direito e da Política, da Administração, da Economia, entre outras.[1]

1 Acerca da Teoria das Organizações, que oferece importantes elementos ao estudo das instituições jurídicas, consulte March & Olsen (1989).

As condições sociais do pós-guerra e a insuficiência da ação pública, em relação às várias crises que se colocam, fazem surgir novos formatos estatais, os quais não são capazes de debelar a explosão de litigiosidade que se faz acompanhar de novos atores coletivos sociais (as organizações não-governamentais e os novos movimentos sociais). Esse contexto social de resistência é uma das razões para o surgimento da crise de administração da justiça ao lado da crise de identidade e de referências políticas.

Não apenas o Estado, mas a própria sociedade e as teorias que a interpretam, também apresentam novas condições e versões. Bauman (2001) é bastante esclarecedor sobre essa questão. Para ele, ocorre na atualidade uma desintegração das redes sociais, uma derrocada das organizações de ação coletiva, instalando-se uma sociedade dos indivíduos e não dos cidadãos. Essa desintegração social de uma sociedade escorregadia e fluida é compreendida pelo autor não tanto como uma condição, mas como resultado de novas técnicas de poder, que não mais se interessam pela concretude das normas jurídicas e da ética ou pela densidade das redes de laços sociais. Os novos poderes globais e, inclusive, nacionais operam no sentido de uma sociedade civil frágil e desenraizada.

A noção dessa complexidade social, desses novos poderes e fragilidades, vem valorizar a necessidade de investigações que se pautem por novas metodologias, novos temas como foco de estudo e a delimitação de objetos de pesquisa que exigem problematizações e teorias explicativas de conteúdos cada vez mais complexos.

4.1 Grandes vertentes teórico-metodológicas da pesquisa social aplicada e jurídica

A complexidade contextual conduziu à superação de metodologias de cortes puramente positivistas ou formalistas. Dessa reação ao tradicionalismo jurídico formalista surgiram três grandes linhas metodológicas, originariamente sem qualquer complexidade conceitual, que, aos poucos, foram se definindo como grandes vertentes teórico-metodológicas, agora já com maior elaboração de conceitos e diretrizes.

As três grandes linhas metodológicas que se destacaram foram:

- a linha da **tecnologia social científica,** que converte o pensamento jurídico e sua produção em uma tecnologia voltada para as questões sociais, mas que substitui drasticamente os valores pelos fins e os fundamentos pelos efeitos. Essa grande linha ganhou força nos EUA e se estrutura a partir das teorias que fundam o pragmatismo metodológico;

- a linha metodológica de **sentido jurisprudencial** configura-se a partir de um novo modo de assumir metodicamente a dialética entre ordenamento e problema localizado, enquanto coordenadas complementares e irredutíveis do juízo jurídico;
- a linha **crítico-metodológica**, supõe uma teoria crítica da realidade e sustenta duas teses de grande valor para o repensar da Ciência do Direito e de seus fundamentos e objeto: a primeira defende que o pensamento jurídico é **tópico** e não dedutivo, é **problemático** e não sistemático. Essa tese trabalha com a noção de razão prática e de razão prudencial para o favorecimento da decisão jurídica. A segunda tese insere-se na versão postulada pela **teoria do discurso** e pela **teoria argumentativa**. Essa linha compreende o Direito como uma rede complexa de linguagens e de significados.

Dessas linhas surgem grandes vertentes teórico-metodológicas diferenciadas. São exemplos dessas vertentes aquelas propostas por Herrera (1998) e por Witker (1985). Essas vertentes, nem sempre, podem ser aceitas plenamente ou de forma isolada.

Pode-se pensá-las, de um modo genérico, a partir de dois grandes veios teórico-metodológicos: jurídico-dogmático e jurídico-sociológico. Herrera e Witker propõem uma terceira vertente: jurídico-teórica, o que não é a posição das autoras nesta obra.

A primeira vertente, **jurídico-dogmática**, segundo Witker (1985), considera o Direito com auto-suficiência metodológica e trabalha com os elementos internos ao ordenamento jurídico. Desenvolve investigações com vistas à compreensão das relações normativas nos vários campos do Direito e com a avaliação das estruturas interiores ao ordenamento jurídico. Acentua a noção de eficiência das relações entre e nos institutos jurídicos, restringindo a análise do discurso normativo aos limites do ordenamento. Entendemos nesta obra, contudo, que a vertente jurídico-dogmática não necessariamente deve ser considerada metodologicamente auto-suficiente. Sem dúvida, trabalha com relações normativas, e não poderia ser de outra forma. Isso não significa, entretanto, que deve estar voltada apenas para o interior do ordenamento ou ali enclausurada. As relações normativas devem, também, ser pensadas de forma externa, vital, no mundo dos valores e relações da vida. Logo, não interessará apenas a eficiência das relações normativas mas, inclusive, sua eficácia. E isso não transformará a vertente dogmática em um tipo sociológico puro.

A segunda vertente, **jurídico-sociológica**, propõe-se a compreender o fenômeno jurídico no ambiente social mais amplo. Analisa o Direito como variável dependente da sociedade e trabalha com as noções de eficiência, eficácia e de efetividade das relações direito/sociedade. Preocupa-se com a facticidade do Direito e com as relações contraditórias que o próprio Direito estabelece com os demais campos: sociocultural, político e antropológico. Enquanto a vertente anterior preocupa-se prioritariamente, mas não apenas, com a noção de eficiência, esta segunda, a partir do sentido de eficácia, estuda a realização concreta de objetivos propostos pela lei, por regulamentos de todas as ordens e de políticas públicas ou sociais. A análise de efetividade que essa vertente também faz, cumpre o mesmo papel da eficácia, complementando-o com a análise de demandas e de necessidades sociais e de sua adequação aos institutos jurídicos, sociais e políticos.

Tanto a primeira vertente quanto a segunda poderão realizar pesquisas quer de campo ou teórica. Existem, portanto, apenas duas grandes vertentes metodológicas e não três, como Herrera ou Witker entendem.

Os raciocínios desenvolvidos nas investigações dessas duas vertentes teórico-metodológicas podem ser do tipo indutivo, dedutivo, indutivo-dedutivo, hipotético-dedutivo e dialético.

O raciocínio **indutivo** é um processo mental que parte de dados particulares e localizados e se dirige a constatações gerais. Assim, as conclusões do processo indutivo de raciocínio são sempre mais amplas do que os dados ou premissas dos quais derivaram. É o caminho do particular para o geral. São três as fases do processo indutivo de conhecimento: a observação dos fatos ou fenômenos, a procura da relação entre eles e o processo de generalização dos achados nas duas primeiras fases. Nas Ciências Sociais Aplicadas, a crítica que se pode fazer ao uso da indução, é que as pesquisas dessa área não permitem generalizações completas por se restringirem a campos sociais específicos, sendo difíceis as universalizações dos conhecimentos obtidos.

O raciocínio **dedutivo** é o processo que faz referência aos dados de nossa experiência ou às normas e regras em relação a leis e princípios gerais e ao maior número de casos que a eles possam ser referidos. Esse raciocínio trabalha com a suposição de subordinação, ou seja, uma especificidade subordina-se a uma regularidade geral. Comparando esses dois primeiros raciocínios, o segundo tem como objetivo explicitar o conteúdo das premissas e o indutivo tenta ampliar o alcance dos conhecimentos. Salomon (2001, p. 156-157) apresenta a distinção entre esses dois raciocínios a partir de duas características fundamentais:

DEDUÇÃO	INDUÇÃO
a) Se todas as premissas são verdadeiras, a conclusão **deve** ser verdadeira	a) Se todas as premissas são verdadeiras, a conclusão é provavelmente verdadeira, mas não necessariamente verdadeira.
b) Toda informação ou conteúdo fatual da conclusão já estava, pelo menos implicitamente, nas premissas.	b) A conclusão encerra informação que não estava, nem implicitamente, nas premissas.

Critica-se o raciocínio dedutivo porque o mesmo fornece premissas gerais das quais fatos ou regularidades podem ser derivados, mas isso nem sempre é suficiente para uma compreensão mais ampliada. Do mesmo modo, pode-se criticar essa forma de argumentação por não ser ela condição suficiente de explicação, nem necessária. Alguns investigadores argumentam que esse tipo misto não deve ocorrer, por possuir fundamentos que se contrapõem. É bem verdade, no entanto, que esse tipo tem sido crescentemente utilizado e a partir dele tem-se obtido resultados razoáveis.

O raciocínio **hipotético-dedutivo** remete-nos ao pensamento de Karl Popper (1975). Para esse autor, cuja obra é de grande complexidade, mas de enorme importância para a produção do conhecimento científico, o avanço da ciência decorre de sua direção

> [...] rumo a um objetivo remoto e, no entanto, atingível, o de sempre descobrir problemas novos, mais profundos e mais gerais e de sujeitar suas respostas, sempre a testes provisórios, a testes sempre renovados e sempre mais rigorosos (POPPER, 1975, p. 307-308).

Para esse teórico, o raciocínio (o autor refere-se a método) seria o hipotético-dedutivo, apresentado por meio das seguintes características: a) existem expectativas ou conhecimento prévio; b) surgem conflitos com as expectativas ou teorias já existentes; c) propõem-se soluções a partir de conjecturas (dedução de conseqüências na forma de proposições passíveis de teste); d) teste de "falseamento" (tentativa de refutação pela observação e experimentação ou por outros procedimentos).

Sendo assim, se a hipótese não suporta o teste, será refutada, exigindo todo o processo de argumentos e testes novamente. Se o contrário ocorre, a hipótese será ratificada, porém provisoriamente, até que outra posterior possa falsificá-la.

A maioria das críticas que são feitas a esse tipo de raciocínio é semelhante àquelas feitas ao raciocínio da dedução. Outros autores argumentam que não são possíveis raciocínios somente fundamentados na eliminação do erro, sem estarmos interessados em vislumbrar certezas que, é claro, não são pensadas como verdades absolutas.

O raciocínio **dialético** tem sido abordado de formas diversificadas. Em suas origens, entre os gregos, equivalia a "diálogo", no sentido de argumentação que distingue conceitos em determinada discussão. Heráclito de Éfeso incorpora a esse raciocínio o sentido de "mudança": a partir do conflito tudo se transforma. Após muitos séculos, os progressos científicos, filosóficos e sociais permitiram a Hegel compreender que tudo são movimentos e mudanças (tal como Heráclito). O raciocínio dialético fundamenta-se, contudo, a partir do pressuposto de que a contradição está na realidade, formulando o seu pensamento por meio da lógica do conflito. Hegel, como idealista, subordina a dialética ao espírito. Esse raciocínio trabalharia com a noção de "tese" (ser) e "antítese" (nada), que são abstrações ou momentos de um processo de racionalidade que é absorvido na e pela "síntese". Em Marx, o raciocínio dialético postula que o pensamento e o universo encontram-se em permanente mudança. Esta forma de raciocínio, contudo, será determinada pela mudança das coisas. Para Marx, tudo se relaciona, tudo se transforma numa interpenetração constante das contradições e da luta dos contrários. Tudo é transitório, pois há um processo ininterrupto de "devir". Pensa-se o fenômeno contendo os contrários que lhe são inerentes e que podem determinar mudanças.

Vale a pena lembrar a argumentação de Pedro Demo (1995) sobre as inúmeras banalizações com referência à utilização do raciocínio dialético nas pesquisas científicas. Argumenta o autor que isso tem sido mais freqüente nas chamadas "metodologias alternativas", cujo uso da dialética muitas vezes dispensa rigores metodológicos indispensáveis, "[...] em nome de uma criatividade que no fundo é pura incompetência." (DEMO, 1995, p. 123). Há que se compreender, ao contrário do que faz Karl Popper em seu livro *Conjecturas e refutações* (POPPER, 1994), que a dialética na teoria marxiana, quando se refere à identidade dos **contrários**, não é o mesmo que a identidade dos **contraditórios**. Relações contrárias convivem e podem ser desvendadas e compreendidas, como, por exemplo, a noção de que o atual contexto, globalizado e capitalista, pode ao mesmo tempo ampliar riquezas e pobrezas, mas não se pode afirmar que esse contexto **existe e não existe** simultaneamente. Aquilo que se exclui não pode ter existência paralela. Isso seria uma imprecisão de lógica científica.

Os argumentos dialéticos têm sido utilizados teoricamente e absolutamente desvinculados de um processo de análise crítica da realidade prática. Muitas vezes, por isso, não se entende a diferença entre a unidade dos contrários e a presença de contradições. Quanto a isso, afirma Demo que: "[...] é possível ser dialético na teoria, destituído de prática, e não ser a teórica, ou afundado numa prática que tem pouco a ver com a promessa crítica da dialética." (DEMO, 1995, p. 129).

Todos esses tipos diversos de raciocínio são formas de abordagem do fenômeno jurídico, historicamente considerado no âmbito de cada uma das vertentes metodológicas analisadas. Esses raciocínios ou processos mentais são considerados por alguns autores como métodos; essa não é a posição das autoras deste livro.

4.2 Tipos genéricos de investigações das Ciências Sociais aplicadas à Ciência Jurídica

Após falarmos sobre os processos mentais (raciocínios) que permitem a abordagem do fenômeno jurídico pelas vertentes teórico-metodológicas, descreveremos os tipos mais genéricos de pesquisa que são formas de concretizar as grandes vertentes (dogmática ou sociológica). Poderíamos abordar somente os procedimentos genéricos das Ciências Sociais, ou seja: as investigações de tipo histórico, comparativo, monográfico, estatístico, tipológico, entre outros (LAKATOS, 2000, p. 90-97). Preferimos, no entanto, pelo próprio sentido deste trabalho (de cunho teórico-prático), trabalhar com a proposta de Witker (1985), apesar de algumas mudanças que, a seguir, proporemos.

Segundo Witker (1985), os tipos genéricos de investigações no campo do Direito são: 1) histórico-jurídicas; 2) jurídico-exploratórias; 3) jurídico-comparativas; 4) jurídico-descritivas; 5) jurídico-projetivas; 6) jurídico-propositivas.

As investigações do tipo **histórico-jurídico** são aquelas que, segundo o autor, analisam a evolução de determinado instituto jurídico pela compatibilização de espaço/tempo. O autor analisa esse tipo de investigação como a maioria dos metodólogos: um trabalho sobre a origem dos fenômenos numa relação temporal de busca de causas e de efeitos e de uma permanente sucessão de fatos. As novas metodologias históricas, no entanto, não abordam o fenômeno histórico de forma linear e simplória. As mudanças constituem-se a partir de condições de possibilidade que são transdisciplinares e que, só assim, podem ser analisadas. O fenômeno histórico, da mesma forma que o histórico-jurídico, deverá ser reconhecido a partir de uma multiplicidade de tempos, de fontes, de redes sociais e conceituais. Não existem tempos lineares e sucessivos.[2] Os mesmos ambientes sociais têm tempos diversificados e que lhe são próprios. Em um determinado espaço e época podem sobreviver formas de apreensão do mundo que se encontram cronologicamente distantes: o mundo científico-tecnológico tem um tempo que difere do saber artesanal, apesar de viverem uma mesma época e de serem reciprocamente importantes para essa determinada fase e espaço históricos. Muitas vezes existem como contrários. Da mesma forma, as fontes históricas devem ser formativas e não só informativas para o investigador, ou seja, elas formam espaços de compreensão que extrapolam a informação puramente oficial ou formal. Deve haver, sempre, a preocupação com uma história compreensiva que incorpore as contradições entre fenômenos, os recalcamentos sociais provocados pelas várias formas de opressão, não só o texto e o contexto, mas, principalmente, as intertextualidades. É preciso entender que o fenômeno histórico-jurídico está inserido em redes socioculturais dinâmicas, às vezes contraditórias e por sua vez mais complexas.

A produção acadêmica de conhecimento jurídico, em monografias de final de curso, teses e dissertações, sempre contou com um capítulo dedicado à história: história do Direito, história de algum instituto jurídico ou história de um personagem de relevo no mundo jurídico.

Essas "histórias", contudo, têm sido apresentadas a partir de metodologias tradicionais do conhecimento histórico.

> É preciso entender que 'História do Direito' é História, porquanto o historiador do Direito utiliza-se de metodologias próprias à ciência histórica e relaciona-se com os novos problemas e novos objetos das ciências auxiliares da história (GUSTIN, 1999b, p. 2).

A metodologia da história tradicional foi diretamente influenciada pelo positivismo e exerce grande influência na construção da história do Direito até os dias atuais. Dentre suas principais características, podemos dizer que a história tradicional:

a) é uma história preocupada em construir um conhecimento por meio do reflexo fiel dos fatos do passado;

---

2 Sobre as recentes metodologias da história, consulte: (HUNT, 1992); (LADURIE, 1987); (LE GOFF, 1989); (BURKE, 1990); (DIAS, 1999).

b) procura eliminar todo fator subjetivo do conhecimento histórico;
c) construiu a figura do historiador imparcial;
d) é uma história vista como um conjunto de fatos bem documentados.

Além da influência marcante do positivismo, a história do Direito, metodologicamente falando, não tem se ocupado da relação constante que deve existir entre o arcabouço teórico da pesquisa desenvolvida, os dados da realidade e as percepções levantadas sobre o objeto de pesquisa.

Assim, as introduções históricas das teses e dissertações na área jurídica são, em sua grande maioria, capítulos à parte do trabalho, uma mera compilação de textos doutrinários pouco embasados e documentados. Utiliza-se, na maioria das vezes, de fontes secundárias, repetindo-se conhecimentos conservadores e sem qualquer produção de novos saberes sobre os fenômenos jurídicos na história do conhecimento.

No que concerne ao material de pesquisa e de fontes, não há, ainda, uma farta bibliografia de metodologia da história aplicada ao Direito, nem mesmo estudos históricos aprofundados sobre o Direito e suas instituições, de forma a compreendê-lo de maneira transdisciplinar.

O tipo **jurídico-descritivo ou jurídico-diagnóstico** de investigação é uma abordagem preliminar de um problema jurídico. Esse tipo ressalta características, percepções e descrições, sem se preocupar com suas raízes explicativas.

Os diagnósticos de todo tipo estão, inseridos nesse formato metodológico. Logo, são pré-requisitos de grande valor para a constituição de bancos de dados. Os diagnósticos podem ser tanto uma investigação autônoma que, como banco de dados, pode ser de grande utilidade para a produção de conhecimento científico de uma área, assim como fases metodológicas de uma determinada investigação. Em ambos os casos, sua importância constitutiva para o desenvolvimento da produção científica, em determinado campo, não pode ser desconhecida. A pesquisa diagnóstica tem crescido em importância no âmbito do Direito, após as modificações introduzidas, nos cursos jurídicos, pelo Ministério da Educação. Essa legislação, referida anteriormente e que passou a fixar as diretrizes curriculares e o conteúdo mínimo dos cursos jurídicos, culminando com a instituição do Programa de Avaliação de Cursos, exige que as instituições de ensino tenham (e efetivamente produzam) conhecimento detalhado sobre os resultados esperados e efetivamente alcançados pelo curso de Direito oferecido pela instituição de ensino superior. É nesse sentido que apresentamos, no Apêndice C e no Anexo B deste livro, duas pesquisas diagnósticas referentes ao ensino jurídico. O primeiro, um diagnóstico de interesse em pesquisa e estágio pelos alunos da Faculdade de Direito da UFMG, realizado em 1994 (APÊNDICE C)[3]. O segundo oferece à comunidade jurídica um modelo de questionário de egressos, que teve como objetivo principal avaliar os resultados do curso da Faculdade de Direito de Sete Lagoas (FADISETE), a partir do ano de 2001 (ANEXO B). Enquanto o primeiro foi uma análise de questionário aplicado junto à matrícula dos alunos da Faculdade de Direito da UFMG, o questionário de egressos da FADISETE estruturou-se como banco de dados que permite a emissão de formulários completos sobre todos os dados pesquisados, no sentido de melhor avaliar o desempenho do corpo discente após o término do curso de Direito. Tratam-se de elementos indispensáveis e elementares para a complementação tanto da avaliação dos cursos jurídicos quanto da efetiva implementação das diretrizes fixadas pelo Ministério.

O tipo **jurídico-comparativo** é mais reconhecido no campo jurídico. Segundo Witker (1985), esse tipo presta-se à identificação de similitudes e diferenças de normas e instituições em dois ou mais sistemas jurídicos. Assim, e somente assim, esse tipo tem sido desenvolvido no mundo do Direito. Esse formato metodológico não deve se restringir somente às comparações entre sistemas jurídicos, apesar de sua grande importância para o desenvolvimento do conhecimento científico. Pode-se, também, e com grande valor, realizar investigações comparativas dentro de um mesmo sistema jurídico. Não poucas vezes, as comparações entre institutos jurídicos antinômicos ou contraditórios de um mesmo sistema normativo permitem descobrir e sanar falhas sistêmicas, ou de determinado campo, que podem conduzir a transformações importantes tanto na esfera teórico-argumentativa quanto no aumento da capacidade de decisão de alguma esfera prática de julgamento. Nesse tipo, é geralmente introduzido o raciocínio analógico, pouco utilizado nas demais áreas do conhecimento e muitas vezes desprestigiado como processo mental válido. No campo jurídico, ao contrário, ele é bastante utilizado na comparação de quadros de referências normativos para a solução de lacunas, antinomias ou mesmo como fonte de hipóteses.

O tipo **jurídico-compreensivo ou jurídico-interpretativo** utiliza-se do procedimento analítico de decomposição de um problema jurídico em seus diversos aspectos, relações e níveis. A decomposição de um problema é própria das pesquisas compreensivas e não somente descritivas, que, pela

---

3 Conferir, no mesmo sentido, a pesquisa diagnóstica realizada por Maria Tereza Fonseca Dias (2003).

própria denominação, já mostram seus limites. São pesquisas que investigam objetos de maior complexidade e com maior aprofundamento.

O tipo **jurídico-projetivo**, ou **jurídico-prospectivo**, como geralmente é denominado nas Ciências Políticas e Sociais, parte de premissas e condições vigentes para detectar tendências futuras de determinado instituto jurídico ou de determinado campo normativo específico. Esse tipo é de grande importância para a análise de tendências. Sua utilização é, contudo, bastante complicada em níveis de iniciação científica. Essa afirmação decorre do fato de que esse formato exige um grande rigor metodológico e uma grande habilidade na correlação de dados objetivos transdisciplinares para a montagem de "cenários" (socioeconômico, jurídico e cultural) atuais e futuros. Sem isso, esse tipo pode dar margem à "futurologia", que não se encaixa nos propósitos das investigações científicas. Nos cursos de pós-graduação, esse tipo é de grande valor e utilidade prática.

Por último, o tipo **jurídico-propositivo**. Segundo Witker (1985), destina-se ao questionamento de uma norma, de um conceito ou de uma instituição jurídica, com o objetivo de propor mudanças ou reformas legislativas concretas. Ocorre que, sendo as pesquisas jurídicas um campo especial das Ciências Sociais Aplicadas, toda e qualquer investigação deverá ter finalidade propositiva, por sua própria natureza de ciência aplicada. Assim, entendemos que todos os demais tipos são, também, propositivos, o que invalida a existência de um tipo especial com essa finalidade precípua.

Assim, as autoras entendem que os tipos genéricos de pesquisa são cinco: histórico-jurídico, jurídico-exploratório, jurídico-comparativo, jurídico-compreensivo ou interpretativo e jurídico-prospectivo.

4.3 As fontes da produção do conhecimento jurídico

A maior parte dos livros que versam sobre as fontes de produção do conhecimento jurídico só se refere às fontes próprias do Direito. Restringem-se, assim, às legislações de todo tipo, à doutrina, às obras de Direito de toda espécie (tratadistas, didáticas, comentaristas, entre outras), aos adágios e aforismos jurídicos e aos objetos emblemáticos do Direito. Todas elas são fontes diretas de produção do conhecimento jurídico e, por isso, fontes restritas ao campo do Direito. Alguns desses autores chegam a incluir condutas jurídicas e costumes, também jurídicos, como fonte.

Ocorre que, desde o início, temos afirmado que as pesquisas jurídicas, segundo as novas metodologias, devem ser críticas de seu próprio fazer, contextualizadas, dialógicas e transdisciplinares. Logo, não cabe restringirmos nossas fontes de investigação à internalidade do Direito. É possível desconsiderar que grandes obras literárias reproduzem os costumes, usos e normas de determinadas épocas com maior fidelidade que alguns compêndios de Direito? Podemos nos descurar do levantamento de dados em obras nos campos da Ciência Política, da Sociologia, da Psicologia ou da Antropologia que se incumbem das relações de poder, da compreensão do Estado e de sua relação com a sociedade ou com os grupos sociais? E das obras filosóficas e históricas de determinado momento ou espaço? Não podemos nos esquecer, ainda, da origem de termos jurídicos a partir das linguagens sociais, administrativas, político-econômicas ou outras que atribuíram significados importantes às normas jurídicas emergentes.

Portanto, não só as fontes formais ou diretas devem ser arroladas em um projeto de pesquisa jurídica. As fontes indiretas, em várias condições investigativas, contribuem da mesma forma que as diretas.

Até o momento, aqui se referiu exclusivamente a fontes secundárias de produção do conhecimento jurídico. Hoje avultam, contudo, variados tipos de fontes primárias para o levantamento de dados nas investigações jurídicas. Todas essas fontes são de abordagem direta do pesquisador, não há qualquer intermediário (autor, articulista, outro pesquisador, etc.) entre ele e a fonte, daí serem de natureza "primária". Dentre essas fontes, destacam-se: os documentos de todos os tipos (atas, contratos, correspondências, etc.), arquivos, entrevistas, discursos, notícias de jornais ou periódicos, entre outras. As fontes primárias aumentam a capacidade inovadora do pesquisador, por lhe permitir uma abordagem própria dos dados coletados. Sendo assim, podemos ter **fontes diretas**, que podem ser primárias ou secundárias e, do mesmo modo, as **fontes indiretas**, também de abordagem primária ou secundária.

CAPÍTULO 5

O DESENVOLVIMENTO DA PESQUISA, SEUS ELEMENTOS E FASES ESSENCIAIS

Uma pesquisa inicia-se, sempre, quando um sujeito de conhecimento (pesquisador sênior, pesquisador iniciante, professor, profissionais) percebe algum problema no saber vigente em determinado campo. Esse problema pode relacionar-se a lacunas, a antinomias do e no conhecimento, a indeterminações teóricas, ou a dúvidas sobre a eficácia e validade de princípios, conceitos, teorias, normas, regras, entre outros. Um problema é, quase sempre, uma **inquietação** ou, até mesmo, um obstáculo, uma indignação do sujeito em relação ao conhecimento produzido ou às normas morais, sociais ou legisladas, segundo determinados conteúdos discursivos. Só a partir desse momento, em que o sujeito se encontra em uma situação problemática ou de dúvida, é que se pode propor o desenvolvimento de uma pesquisa científica.

A problematização da produção do conhecimento e do conhecimento já posto, neste início de século, significa que as ciências já não mais se limitam a posturas metodológicas simplificadoras frente à complexidade do mundo real. No momento em que o sujeito do conhecimento se dispõe a dar solução a situações-problemas (dilemas) de determinada área científica, ele está colocando em questão, e também problematizando, os próprios limites e fronteiras desse campo científico que o condicionam aos conhecimentos já estatuídos, que nem sempre correspondem às necessidades humanas, sociais e de desenvolvimento da própria ciência.

Colocar em questão as teorias postas pela ciência tradicional ou vigente, pode parecer uma heresia ou uma exacerbação modernizante dos cientistas da atualidade. Foi Epicuro, contudo, na Antigüidade grega, que, pela primeira vez, coloca em questão e problematiza a teoria de Demócrito, considerada irrefutável e verdadeira: a queda dos átomos no vazio, com trajetórias paralelas e na mesma velocidade. Epicuro, porém, pensava a ciência e a natureza de forma inseparável ao destino e às condições de existência do homem. Como poderia ser livre, a humanidade, se a constituição da natureza e do cosmos dava-se a partir da queda determinística dos átomos? A partir dessa postura problematizadora, frente à física daquele momento, é que Epicuro "[...] romperá com a noção de **inevitabilidade** da ação humana que se origina e se consuma na esfera da necessidade, restrita ao reino da sensibilidade [...] e inovará ao propor a idéia de **declinatio** (**clinamen**), rompendo com a formulação anterior do **devir irremediável** e da imutabilidade da matéria" (GUSTIN, 2009, p. 32). Esse conceito de desvio (**clinamen**), implicando a ausência rigorosa da causalidade, irá, segundo Prigogine, "[...] estabelecer os termos do dilema a que a física moderna conferiu o peso de sua autoridade [...] [a partir] do exemplo de uma hipótese arbitrária, que salva um sistema pela introdução de um elemento *ad hoc.*" (PRIGOGINE, 1996, p. 18). Por esse e outros exemplos que permaneceram na história do conhecimento humano, é que se deve assumir a condição indispensável de que as investigações científicas não devem temer a problematização veemente do conhecimento estatuído pelas teorias vigentes nos vários campos do saber científico. Ou, a ciência deixará de ser uma esfera inestimável da transformação social.

Sendo assim, uma pesquisa será condicionada por três elementos primordiais: o próprio investigador, os meios materiais de investigação e o objeto da investigação.

O **investigador** pode ser originário de uma docência tradicional retórico-discursiva ou, ao contrário, integra grupos de produção de conhecimento crítico de saber científico e dedica-se às pesquisas de conteúdo transformador. O primeiro é um sujeito dependente, sem autonomia teórico-doutrinária e ideológica. Por essa razão e por assumir uma estrutura lógico-formal de raciocínio, não consegue alçar vôos metodológicos e conceituais, é pouco criativo na procura de novos procedimentos e fontes e sua linguagem é fragmentada por ser, quase sempre, unidisciplinar.

O "novo" investigador, cuja discursividade é emancipada pelo estatuto científico que adota em sua produção de conhecimento, utiliza-se de processos argumentativos amplos, inter ou transdisciplinares. Possui uma visão compreensiva do objeto investigado e estimula as pesquisas realizadas em equipes, no mínimo, multidisciplinares. Por isso, sua técnica principal de discussão dos procedimentos e produtos é o seminário ou outras formas grupais de discussão, que permite a socialização da linguagem e a interação de saberes diferenciados. Sem essa socialização, não se torna possível o convencimento da equipe quanto à validade do marco teórico, da hipótese e dos procedimentos metodológicos propostos.

Os **meios** também são condicionantes da investigação. Uma boa pesquisa deve ser precedida por um plano realista das condições materiais, financeiras ou de tempo. É primordial verificar a capacidade dos bancos de dados disponíveis. Muitas vezes, por insuficiência dos bancos de dados, as pesquisas devem ser limitadas na amplitude de seu objeto. Uma outra característica que condiciona materialmente a pesquisa é o perfil do próprio investigador, o qual pode preferir pesquisas com temas localizados e delimitados a pequenos espaços materiais ou retóricos. Em pouco tempo é possível realizar uma boa pesquisa, desde que se tenha um objeto bem delimitado, tendo em vista o condicionamento que se detectou.

O **objeto da investigação** deve ser passível de uma delimitação precisa. Isso significa que o pesquisador e sua equipe devem ter consciência da complexidade do objeto pesquisado. Assim, a seleção e constituição do objeto devem considerar os interesses dos pesquisadores envolvidos, suas possibilidades gnosiológicas e temáticas extrínsecas, ou seja, sua habilidade de compreender campos conexos e de ser capaz de administrar a aplicação e de julgar outros campos de conhecimento que estão inter-relacionados com seu objeto de pesquisa. Inúmeras vezes confundem-se tema com o objeto da pesquisa. Um tema a ser pesquisado é, ainda, uma proposição genérica, extraída, é claro, do próprio sistema de referências do pesquisador e que se relaciona, de alguma forma, com o conhecimento científico já produzido. O objeto da investigação faz parte desse tema que se deseja analisar, mas sua relação é mais direta com o problema ou a dúvida que se levantou e que abre espaço para novos saberes. Um objeto deve ser delimitado e preciso, para impedir expansões desnecessárias da investigação ou, até mesmo, perda de foco teórico-metodológico.

Não se pode perder de vista, entretanto, que as ciências trabalham com realidades construídas, ou seja, o objeto não se impõe ao sujeito que o pesquisa, nem este o inventa. O objeto é fruto de uma construção, de uma interação dinâmica e dialética com o sujeito que o constrói e é por ele construído. O objeto pertence ao mesmo contexto de referências culturais e de conhecimento acumulado do pesquisador. Pedro Demo afirma de forma criativa: "Na realidade social há no fundo coincidência entre sujeito e objeto, já que o sujeito faz parte da realidade que estuda. Assim, não há como estudar de fora, como se fosse possível sair da própria pele para ver-se de fora." (DEMO, 1995, p. 28). Assim, nas pesquisas, não se pode descrever objetos de forma neutra como se sustentava tradicionalmente, pois eles são construídos contextualmente. Não é a norma em si que é objeto da Ciência do Direito, mas o **fenômeno jurídico** do qual ela faz parte. Isso porque, quando se refere ao fenômeno jurídico, já se remete a algum tipo de inserção cultural ou de contextualização social.

Introduzidos esses elementos conceituais, indispensáveis à compreensão da pesquisa segundo o novo estatuto científico, adentra-se à noção das etapas de seu desenvolvimento. São três as principais fases de desenvolvimento de uma pesquisa: 1) o momento de definição da situação-problema, do marco teórico, da hipótese, e de planejamento metodológico da ação (**Projeto**); 2) o desenvolvimento desse plano (**realização da pesquisa** ou do teste da hipótese); 3) a divulgação e a validação da metodologia e das conclusões (**Relatório Final** e disseminação dos produtos da investigação).

5.1 A definição do marco teórico

Como apresentado anteriormente, uma pesquisa inicia-se, sempre, a partir do surgimento ou constituição de um problema teórico ou prático. O marco teórico deve ser considerado desde essa problematização inicial. Assim, o referencial teórico constitui-se como elemento de controle não só do problema como de toda a pesquisa.

Os pesquisadores, sem dúvida, são pessoas que não nasceram hoje ou que estão desvinculados de seus contextos culturais. Ao se disporem à realização de pesquisas científicas, pressupõe-se, por conseqüência, já ter constituído uma razoável bagagem teórico-metodológica anterior, um sistema de referências conceituais que permite uma visão estruturada de ciência e de mundo. E essa bagagem anterior constrói os seus paradigmas, ou seja, todas as suas formas de pensar e de olhar o mundo são seus paradigmas, seus ideários ou conjuntos de idéias que têm sobre as coisas. Essa bagagem anterior de vida vai aos poucos constituindo ideologias, formas de olhar a realidade circundante. No marxismo, a ideologia foi construída no sentido negativo, ou seja, no sentido de que a burguesia tinha uma ideologia de dominação sobre o proletariado (MARX; ENGELS, 1980). Então, todo efeito da relação entre burguesia e proletariado seria ideológica. Usa-se a ideologia com o sentido de dominação. A ideologia marxista atribui, assim, sentido negativo à ideologia. Não se refere ao conjunto de idéias, à "bagagem de pré-concepções", como Durkheim (1968) falava. Afinal, sobre todas as coisas tem-se pré-noções ou pré-conceitos e ambos inevitavelmente, serão incorporados às investigações que se desenvolve.

Na visão marxiana, o que é ideológico é aquilo que desvia do rumo tido como certo. Aqui não se refere a essa forma de conceituação. Denomina-se ideologia um conjunto de idéias no sentido positivo. Tem-se uma bagagem ideológica familiar, uma bagagem ideológica advinda da discursividade de amigos. Isso vai aos poucos condicionando as formas de se ver o mundo. Têm-se, ainda, relações profissionais e outras inúmeras relações que constituem nossa discursividade ideológica.

Quando se desenvolve uma pesquisa, não se pode jogar fora todo esse patrimônio cultural comum, ou seja, os nossos "pré-conceitos", entendidos como conceitos que se forma anteriormente, um conjunto inumerável de "pré-noções". Essas pré-concepções constituem as variadas formas de se apreender o mundo.

Esse conjunto de idéias forma o nosso olhar teórico, mas esse olhar ainda não é o olhar teórico científico. Esse é o conjunto teórico de senso comum. Não é, pois, o marco teórico de que se está falando, apesar de ele também incorporar essas formas plurais de ver e de perceber o mundo.

O que é, então, a teoria científica? A teoria científica é tudo aquilo que é produzido por meio da metodologia científica, ou seja, é a produção de conhecimento a partir de pesquisas sistemáticas, organizadas e controladas metodicamente. A teoria é um modo de ver os objetos científicos controlados segundo procedimentos metodológicos.

É comum encontrar projetos de pesquisa que afirmam ser seu marco teórico Kelsen (1991), Habermas (1997) ou Ihering (1992) e discorrem sobre a obra desses autores. Marco teórico não pode ser confundido com a obra de determinado autor ou com um conjunto de teorias, às vezes, antinômicas. Marco teórico é uma afirmação específica de determinado teórico, não de sua obra. E ele é importante por quê? Porque essa teoria é que vai dirigir o olhar do pesquisador, ou seja, o objeto da pesquisa será analisado e interpretado segundo esse marco previamente definido. O projeto, todos os procedimentos, a metodologia, o problema são constituídos a partir dessa escolha. Pode-se, também, entender como marco teórico, a concepção que fundamenta uma ou toda obra de determinado autor. Mas não se está referindo à obra como um todo. Essa, quase sempre, é formada de um conjunto heterogêneo de argumentações e de explicações. Refere-se, assim, ao fundamento teórico de toda produção do autor ou de uma de suas obras. O marco teórico seria esse fundamento que respalda toda essa argumentação e lhe dá sentido ou, inclusive, uma de suas afirmações que seja incisiva e que reporte a algo que sustente uma idéia que tenha sido teórica ou empiricamente constatada.

Ao se indicar, em determinado projeto, como marco teórico postulações kelsenianas ou de alguma corrente positivista para investigações sobre divórcio, far-se-á, por certo, indagações sobre a norma e suas relações no ordenamento jurídico. Fica-se, portanto, adstrito ao ordenamento jurídico. Jamais se faria a pergunta: "Quais os fatores sociais que favoreceriam o divórcio?", por sua inadequação teórica. A questão poderia ser, por exemplo: "Quais os fatores relacionados com a legislação vigente poderiam favorecer o divórcio?" Esse seria um problema relacionado a um marco teórico com fundamento normativista ou no paradigma positivista.

Outro exemplo: escolhe-se uma postulação teórica em alguma obra de Boaventura de Sousa Santos (2000). Como ele é um sociólogo do Direito, a pergunta seria por certo: "Quais os reflexos do divórcio sobre a sociedade?" Ou "quais os fatores sociais?" Ou se poderia, ainda, perguntar: "Quais os fatores jurídico-sociais que provocariam o divórcio?". Porque o fundamento teórico da obra de Boaventura de Sousa Santos (2002b) é sociológico-jurídico e entende o Direito como uma **variável dependente** da sociedade. Essa postulação poderia ser usada a partir de uma das teorias inserida em sua obra. Se, ao contrário, escolhe-se Kholby & Kholberg (1987), por exemplo, cujo fundamento é a questão da moralidade social, então a pergunta, poderia ser: "Quais os fatores morais provocariam o divórcio em sociedade "x"?".

Numa passagem de sua obra *Teoria pura do direito*, Kelsen (1991) propõe a "teoria do equilíbrio entre o dever ser e o ser". Aqui está um **marco teórico** kelseniano, que pode ser testado em uma pesquisa cujo fundamento se pretende normativista.

Junte a isso, a bagagem ideológico-doutrinária do pesquisador e seus fundamentos culturais. Completa-se, então, o conteúdo do marco teórico. O marco teórico é, portanto, uma afirmação incisiva de um teórico de determinado campo do conhecimento que realizou investigações e reflexões ordenadas sobre determinado tema e chegou a explicações e conclusões metódicas sobre o assunto ou, como já se explicou, o fundamento teórico que respalda suas reflexões em toda sua produção ou em parte dela.

Outro exemplo, uma conclusão incisiva tal como "[...] a legislação brasileira não tem qualquer eficácia sobre o assédio sexual nas relações de trabalho porque elas envolvem muito mais relações de poder do que relações normativas". Eis uma afirmação que pode ter sido postulada em obra de valor teórico ou de pesquisa aplicada que se transforma em marco teórico de outra investigação. Então, a partir dessa escolha, só se pode trabalhar com as noções de eficácia ou de efetividade da legislação. A vertente metodológica a ser utilizada também já se explicita: uma pesquisa de cunho sociológico-jurídico. Encontrou-se, então, uma afirmação teórico-doutrinária em determinado autor, cuja legitimidade científica é inescusável e que se tornou válida para o desenvolvimento de sua pesquisa. Aí estará, pois, o seu marco teórico.

Para se compreender a importância do marco teórico na realização de uma pesquisa científica, observe-se o seguinte exemplo prático. Suponha que um pesquisador queira realizar uma investigação científica com o objetivo de demonstrar que o centro de Belo Horizonte é violento. A primeira pergunta a ser feita, para a realização dessa pesquisa, seria a seguinte: existe violência no centro de Belo Horizonte? Como procedimento metodológico inicial, imagina-se a realização de uma pesquisa empírica para a verificação objetiva do fenômeno, uma vez que, tendo sido feita uma pesquisa bibliográfica, nenhum dado recente foi encontrado que respondesse, de forma incisiva, à questão posta. O pesquisador resolveu, então, freqüentar o centro da cidade todos os dias durante um mês para observar, num ponto determinado, a existência ou não de violência. A qual conclusão ele poderia chegar no final do período? O que ele poderia ter observado? Provavelmente, ele deve ter observado o trânsito, o fluxo de pedestres, possivelmente alguns atos de agressão, poluição sonora, visual, sujeira, animais soltos, vendedores, um assalto a banco, um bem do patrimônio histórico e cultural sendo demolido, entre inúmeros outros fenômenos. Por meio desse procedimento, ele estaria em condições de responder se existe violência no centro de Belo Horizonte? Acredita-se que não, visto que faltou o ponto de partida da pesquisa que deveria ter sido enunciado a partir de um referencial teórico determinado. Em primeiro lugar, o pesquisador deveria se perguntar: o que posso entender por violência? Qual pesquisa já realizada me fornece um conceito "teórico", "prático", sobre violência? Qual teórico estaria legitimado a fornecer uma explicação incisiva para o fenômeno da violência, a partir da qual se poderia desvendar o objeto de pesquisa? Qual conceito definitivo de violência o pesquisador assumiria? Respondidas essas questões, poder-se-ia, talvez, considerar encontrado o marco teórico da pesquisa.

Não se deve confundir "marco teórico" com "pressupostos conceituais já aceitos". O primeiro, como se viu, é o ponto de partida de uma investigação. Isso quer dizer que um mesmo problema de pesquisa, se tomado sob enfoques teóricos diversos, provavelmente encontrará encaminhamento diferente ao problema. Os pressupostos conceituais, por sua vez, são conceitos que não serão objeto de questionamento pela pesquisa. No tema de pesquisa "A aplicação do princípio da insignificância em crimes ambientais", o termo "princípio da insignificância" necessitaria de um conceito como guia para a pesquisa que respondesse: o que se entende por esse tipo específico de princípio nessa pesquisa? Tem força de norma jurídica? Qual o seu papel no ordenamento jurídico? Qual significado poder-se-ia atribuir ao princípio da insignificância? Ou da bagatela? E assim por diante... Essas perguntas podem servir como guia do pesquisador para encontrar o seu marco teórico e ao mesmo tempo derivam de uma teoria. No que diz respeito ao termo "crimes ambientais", pode-se compreendê-los como pressuposto conceitual da pesquisa, entendendo-os como aqueles que estão definidos na legislação penal, sem questioná-los ou problematizá-los. Aproveitando o exemplo dado, imagine que o objetivo de uma outra pesquisa seja determinar o conceito de "crimes ambientais" e seu significado no âmbito do ordenamento jurídico brasileiro. A pesquisa sobre "crime ambiental" já necessitaria passar sob o crivo de algum marco teórico. Ou seja, qual teoria do "crime" estaria sendo adotada como referencial teórico para confrontá-lo à noção de meio ambiente?

Alguns termos da situação-problema de uma pesquisa jurídica que são considerados como pressupostos teóricos, quase sempre, necessitam de uma matriz teórica de apoio, tais como democracia, federalismo, Estado, soberania, crime, pena, autonomia, responsabilidade, direito, justiça, lei, ordenamento jurídico, norma jurídica, princípio, pluralismo jurídico, cidadania, direitos humanos, direitos fundamentais, eficiência, Estado democrático de direito, bioética, entre inúmeros outros conceitos.

Apesar das conseqüências apontadas na literatura para a problematização teórica – qual seja, a existência de eventuais falsificações dos resultados teóricos obtidos, já que as respostas estariam necessariamente contidas na pergunta, e a impossibilidade de hierarquizar propostas teóricas rivais, visto que elas seriam "incomensuráveis" porque produzidas à luz de diferentes e específicos protocolos científicos (PINTO; SILVA, 1986) –, não se deve entender que o marco teórico tenha o efeito de "engessar" a pesquisa. Ao contrário, é o marco teórico que fornece à pesquisa o caráter de sistematização do conhecimento (que distingue o conhecimento científico do senso comum) e torna possível a verificação e controle dos resultados obtidos e dos procedimentos metodológicos utilizados. Sem o marco teórico, o trabalho realizado torna-se um produto meramente subjetivo, uma opinião sem a fundamentação necessária, podendo tornar-se um achado inconsistente a qualquer teste de validade científica. A teoria direciona o olhar do pesquisador para desvendar a complexidade de seu objeto e encontrar os procedimentos metodológicos mais adequados à sua investigação.

Os marcos teóricos não necessariamente exigem pesquisas unidisciplinares, como se pensa usualmente. Numa pesquisa sobre "assédio sexual", por exemplo, ter-se-á cruzamentos com as teorias sobre relações de poder em organizações, que são da esfera de conhecimento da Ciência Política, enquanto o Direito tratará da efetividade normativa. Teremos, então, um marco teórico de conteúdo interdisciplinar e que determinará um desenvolvimento investigativo do mesmo tipo. Ou poderemos ter dois marcos teóricos sobre o tema, desde que sejam de conteúdo convergente e não divergente.

A identificação do tema, a consulta bibliográfica preliminar, a exposição do tema-problema, a hipótese, a formulação do esquema provisório ou plano de trabalho e a discussão e solução final do problema são elementos derivados e constitutivos do marco teórico. Em capítulos posteriores se exporá, de forma detalhada, o planejamento da ação, ou seja, a montagem do projeto de pesquisa, que deverá incorporar todos os elementos aqui indicados.

5.2 Desenvolvimento da investigação

As pesquisas são desenvolvidas para a solução de problemas coletivos, nunca de questões individualizadas. Elas têm funções diferenciadas. Algumas são "pesquisas básicas", destinadas a desenvolver novos campos do saber ou a fundamentar a geração de conhecimentos. Outras, as "pesquisas aplicadas", têm a função de desenvolver investigações operacionais destinadas a desenvolvimentos tecnológicos em diferentes campos de saber e, ainda, as "pesquisas-intervenção", que se destinam ao levantamento exaustivo de informações sobre determinado campo que subsidiarão atuações e estratégias de transformação do contexto de ação. Podem constituir-se em intervenções visando o auxílio ao poder público (assessorias, consultorias, etc.) e de intervenção no exercício da cidadania.

Adota-se, neste livro, a classificação de tipos gerais de pesquisa, proposta por Pedro Demo (1995, p. 13) que, além de ser precisa e objetiva, é bastante adequada para fins didáticos. O autor propõe quatro gêneros de pesquisa: **teórica**, **metodológica**, **empírica** e **prática**. O primeiro gênero é eminentemente conceitual, destina-se a formular ou rever teorias, conceitos, referências teórico-doutrinárias. No campo jurídico, esse tipo é utilizado mais diretamente nas chamadas disciplinas zetéticas, tais como: Filosofia do Direito, Teorias Gerais do Estado, do Direito, História do Direito, entre outras. Isso não significa, porém, que ela se restringe apenas a essas áreas ou disciplinas. Todas as demais, inclusive aquelas do campo dogmático, poderão realizar pesquisas teóricas dependendo de seu objeto e do marco teórico.

O tipo "metodológico" de pesquisa dedica-se a discutir novos procedimentos investigativos, formas inovadas de fazer ciência, transformação de caminhos metodológicos tradicionais, proposição de novas técnicas de abordagem do objeto de pesquisa, entre outros. Esse gênero de pesquisa tem sido pouco utilizado pela Ciência do Direito. Isso se dá, possivelmente, pela complexidade de sua aplicação. Para se obter novos procedimentos metodológicos, novas formas e modos de abordagem do objeto de pesquisa, é indispensável que, antes, tenham sido testados por meio de pesquisas de outros gêneros que possam validá-los. Esse tipo, contudo, pode ser de grande valor para a transformação e atualização das metodologias aplicadas ao campo jurídico.

É importante distinguir a pesquisa "empírica" da pesquisa "prática". A primeira, conforme Demo, dedica-se "[...] a codificar a face mensurável da realidade social." (DEMO, 1995, p. 13). Sobre essa definição algumas observações devem ser feitas. Primeiro gostaríamos de alertar que ela não se dedica apenas a codificações. Ela formula quadros de observação da realidade, propõe transformações de percurso das condições da realidade objeto da investigação e fornece cenários completos da realidade estudada, quer social, econômica, jurídica, entre outros. Pelo que se observou, não se pode entender que esse gênero dedique-se tão-somente a "mensurar" a realidade. Ela se propõe, é bem verdade, a interpretar a objetividade da realidade sócio-cultural, mas que não se restringe aos dados mensuráveis. A pesquisa "prática", apesar de se dedicar aos mesmos procedimentos e ter natureza semelhante ao gênero de pesquisa empírica, desta difere por estar voltada para intervenções no ambiente sócio-cultural, político, jurídico, etc. Pesquisas que objetivem ações transformadoras durante o percurso da investigação ou avaliações que se realizem para a constituição de novos rumos para a realidade social são tipos desse gênero.

Referiu-se, aqui, às pesquisas das Ciências Sociais Aplicadas, que buscam resultados para a ciência já constituída, para a renovação dos métodos e procedimentos e para a transformação do contexto e dos fundamentos teóricos de um determinado campo do saber. São, pois, seus objetivos: conhecimento, descrição, interpretação, explicação e transformação de situações existentes com intuitos pragmáticos, práticos ou teóricos. Pode-se, pois, entender pesquisa, como uma atividade de conhecimento em que se define um objeto de estudo problematizado em busca de um novo saber ou de uma nova tecnologia.

Genericamente, as fases de uma pesquisa, como se afirmou anteriormente, são três. A primeira fase da pesquisa dedica-se à re-elaboração e detalhamento do plano originário de pesquisa. Dá-se maior precisão ao foco de estudo e ao esquema metodológico. Passa-se, então, à coleta de dados e a levantamentos documentais e bibliográficos complementares e aprofundados.

Na segunda fase, faz-se o registro das informações, sua organização, tabulações e agrupamentos de dados segundo plano metódico anterior. Faz-se a análise interpretativa e crítica das informações e a qualificação teórica dos elementos, tendo em vista a ratificação ou retificação da hipótese proposta. Nesse momento, já é possível trabalhar, ainda de forma preliminar, com a confirmação da hipótese e, por conseguinte, com a elaboração de respostas à situação-problema colocada pelo projeto.

Na terceira fase, há um aprofundamento de todos os elementos da fase anterior, após a realização de discussões com especialistas e de seminários de equipe ou de encontros orientador/orientando. Faz-se a revisão de conteúdo e a checagem das proposições iniciais. Redige-se um texto preliminar do relatório da pesquisa (monografia final de curso de graduação, dissertação, tese, etc.) e discutem-se, novamente, os resultados. Passa-se, então, à redação final do relatório, sua normalização e edição final segundo as normas da Associação Brasileira de Normas Técnicas (ABNT) e adequações às exigências institucionais do setor em que se realiza a investigação.

CAPÍTULO

6

O PROJETO DE PESQUISA E SEU CONTEÚDO METODOLÓGICO

6.1 Observações preliminares

O projeto é o instrumento central do desenvolvimento de uma pesquisa, visto que tem por principal escopo delimitar o objeto a ser investigado, a situação-problema na qual está inserido e sua necessária fundamentação teórica.

Para que uma pesquisa alcance os resultados esperados, é forçosa a conjunção de certos fatores. Antes de tudo a apresentação de um problema que possui relevância dentro da área do conhecimento científico, uma equipe de pesquisadores habilitados para trabalhar o problema que se apresenta (no mínimo, o orientador e seu aluno-pesquisador), a escolha da metodologia mais adequada para tratar o problema estruturado e realizar a testagem da hipótese e o cumprimento de certas exigências formais (prazos para apresentação e entrega de relatórios e resultados, formalidades de apresentação do trabalho científico e prestação de contas dos recursos fornecidos, quando for o caso, entre outras).

Sem esses elementos mínimos, pode-se dizer que não há trabalho científico, mas tão somente um exercício de síntese ou compilação de textos e manuais: o que se denomina neste livro como **aprofundamento de estudos**. Assim, pode-se estar diante de um tema interessante que, por não ter obedecido aos requisitos formais, não pôde ser concluído. Contudo, de nada adianta um rigoroso cumprimento de metas preestabelecidas e de um formato impecável, sem o desenvolvimento do conteúdo (como a constituição do tema-problema, a identificação do marco teórico, a formulação das hipóteses, etc.). Essas questões serão aprofundadas em seções e capítulos posteriores.

Primeiramente, o trabalho científico deve buscar a concisão e a clareza, sem prejuízo do conteúdo e desenvolvimento da investigação. Essa concisão é a tônica principal do projeto de pesquisa. Algumas agências financiadoras (como CNPq, CAPES, FAPEMIG, entre outras instituições) ou comitês de avaliação e seleção de projetos costumam limitá-lo a 8 ou 10 páginas, no máximo.

A concisão, a clareza e a objetividade do projeto de pesquisa são elementos importantes para a aprovação do plano apresentado. Sabe-se que a linguagem científica é parcimoniosa e sua estrutura deve restringir-se à essencialidade do conteúdo que o objeto da investigação requer. Os comitês de avaliação de pesquisa, bancas examinadoras e comissões de avaliação estão atentos para esse requisito que demonstra o conhecimento das diretrizes científicas pelo pesquisador.

Os diversificados centros de pesquisa e as agências financiadoras de pesquisa costumam exigir um conteúdo mínimo para projetos científicos. Deve-se, portanto, estar sempre atento aos editais de concessão de bolsa e às regras editadas por cada instituição no que diz respeito ao formato e composição de um instrumento de pesquisa, pois esses podem variar. Alguns financiadores não são órgãos oficiais, às vezes institutos de pesquisa autônomos, empresas, dentre outros. Nestes casos, os editais de chamadas de projetos colocam exigências bastante diferentes daqueles que tratam de pesquisas acadêmicas.

A estrutura geral do projeto de pesquisa e sua formatação conforme padrões da Associação Brasileira de Normas Técnicas serão tratadas no próximo capítulo. A seguir, serão discutidos os elementos textuais, que se referem ao conteúdo ou "corpo do projeto", a partir de exemplos práticos e experiências de projetos de pesquisa jurídica.

6.2 O corpo ou conteúdo do projeto de pesquisa

6.2.1 A escolha do tema e a construção da situação-problema da pesquisa

Como já se afirmou inúmeras vezes, só existem pesquisas científicas quando estas são precedidas de uma situação-problema de real importância que não possa ser resolvida a partir de simples consultas bibliográficas, nem prescindir de toda sistematicidade que envolve uma investigação.

Antes da formulação da situação-problema, é necessário identificar e delimitar o tema da pesquisa, ou seja, o assunto a ser pesquisado. Para Délcio Vieira Salomon, especificar um assunto significa focalizar determinado objeto de pesquisa (SALOMON, 2001). Este objeto de pesquisa será melhor delimitado quando ele estiver adequadamente problematizado. Como tema, ele é um foco bastante genérico que, possivelmente, será encontrado em diversas propostas de pesquisas ou em simples aprofundamento de estudos.

A escolha do tema e, muito especialmente a constituição da situação-problema da pesquisa significam a etapa mais importante do processo de investigação científica. Isto porque envolvem não apenas o campo de motivação do estudante e do pesquisador para um longo trabalho de leitura, levantamento e compilação de dados, procedimentos múltiplos de campo ou teóricos e convivência aprofundada com o assunto. A não correspondência ao interesse do pesquisador pode significar maiores dificuldades e menor contribuição para sua formação acadêmica e profissional. É claro que não se pode deixar de ressaltar que, quando o tema é escolhido pelo pesquisador e a situação-problema da pesquisa é formulada e delimitada, necessariamente já estará neles inserido o marco teórico da pesquisa, ou melhor, todos esses elementos estarão fundamentados em uma referência teórica. Ressalta-se que o marco teórico só poderá ser extraído do sistema de referências do pesquisador e que fundamentará não apenas os conteúdos do projeto, como toda pesquisa. Além disso, outros desdobramentos decorrem da delimitação do tema e da construção do problema no processo de desenvolvimento da pesquisa. Entre eles, deve-se observar que:

- A situação-problema da pesquisa é sempre fundada em marco teórico previamente definido. Alguns elementos constitutivos da situação-problema são o que chamamos de "pressupostos conceituais" já aceitos e efetivamente conceituados na doutrina, legislação ou em literatura especializada. Esses pressupostos, entretanto, nem sempre são igualmente conceituados entre doutrinadores ou teóricos de campos de conhecimento diferenciados. Quando isso ocorre, torna-se indispensável que o problema seja seguido do conceito exato de cada elemento, para que não paire dúvida sobre a conceituação precisa. Muitas vezes, em um mesmo autor, um único elemento é conceituado de forma diferente em obras diversas. Por esse motivo, deve ser extraído do marco teórico que funda a pesquisa.
- As situações-problema, depois de formuladas, são **pressupostos** para a constituição das hipóteses, dos objetivos e da metodologia da pesquisa.
- Os problemas ou situações-problema e, em especial, o marco teórico que os constituíram, condicionam os principais aspectos metodológicos da pesquisa: vertentes metodológicas, tipos de investigação,

técnicas, procedimentos e métodos de levantamento e coleta de dados, etc.

- A situação-problema direciona, inclusive, as posteriores conclusões do relatório final da pesquisa.

As autoras têm percebido em suas aulas de metodologia da pesquisa que o aluno pesquisador, sobretudo o de Graduação, ainda não habituado à lógica da pesquisa e carente de aprofundamentos teóricos acerca dos assuntos a serem pesquisados, encontra dificuldades em delimitar, concomitantemente com a elaboração do problema, o marco teórico da pesquisa. Nesse sentido, tem-se procurado, em primeiro lugar, fazer com que ele escolha o tema, apresente a situação-problema e, em seguida, identifique, no seu sistema de referências, o marco teórico que o levou à constituição desses elementos. Isso não significa dizer que o marco teórico da pesquisa deva surgir depois da escolha do tema e da construção do problema da pesquisa. Essa proposta tem um sentido excepcional, primordialmente didático-pedagógica. Seu principal objetivo é o de contornar dificuldades de alguns estudantes da Graduação e que não têm sido facilmente superadas em sala de aula. O que é importante entender é que ao selecionar um problema a ser pesquisado ele só pode tê-lo extraído de seu sistema de referências teóricas.

Voltando ao tema de pesquisa, alguns critérios importantes devem ser considerados para sua escolha e delimitação:

- Relevância social, humana e jurídica, ter valor histórico e contribuir com soluções para a atualidade.
- O assunto deve ser adaptado ao nível de qualificação, às inclinações e interesses do pesquisador.
- Elementos condicionantes externos, tais como: tempo para a realização da pesquisa, bibliotecas, material e capacidade dos bancos de dados disponíveis, possibilidade de consulta a especialistas, entre outros.
- Sistema de referências teórico-prático já estruturado sobre o assunto.

Indicam-se, a seguir, alguns exemplos de temas de pesquisa. A partir desses exemplos, procurar-se-á desenvolver os demais elementos do projeto de pesquisa:

Exemplo 1

"A eficácia da legislação do divórcio, no Brasil, e seus fatores condicionantes externos".

Exemplo 2

"Uma (re)construção da distinção público/privado para compreensão do fenômeno da Reforma Administrativa Brasileira." (DIAS, 1999).

Exemplo 3

"O Poder Legislativo estadual e a elaboração de políticas públicas: em busca de um novo padrão de atuação." (MINAS GERAIS, 2000).

Exemplo 4

"A natureza tributária da prestação cobrada pelo uso de bens ambientais." (BOTELHO, 2004).

Como se pode observar nos exemplos acima, o tema de pesquisa pode ser ou não equivalente ao título atribuído ao projeto ou à pesquisa. No caso do Exemplo 1, anteriormente analisado, o tema inicialmente poderia ser, "Questões sobre o instituto do divórcio", por exemplo, ou somente "O divórcio". Esses dois temas, contudo, estão elaborados de uma forma metodologicamente incorreta. A forma correta foi dada no exemplo 1: "A eficácia da legislação do divórcio, no Brasil, e seus fatores condicionantes externos", que tem um significado mais preciso e revela com maiores detalhes a temática da pesquisa, mostrando que está devidamente elaborada. Há diferença entre título de uma pesquisa e tema. Este, deve se mostrar o mais completo possível.

Vejam que os exemplos 1 a 4 não chegam a explicitar exatamente a situação-problema da pesquisa, porém demonstram, mais efetivamente, o que se deseja investigar.

O investigador, a partir do tema, apresenta o conteúdo a ser tratado no projeto de pesquisa, apesar de sua condição ainda preliminar e rudimentar. Quando se escolhe o tema, que é o assunto que se deseja analisar, deve-se também pensar, como já dito, em sua exequibilidade e adequação aos fatores externos e internos. O tema é o início de exposição daquilo que será explorado na pesquisa científica que se deseja desenvolver.

A situação-problema constituída no projeto é sempre formulada como indagação, como uma questão que o investigador se atribui pela primeira vez ou que permaneceu sem solução em pesquisa anterior, de sua responsabilidade ou de outras equipes de investigação. Deverá pôr em evidência as condições de oportunidade, novidade e relevância e ter uma dimensão viável, tanto no que se refere ao conteúdo, quanto à área de abrangência da pesquisa e ao tempo disponível. É na situação-problema que se encontra o objeto da pesquisa e não no tema, como genericamente se pensa. A situação-problema, como o nome indica, é a problematização do tema segundo determinadas referências teóricas ou de vivências práticas ou profissionais.

A linguagem do problema deve ser clara e precisa e o mesmo deve estar conectado com a esfera empírica, isto é, os valores devem ser expostos e analisados objetivamente, como fatos. Situações-problemas, em termos científicos, não podem ser confundidas com juízos morais.

Duas outras características do problema a ser pesquisado são constantemente lembradas pelos manuais de metodologia de pesquisa: ser suscetível de solução e ter uma dimensão viável.

Além de todas essas características, a situação-problema deve ser completa em sua formulação, ou seja, conter todas as variáveis necessárias e esclarecedoras da investigação que se deseja fazer. Isto não significa que sua construção linguística deve ser extensa. Inúmeras vezes um problema de redação sucinta pode ter uma grande complexidade interna e apresentar todos os elementos necessários ao questionamento.

A seguir, observem como uma sequência de indagações irá reconstruindo o tema do Exemplo 1, dando-lhe maior complexidade, completude e precisão da redação do problema dele constituído, bem como maior delimitação do objeto da investigação.

Exemplo 1

Tema da pesquisa: "A eficácia da legislação do divórcio, no Brasil, e seus fatores condicionantes externos."

Etapas possíveis para a formulação do problema da pesquisa, do mais simples ao mais complexo e completo:

1. Quais os fatores que provocam o divórcio?

2. Quais os fatores de ordem social (moral, religiosa, etc.) que provocam o divórcio?

3. Quais os fatores de ordem social [ou...] que provocam o divórcio em casais com até 10 (15, 20, etc.) anos de casamento?

4. Quais os fatores de ordem social [ou...] que provocam o divórcio em casais com até 10 [ou...] anos de casamento e que pertencem ao estrato social médio (alto, médio-baixo, popular, etc.)?

E assim por diante. Quanto mais preciso o problema, mais fácil se torna a elaboração dos demais elementos do projeto e sua testagem. Ressalte-se, mais uma vez, que o problema tem de estar conectado com o marco teórico da investigação e os interesses da equipe de investigação ou as demandas sociais ou institucionais. De um modo geral, ao se colocar o problema, inicia-se por uma linguagem genérica e, gradualmente, ser-lhe-á dada maior precisão de termos e de conteúdo, conforme a exemplificação anterior.

Seguem as situações-problemas, formuladas conforme as temáticas indicadas nos exemplos anteriores acerca da escolha do tema da pesquisa.

Exemplo 2

Tema da pesquisa: "Uma (re)construção da distinção público/privado para compreensão do fenômeno da Reforma Administrativa Brasileira."

Problemas de pesquisa formulados:

- Como a Teoria geral do direito compreendeu historicamente a distinção entre o direito público e o privado no entendimento das relações entre o Estado e a sociedade?
- Da (re)construção da distinção entre o público e o privado adviriam efeitos práticos na forma da compreensão do sistema administrativo e, consequentemente, na atuação estatal?

Exemplo 3

Tema da pesquisa: "O Poder Legislativo estadual e a elaboração de políticas públicas: em busca de um novo padrão de atuação."

Situação-problema:

- Quais seriam as condições, teóricas e práticas, que possibilitariam ao Poder Legislativo Estadual alterar os seus padrões tradicionais de atuação, assumindo novas posturas, ativas, quando da elaboração de políticas públicas?

Exemplo 4

Tema da pesquisa: "A natureza tributária da prestação cobrada pelo uso de bens ambientais." (BOTELHO, 2004).

Situação-problema:

- A via tributária é adequada para alcançar os objetivos preservacionistas, inclusive no que tange ao meio ambiente urbano?

Alguns dos exemplos trazem um problema de redação única, uma grande questão ou dúvida que apresenta linguagem completa e com significado. Isso não impede, no entanto, apesar de não ser necessário, que esse problema seja seguido por perguntas ou indagações pontuais, no máximo duas, que esclarecem pontos obscuros do problema. Muitas vezes, no entanto, essas perguntas pontuais podem ser facilmente transformadas em objetivos específicos ou serem incorporadas pelo problema geral. Tanto quanto possível, devem-se evitar fragmentações do projeto, pois essa fragmentação, inúmeras vezes, pode demonstrar uma indecisão por parte do pesquisador quanto a seu objeto de pesquisa.

Têm-se observado falhas de pesquisadores, graduandos, pós-graduandos, mestrandos e doutorandos na elaboração da situação-problema de seus projetos de pesquisas. Entre elas destacam-se as seguintes:

1) Confundir problemas científicos com julgamentos morais.

Quando se pergunta se os professores de cursos superiores são **maus** professores ou se filhos de intelectuais são **melhores** que de operários, essas duas indagações, tais como estão, não podem ser questões de pesquisa científica. Afinal, como realizar a testagem de "maus" e "melhores"? Esses dois valores não apresentam qualquer objetividade.

Nesse outro exemplo de problema de pesquisa, verifica-se a mesma falha: "O contrato de seguro de responsabilidade civil pode ser considerado um instrumento **valioso** no auxílio da política de preservação do meio ambiente e, ainda, de controle?"

Ao contrário, ao se indagar sobre a "pontualidade" ou a "infrequência" dos professores, haveria possibilidade de testagem, por sua objetividade: verificar-se-ia o livro de ponto ou o diário de classe e até mesmo o porteiro da escola saberia responder. E, do mesmo modo, ao se perguntar se o contrato de seguro é eficaz no auxílio da política de preservação do meio ambiente é diferente da indagação se ele é valioso, termo sem qualquer objetividade e sem possibilidade de teste científico.

2) Não susceptibilidade de solução das situações-problemas.

Observe a seguinte indagação formulada por alunos de Graduação: "Sendo os direitos humanos institucionalizados em nosso ordenamento jurídico e socialmente aceitos e sendo uma condição inerente ao princípio da convivência harmônica entre os indivíduos, qual a possibilidade real de sua efetivação, numa sociedade de população numerosa e crescente como a brasileira?" Não há como solucionar esse problema de pesquisa em virtude de sua imprecisão e impossibilidade objetiva de resolução.

3) Problemas cuja dimensão não é viável.

"O sistema penitenciário brasileiro está recuperando os sentenciados que nele permanecem?". Outro exemplo apresentado por Henriques demonstra essa falha dos problemas de pesquisa: "O que determina que certas leis brasileiras não peguem?" (HENRIQUES; MEDEIROS, 2003, p. 40). O primeiro exemplo possui dimensão inviável dada a extensão territorial do país para se desenvolver uma pesquisa de campo dessa amplitude, ainda que se trabalhasse com um sistema de amostragem. Torna-se necessário saber em qual sentido se deseja investigar essa recuperação. O problema está muito vago o que lhe atribui uma dimensão inviável. O segundo, pelas múltiplas possibilidades e ângulos, pelos quais a referida questão pode ser analisada.

4) Problemas não conectados com a esfera empírica.

Analisemos o seguinte exemplo: "O que **pensam** os magistrados?" Além desse exemplo não estar conectado à esfera empírica para seu estudo objetivo, o pensamento está relacionado com tão inumeráveis percepções que tornaria impossível sua testagem.

5) Problemas que se confundem com questões práticas e não científicas.

"O que fazer para que os Prefeitos mineiros parem de desviar verbas da saúde para outras políticas públicas?"

Essa questão, como formulada, não deve ter seu conteúdo considerado como um objeto passível de pesquisa científica quer no campo da ciência jurídica, ou mesmo da ciência política. O mesmo objeto poderia ser abordado de forma a se construir um diagnóstico da situação, ou outro tipo de investigação, apontando as medidas jurídicas cabíveis e necessárias e órgãos responsáveis por sua implementação.

Após a formulação da situação-problema, quando necessário, devem ser apresentados os pressupostos conceituais do problema, que são os conceitos ou proposições genericamente aceitos em determinado campo ou área do conhecimento, pela doutrina, legislação ou em literatura especializada complementar. Esses pressupostos, entretanto, nem sempre são igualmente conceituados entre doutrinadores ou teóricos de campos de conhecimento diferenciados. Quando isso ocorre, torna-se indispensável que o problema seja seguido do conceito exato de cada elemento para não pairar dúvida sobre a conceituação que se está usando, o que afinal leva ao marco teórico.

Quando se refere, no problema, a termos que são distintivos do mesmo, esses devem ser conceituados para que se saiba exatamente sobre o que se fala. As palavras "complexidade", "globalização", "pós-modernidade" ou "modernidade", por exemplo, são definidas diferentemente segundo o autor e a teoria ou paradigma ao qual ele está filiado. Assim, os núcleos temáticos do problema devem ser conceituados, logo a seguir, segundo sua origem doutrinária ou segundo a definição exata que se quer atribuir a eles na pesquisa.

Algumas já são proposições normativas que não devem ser mudadas, pelo menos nessa fase de planejamento da pesquisa. Os termos "propriedade", "posse", "divórcio", "testamento", entre outros, já são previamente definidos na legislação, logo deverão ter essa definição preservada, mesmo quando se deseja, ao final da pesquisa, questionar essa definição legal. Algumas vezes, entretanto, esses termos definidos normativamente também são conceituados diversamente pela literatura corrente ou por teorias mais atualizadas.

Existem proposições que são axiomas genericamente aceitos. Mesmo assim, cabe defini-las para não ocorrerem imprecisões de interpretação.

6.2.2 Os objetivos da pesquisa

Os objetivos da pesquisa podem ser apresentados de forma dissertativa em um texto único que aborda o tema sem destacar suas partes. Essa, entretanto, não é a melhor forma de apresentação, tanto para o pesquisador ou uma equipe de investigação, quanto para o comitê ou banca que irá julgar o projeto. Na maioria das vezes, quando o pesquisador está em fase de iniciação à pesquisa, ele se perde nessa dissertação sem destacar os objetivos de forma mais precisa. Sendo assim, a melhor forma é, talvez, a que se segue:[1]

3 OBJETIVOS

3.1 Objetivo geral

....

3.2 Objetivos específicos

a).................................

b).................................

c).................................

d).................................

Deve-se distinguir entre "objetivo geral" e "objetivos específicos". O primeiro refere-se ao produto da pesquisa que se deseja obter. Por ser ele bastante abrangente, devem-se utilizar, em sua formulação, verbos

[1] Exemplo com numeração arbitrária.

no infinitivo que permitam a apreensão dessa amplitude. Alguns verbos são mais adequados para a apresentação do conteúdo de um objetivo geral, ou seja, o produto da investigação. Dentre eles pode-se pensar em: "compreender", "propor", "demonstrar", entre outros. Tem-se, a seguir, o seguinte exemplo aleatório: " Propor **formas que permitam a harmonização legislativa** no Direito Comunitário do Mercosul, tendo em vista a pressuposição teórica de que as normas nacionais **incorporam dados culturais determinados**, mais especialmente com relação à possibilidade de se encontrar **formulações normativas** que viabilizem a harmonização legislativa na área específica do **Direito do Consumidor**".

Pelo exemplo exposto, pode-se entender que o objetivo geral da pesquisa ou o produto pretendido supõe:

1° proposição de formas possíveis de harmonização (isso subentende que não se aceita a teoria da unicidade legislativa);

2° no campo específico do "Direito Comunitário";

3° no paradigma teórico do culturalismo;

4° a pesquisa se dará em relação à área normativa dos direitos do consumidor.

Os objetivos específicos têm, ao contrário do objetivo geral, natureza operacional. Ou seja, eles se referem às operações que deverão ser realizadas durante a pesquisa para que, ao final de seu cumprimento, chegue-se ao produto pretendido, atingindo o objetivo geral. Dessa forma, os verbos deverão indicar ações precisas ou operações.

Exemplo 1

a) Selecionar os itens constitucionais e/ou legislações especiais com relação ao Direito do Consumidor em cada país integrante do Mercosul.

b) Identificar no ordenamento jurídico, princípios gerais ou específicos que permitam a fundamentação das legislações específicas levantadas, considerados os pressupostos da teoria raciovitalista de Recaséns Siches (1970).

Outros objetivos específicos devem ser definidos. Nenhuma pesquisa poderá se restringir a apenas duas operações durante todo seu desenvolvimento.

Esse exemplo ilustra o que estamos chamando de operacionalização do objetivo geral. A primeira ação só poderia ser essa "identificação" de dados normativos. O segundo exemplo, além de propor a ação, complementa o objetivo geral demonstrando qual das teorias culturalistas será utilizada. Da mesma forma, outros objetivos deverão ser acrescidos com o mesmo fim.

Segue outro exemplo de objetivos geral e específicos relacionado a tema e problema anteriormente indicado.

Exemplo 2

Tema da pesquisa

"Uma (re)construção da distinção público/privado para compreensão do fenômeno da Reforma Administrativa Brasileira."

Objetivo Geral

Propor nova visão paradigmática para o direito administrativo contemporâneo a partir de uma (re)construção da distinção entre o público e o privado, para a compreensão das relações entre o Estado e a sociedade no âmbito do Programa de Publicização introduzido pela Reforma Administrativa Gerencial.

Objetivos específicos

a) proceder a um estudo crítico da literatura jurídica especializada sobre a distinção entre o público e o privado no pensamento jurídico para buscar (re)construir essa distinção com apoio da *Teoria discursiva do direito e da democracia* de Habermas (1996);

b) identificar, no âmbito da Reforma Administrativa gerencial, os aspectos relevantes que interferem na redefinição do papel do Estado (como elemento central da esfera pública) e na distinção entre o público e o privado para o sistema administrativo;

c) descrever o fenômeno da reforma administrativa brasileira, historicamente considerada, para explicar na Reforma Administrativa gerencial o Programa de Publicização e a criação das Organizações Sociais;

Outros objetivos serão necessários ao desenvolvimento pleno desta pesquisa.

6.2.3 A hipótese

A hipótese é a oferta de uma solução possível ao problema formulado em relação ao objeto da pesquisa. É uma expressão discursiva suscetível de ser declarada verdadeira ou falsa. Ao contrário do que generalizadamente se pensa, a hipótese é uma resposta prévia e não uma pergunta ou indagação. Outro engano é entender que a formulação de hipóteses e sua comprovação/refutação não se aplicam às Ciências Sociais Aplicadas, especialmente ao campo do Direito.

Argumenta-se que, às pesquisas dessa natureza, só se aplicam diretrizes (ou instruções) relativas às formas de encarar o problema formulado e em relação aos modos de ação. Apesar da proposta de substituição de hipóteses por diretrizes, também prévias, o raciocínio permanece hipotético, logo, há somente uma troca de termos, sem a mudança dos processos essenciais de inferência. A utilização de hipóteses e de seu processo de testagem não se aplica somente às pesquisas quantitativas. As pesquisas aplicadas, qualitativas e argumentativas não dispensam a postulação de respostas preliminares, fundamentadas em marcos teóricos rigorosamente **postulados**. Sobre a adequação da utilização de hipóteses em pesquisas desse tipo, veja a diferença que fazem Glass & Stanley (*apud* THIOLLENT, 2002) entre "hipótese científica" e "hipótese estatística" (de referência quantitativa pura):

Uma hipótese científica é uma sugestão de solução a um problema e constitui um tateio inteligente, baseado em uma ampla informação e em uma educação estruturada [...] A formulação de uma boa hipótese científica é um ato realmente criativo. Por outro lado, a hipótese estatística não é senão um enunciado a respeito de um parâmetro desconhecido. (GLASS; STANLEY *apud* THIOLLENT, 2002, p. 273).

A formulação de hipóteses permite a qualquer pesquisador, inclusive de iniciação científica, a organização do raciocínio argumentativo prévio e sua relação com todos os tipos de comprovação e de testes concretos. Daí porque o texto anterior refere-se à hipótese como um "tateio inteligente", expressão bastante adequada por ser a hipótese uma formulação preliminar em que o pesquisador deve saber identificar em seu próprio sistema de referências, de forma seletiva e criativa, a resposta prévia que será passível de testagem durante a investigação.

São características das hipóteses científicas aplicadas:

a) possuírem **clareza conceitual**;

b) estruturarem-se a **partir de referências teóricas** ;

c) apresentarem **linguagem parcimoniosa e específica**;

d) referirem-se a **conceitos e valores que podem ser verificados** (referência empírica).

Assim, quando nos referimos à testagem da variável "religiosidade" – como elemento constitutivo de uma hipótese –, sabe-se que o indicador deve ser claro e ter referência objetiva, por exemplo, a "frequência a cultos". As hipóteses não devem expressar-se por meio de termos por demais genéricos ou se ligarem a objetivos pretensiosos, desgarrados das condições factíveis da investigação. A relação precária das hipóteses às teorias já suficientemente testadas ou racionalmente refletidas pode conduzir a erros inomináveis. Por exemplo, a incorreta correlação da situação de dominação da mulher com o tamanho de seu cérebro ou algo correlato.

São fontes das quais se originam as hipóteses: a observação, os resultados de pesquisas e as teorias. No primeiro caso, a **observação**, as hipóteses são formuladas a partir de experiências cotidianas em determinado campo de ação. Isso não significa, contudo, que essa fonte não será cruzada com determinado marco teórico que a validará como fonte para a formulação da hipótese. Os **resultados de pesquisas** gozam de maior grau de confiabilidade como fonte. Esses resultados devem estar, no entanto, intimamente relacionados com o objeto, o marco teórico e o problema da pesquisa que se pretende desenvolver. As **teorias**, como fonte de elaboração de hipóteses, atribuem a estas não só grande confiabilidade como promovem a relação entre as mesmas e o conjunto teórico mais amplo das ciências. Uma teoria já comprovada como fonte de hipótese a ser testada, não significa que os demais tipos de fontes de hipóteses não devam se referir à determinados marcos teóricos.

Alguns manuais trazem a intuição, como fonte. Apesar de referidas em várias obras de metodologia, neste livro as autoras entendem que "simples palpites" não devam ser utilizados como fonte de hipóteses. Supõe-se que somente aos pesquisadores com grande experiência seja permitida a utilização dessa fonte. Mesmo assim, pode ser uma temeridade e uma opção pouco científica, isso porque, mesmo a experiência relevante de um pesquisador não validaria a utilização de simples intuição como fonte científica. A intuição é, muitas vezes, confundida com sínteses, às quais o pesquisador chega após vários investimentos teóricos e que, de forma aparentemente repentina, surgem como "verdadeiras" descobertas. Ao longo de nossas vidas, a partir de todo patrimônio intelectual, social e cultural que acumulamos, as "descobertas" ou "intuições" tornam-se quase que corriqueiras. Na maioria das vezes, são sínteses de investimentos anteriores. Não estamos, no entanto, afirmando que as intuições não existam e que não sejam utilizadas como fontes de hipóteses, mas, mesmo assim, acompanhada de outro tipo de fonte.

Em Lakatos & Marconi (2000), são ressaltados três tipos primordiais de hipóteses:

a) **casuísticas**: muito freqüentes nas pesquisas históricas e que ocorrem em casos delimitados.

Exemplo: "Os **estóicos**, e não Kant ou Erasmo, formularam pela primeira vez o axioma da **'humanidade no indivíduo'**. Sendo assim, o conceito de **autonomia interativa** deve se fundamentar em suas postulações teóricas e práticas, por sua similitude conceitual e não apenas por este axioma ter sido campo primeiro de onde se originaram outras teorias."

b) **freqüência de acontecimentos**: freqüência em determinado grupo, sociedade, cultura.

Exemplo: "Considerando a questão da transexualidade a partir das diretrizes impostas pela doutrina nacional e o resultado de pesquisas sobre as condutas em tribunais, afirma-se que pareceres jurisdicionais de conteúdo conservador sobre o tema são mais freqüentes entre magistrados cuja conduta se pauta por paradigmas normativistas."

c) **relação de associação entre variáveis**

Exemplo: "Considerando os diagnósticos da medicina legal e pesquisas estatísticas já divulgadas sobre fatores causadores de morte, afirma-se que o índice de **suicídios** é maior entre **solteiros** que **casados**."

(variáveis: estado civil/suicídio)

Uma das incorreções mais frequentes na elaboração das hipóteses de pesquisa pelos estudantes é sua não correspondência com os problemas propostos para a investigação. Se o conceito de hipótese é justamente a resposta aos problemas formulados, ela deve guardar uma relação necessária entre os problemas formulados e as afirmações que lhe são atribuídas como solução provisória.

Outro problema verificado é a não explicitação da referência teórica na hipótese. Para solucionar essa falha sugere-se que, para maior facilidade, se elabore hipóteses com a seguinte estrutura: "Considerando o marco teórico **x**, afirma-se que [...]."

A ausência de clareza das variáveis e indicadores de pesquisa nas hipóteses tem se apresentado como um problema bastante comum em projetos de pesquisa, tanto de graduandos quanto de pós-graduandos.

Observe-se o exemplo apresentado anteriormente, relacionando o problema de pesquisa formulado com a hipótese correspondente a esse problema:

Exemplo

Situação-problema da pesquisa

- A compreensão histórica da Teoria geral do direito sobre a distinção entre o direito público e o privado pode ser observada na compreensão das relações entre o Estado e a sociedade atuais?

- Da (re)construção da distinção entre o público e o privado adviriam efeitos práticos na forma da compreensão do sistema administrativo e, consequentemente, na atuação estatal?

Hipóteses

- Considerando que os espaços público e privado persistem como duas esferas diversas de atuação do cidadão, não mais concebidas como opostas, mas como um complexo de referências recíprocas, segundo a contribuição dada pela Teoria discursiva do Direito e da Democracia, afirma-se que as teorias clássicas da distinção público/privado utilizadas pela Teoria Geral do Direito, baseadas em critérios diversos (interesse, utilidade, sujeito), não se prestam mais a descrever o fenômeno jurídico no âmbito de sociedades complexas.[2]
- Uma (re)construção da distinção entre o público e o privado traz como efeitos práticos, o problema da legitimidade da atuação da Administração Pública, na redefinição do papel do Estado e na criação de novas categorias de relações entre este e a sociedade civil, abandonando, por hora, seu *status* meramente instrumental (ou executivo) das atividades estatais e o surgimento de novos elementos de participação e de controle por parte das demais esferas públicas através do fluxo do poder comunicativo.

6.2.4 Variáveis e indicadores

A esta altura de nossas argumentações, vale a pena entender o que é uma variável. Por sua maior clareza, apresenta-se a definição de Köche: "Variáveis são aqueles aspectos, propriedades, características individuais ou fatores, mensuráveis ou potencialmente mensuráveis, através dos diferentes valores que assumem, discerníveis em um objeto de estudo, para testar a relação anunciada em uma proposição" (KÖCHE, 2002, p. 112). Entenda, pois, que, quando Köche (2002) fala sobre uma "relação anunciada em uma proposição", o autor refere-se a uma variável anunciada pela hipótese proposta. Depreende-se, pois, que uma hipótese dá-se sempre como uma relação entre variáveis. É a partir do entendimento ou decodificação da natureza dessa relação que se pode definir o tipo de

---

2 Na teoria habermasiana, entende-se sociedade complexa como aquela dotada de mundos da vida estruturalmente diferenciados e de subsistemas funcionalmente independentes. (HABERMAS, 1987 e 1996).

variável que se tem. Nas Ciências Sociais Aplicadas são mais comuns as variáveis independentes, dependentes e intervenientes. As primeiras são aquelas que condicionam ou afetam outra variável. Ela é fator determinante de resultados, efeitos ou consequências. As variáveis dependentes, ao contrário, são fatores, valores ou fenômenos influenciados pela variável independente.

Apresenta-se, a seguir, um exemplo razoavelmente fácil, para se entender a relação entre essas duas variáveis:

"A **classe social** da mulher influencia a frequência de **divórcios**."

(variável independente: "classe social"; variável dependente: "divórcio")

A relação entre "classe social" e "divórcio" é, obviamente, de dependência ou de condicionamento, conforme a natureza do conteúdo da proposição. Aí não se poderia, jamais, pensar no fator divórcio determinando a classe social do indivíduo. A relação entre elas é, portanto, de condição de possibilidade da outra. É a partir dessa relação que se pode entender a variável interveniente e sua natureza. Ela tem como função afetar, de alguma forma, a relação entre as outras duas variáveis.

No exemplo, acima, poder-se-ia formulá-lo como a seguir:

"A **classe social** influencia a frequência de **divórcios** se desconsiderado o **gênero**".

Vê-se que a variável "gênero" interfere sobre a influência estabelecida entre as variáveis independente e dependente, minimizando a relação causal entre elas e que era óbvia no primeiro exemplo.

Temos inúmeros outros tipos de variáveis, tais como: **moderadoras** e de **controle**, **extrínsecas** e **componentes**, **antecedentes**, dentre outras que não serão objeto de estudo neste trabalho, por serem de pouco uso no campo da Ciência do Direito.[3]

Para a análise e interpretação das variáveis, deve-se arrolar um número de **indicadores** que permita a atribuição de objetividade às variáveis, que, muitas vezes, são valores que precisam ser concretamente definidos. A relação com a "realidade" investigada faz-se por meio dos indicadores e as facilidades de testagem da hipótese derivam, na maioria das vezes, de um conjunto de indicadores concretos e adequados aos termos da hipótese.

---

[3] Para maior aprofundamento, indica-se a obra de Eva Maria Lakatos e Marina de Andrade Marconi (2000), *Metodologia científica*, em seu Capítulo 5.

Por exemplo, em uma hipótese que é formulada a partir da relação entre as variáveis "depressão/suicídio" (a primeira, independente; a segunda, dependente), ambas podem ser testadas mediante os seguintes indicadores:

1. frequência a terapeutas;
2. uso permanente de antidepressivos;
3. personalidade introvertida nas relações sociais e de trabalho;
4. número de tentativas de suicídio, dentre vários outros indicadores.

Para o exemplo "classe social/divórcio/gênero" poderiam ser listados os seguintes indicadores:

– Variável independente (classe social):

1. renda/salário;
2. local de moradia/tipo de moradia;
3. escolaridade;
4. tipo de trabalho/função/área de mercado.

– Variável dependente (divórcio):

1. conteúdo de dados cartoriais;
2. dados estatísticos.

– Variável interveniente (gênero):

1. dados pessoais e/ou estatísticos;
2. conteúdo de registros cartoriais.

Em um projeto de pesquisa, uma boa listagem de indicadores relacionados aos núcleos temáticos das hipóteses ou variáveis, é um bom indício de facilidade no desenvolvimento da pesquisa. Pois, a partir desses indicadores, a relação de atividades a serem efetuadas durante a investigação torna-se bem mais completa e objetiva e bem mais fácil a definição dos procedimentos metodológicos.

Vejam as variáveis e indicadores apontados no exemplo de pesquisa indicado a seguir:

Exemplo

Hipótese

O processo de redemocratização e de reformulação do Estado não foi acompanhado pela correspondente mudança de paradigma na atuação dos Legislativos estaduais, que continuam presos ou a práticas clientelistas ou ao que Weber considera "política negativa". A Assembléia Legislativa do Estado de Minas Gerais representa uma exceção nesse contexto, na medida em que tem pautado sua atuação por padrões inovadores de interação com a sociedade, facilitados por uma ampla reorientação interna das atividades administrativas e técnicas de suporte ao processo legislativo. (MINAS GERAIS, 2000).

Variáveis

Duas variáveis principais permitem a operacionalização da pesquisa, sendo que cada uma delas pode ser abordada por meio de vários indicadores de natureza diferenciada.

A primeira variável diz respeito ao primeiro termo da hipótese e está relacionada ao próprio papel do Poder Legislativo, que, tanto na definição constitucional de competências quanto no seu conteúdo teórico, apresenta-se de formas distintas em momentos históricos diferenciados. Alguns indicadores podem facilitar o estudo dessa variável:

- Contexto jurídico e institucional: limitações existentes nas Constituições Federal e Estadual, com respeito ao próprio sentido do Federalismo no Brasil e à relação entre os Poderes, com especial ênfase nas delimitações de competências e nas regras de iniciativa no processo legislativo;
- Contexto teórico: a norma jurídica como fundamento para a estabilização social, em seus aspectos racional e ético, segundo perspectivas distintas no período moderno e pós-moderno.

A segunda variável está relacionada com a produção da "política positiva" e pode ser acompanhada por meio de indicadores de natureza predominantemente empírica:

- produção legislativa "tradicional" (proposições aprovadas);
- produção legislativa "inovadora" (participação da sociedade, seminários legislativos, audiências públicas);
- relação entre proposições – ou emendas – oriundas do Legislativo e as do Executivo, sancionadas ou vetadas.

Variáveis intervenientes

Em primeiro lugar, deve-se ter em conta que a própria definição do que sejam "políticas públicas" representa uma das mais importantes variáveis para a pesquisa. Dessa definição dependem várias das implicações e conclusões a serem extraídas. Outras variáveis, também importantes, não podem ser esquecidas, especialmente quando se leva em conta o fato de que a atuação do Poder Legislativo estadual está imersa em um contexto marcadamente político, no sentido estrito do termo. Algumas variáveis possíveis podem ser arroladas, de forma preliminar:

- estrutura interna (burocracia) da Assembléia Legislativa do Estado de Minas Gerais (ALEMG): quanto a esse aspecto, deve-se ressaltar a importância da adequação dos quadros técnicos para que se tenha a reformulação das práticas tradicionais. Esse ponto certamente será bastante desenvolvido no estudo, especialmente no que se refere à antiga discussão entre os papéis do técnico e do político no governo.

- composição político-partidária da Casa Legislativa, nas diversas legislaturas e suas implicações na formulação de proposições;

Apresenta-se, a seguir, parte de uma proposta de plano de ação com indicação de variáveis e indicadores para o estudo do fenômeno do pluralismo jurídico desenvolvido pela frente "Vilas e Favelas" do Programa Pólos de Cidadania (Faculdade de Direito da UFMG/CNPq):

PROPOSTA DE PLANO DE AÇÃO

2.ª FASE DO PROJETO DE PESQUISA-AÇÃO

"VILAS E FAVELAS"

AGLOMERADO SANTA LÚCIA

Dando seguimento ao trabalho do Projeto "Vilas e Favelas e Organização Popular" procuraremos, tendo em vista os indicativos do plano de pesquisa-ação do Diagnóstico das Entidades do Aglomerado Santa Lúcia (CARVALHO NETTO; GUSTIN *et al.*, 1998), aprofundar algumas questões indicadas neste plano, procurando desenvolver:

1. Levantamento de percepções (individuais e grupais) sobre a legitimidade/ilegitimidade das entidades comunitárias (levantamento dos significados constituídos no **imaginário comunitário** em relação às entidades comunitárias);

Variável independente:

– Legitimidade/ilegitimidade das entidades comunitárias.

Variáveis dependentes:

– Organização e mobilização da população;

– Dialogicidade e interatividade.

Indicadores: papel das lideranças segundo a comunidade (amostra); frequência dos associados às reuniões; ações praticadas pela entidade e a opinião da comunidade sobre essas ações; tipos de problemas que são levantados pela entidade e pelos associados; formas de tomada de decisão e a aceitação dessas decisões pelos participantes das reuniões; relação entre problemas apresentados pela comunidade e ações praticadas pela entidade, entre outros.

Estratégias metodológicas: observação participante em reuniões e eventos promovidos pela comunidade e/ou entidades, percepções (diário de campo) e conversas informais durante as visitas às entidades da amostra e entrevistas.

A descrição do imaginário da comunidade é um trabalho de observação contínua e deve-se estar atento às "falas" freqentes e espontâneas dos moradores.

(parte do 1º momento do Plano).

Devem-se verificar as condições de fácil ou difícil acesso das entidades, bem como a tipificação de suas condições físicas em adequadas e inadequadas, feitas a partir das percepções dos pesquisadores de campo. Essa percepção é a mesma sustentada pelos moradores do Aglomerado?

2. Levantamento de expectativas da população em relação aos papéis sociais a serem desenvolvidos pelas entidades comunitárias indicadas na amostra e pelo Projeto Pólos Reprodutores de Cidadania.

Variável independente:

– Papéis sociais das entidades

Variável dependente:

– Expectativas da população

Indicadores: importância dos atores políticos dos movimentos sociais nas mudanças das estruturas sociais e políticas do Aglomerado Santa Lúcia, segundo atores privilegiados da comunidade (papel desempenhado pelas lideranças e pelos participantes de reuniões comunitárias); formas e âmbito de participação do grupo social nos movimentos populares locais; adequação da metodologia do projeto às expectativas das entidades comunitárias; papel atribuído à parceria entre as entidades e o Programa Pólos de Cidadania.

Estratégias metodológicas: além da possibilidade de utilização de conversas informais, a aplicação do roteiro de entrevista (1.º momento) pode já ter detectado o conteúdo dessas expectativas e o papel a ser desenvolvido pelo Programa "Pólos".

Pretende-se, ainda, compor uma amostra intencional de moradores do Aglomerado para checagem da percepção entre aqueles que não freqüentam reuniões comunitárias.

(parte do 2º momento).

Questões propostas pelo projeto originário:

1. O fato de que há poucas sedes ou instalações (duas num total de 37 ou 5,41%) doadas pelo Poder Público deve ser considerado como um indicador positivo, negativo ou irrelevante face à autonomia das entidades? Qual a influência de poderes sociais (religiosos, políticos, do Poder Público) no funcionamento dessas entidades?

Identificar o nível de influência das Igrejas no funcionamento das entidades. Até que ponto tais entidades abrem mão de sua "identidade" a fim de usufruírem das boas instalações cedidas pelas Igrejas ou outras instituições?

2. Quais os entes que financiam as entidades e como eles influenciam na tomada de decisões dessas entidades?

3. As demandas quanto aos "interesses na área jurídica" apresentaram altos índices em relação à "Prisão ilegal e arbitrária", aos "Direitos da criança e do adolescente" e aos "Direitos do trabalhador". Essas demandas da comunidade se estruturam em torno de questões "concretas e imediatas"? As demandas poderiam refletir problemas de toda a comunidade, da entidade, do entrevistado ou a percepção do entrevistado sobre a comunidade? Quais são os tipos de demandas feitas pela comunidade? De que maneira essas demandas são dirigidas às entidades e aos órgãos públicos que desenvolvem "prestações sociais" (desde Assistência Social, prestação de serviços, realização de obras, doações de bens materiais) no Aglomerado?

4. Houve um expressivo interesse pelo tema "Prisão ilegal e arbitrária". Isso é fruto de alguma experiência violenta vivida por moradores? [observar em campo]. É devido à atuação policial no Aglomerado? É devido à atuação da pastoral carcerária junto aos ex-presidiários que retornaram ao Aglomerado? Qual a reação da população diante desse fato? Como tem ocorrido a reinserção desses ex-presidiários ou "detentos" no local?

5. Nessa questão sobre as demandas para a área jurídica, alguns temas não foram apontados como interesse. Por quê? Das hipóteses formuladas, quais correspondem à realidade local: a de que haveria uma sobreposição dos temas? Os interesses das entidades do Aglomerado são gerais? Há um desconhecimento quanto ao conteúdo tratado por cada ramo do Direito? Houve falta de interesse em dar respostas ao questionário? Ou trata-se da forma como o problema é visto (local x global)?

6. Como é entendido o problema do "saneamento básico" pelos moradores do Aglomerado? Esse problema é bem mais amplo abrangendo a saúde, o abandono do poder público, a miséria, e outras questões possíveis?

7. Quais os meios adequados para abordagem dos temas jurídicos na comunidade?

3. Decodificação das formas e do âmbito de participação do grupo social nos movimentos populares locais para promover a implantação de programas de ação diversificada visando à inclusão dos moradores na comunidade.

Variável independente:

– Participação social

Variável dependente:

– Inclusão dos moradores

Indicadores: Inter-relação entre seguimentos organizativos; tipos de reuniões que mais mobilizam a comunidade; formas de inclusão social.

Estratégia metodológica: Aplicação de Roteiro de Entrevista. (Formulado segundo indicadores propostos); observação; participação ativa.

Algumas das questões propostas pelo projeto originário:

1. A demanda pela área de "Cidadania e direitos fundamentais", no contexto, não obteve resultado expressivo. Qual a compreensão da palavra "cidadania" em amostra privilegiada de moradores do aglomerado?

2. Verificou-se em campo o receio dos entrevistados de um possível efeito de conscientização das mulheres no aglomerado. Isso poderia indicar a existência de uma normatividade fundada na diferença de gênero.

Percebe-se, pelo Plano de Ação apresentado, que variáveis e indicadores são indispensáveis para uma fase mais concreta da pesquisa, depois de formulado e revisto o Projeto. Até mesmo uma boa definição das estratégias metodológicas deve ser precedida por variáveis e indicadores adequadamente formulados. Alguns autores, talvez com pouca experiência de pesquisa, não atribuem a necessária importância a esses elementos e, quando da execução da pesquisa, eles, inevitavelmente, farão falta para o adequado desenvolvimento da investigação.

6.2.5 Revisão da literatura sobre o assunto

A "introdução" ao projeto ou ao problema, que foi abordada no item "tema-problema da pesquisa", poderá abordar pontos significativos da literatura que permitem melhor entendimento do objeto de pesquisa e de sua problematização. Entende-se, entretanto, que em um projeto a revisão da literatura só tem uma razão objetiva: **justificar a investigação proposta**.

Como isto pode ser feito?

1°) o pesquisador, a partir da apresentação dos núcleos teóricos primordiais da literatura selecionada (geralmente os teóricos mais importantes daquele campo específico), **demonstra a ausência de análise** ou de **análise insuficiente** em relação ao objeto de estudo;

2°) o pesquisador apresenta, por meio da abordagem da literatura selecionada, a existência de **contradições insuperáveis** entre os autores com relação ao problema posto e ao objeto da pesquisa;

3°) nos casos de não ser lacunosa a literatura sobre o assunto e de não conter contradições insuperáveis, o pesquisador pode querer demonstrar a **inadequação** das **conclusões** dos autores às condições sociojurídicas objetivas;

4°) o pesquisador, apesar da ausência de todas as argumentações negativas anteriores, deseja **retestar as conclusões** dos autores sobre o objeto de estudo;

5°) existindo somente literatura estrangeira sobre o assunto, o investigador poderá pretender a **adequação das conclusões às condições culturais** de seu país, região, município, etc.

Essas são algumas das formas que podem ser utilizadas para, por meio da revisão de literatura especializada, justificar a oportunidade do estudo. Somente esses elementos validam a inclusão de revisão de literatura em item especial. Na área do Direito, dependendo do objeto problematizado, poder-se-á, também ou exclusivamente, realizar uma revisão das legislações pertinentes e de princípios jurídicos gerais ou específicos com o mesmo objetivo: a justificação do estudo proposto.

6.2.6 A metodologia

Neste livro entende-se a metodologia não só como um conjunto de técnicas e procedimentos utilizados para a construção de um trabalho científico. A concepção metodológica que aqui se esboça incorpora também a dimensão teórica dada à investigação e outros elementos que não costumam integrar os conceitos usuais de metodologia comumente apresentados na literatura sobre o assunto. Por esse motivo, as seções que se seguem incluem elementos não apenas formais, mas temas como a apresentação do marco teórico, dentre outros que não se restringem a procedimentos e técnicas.

6.2.6.1 O marco teórico

Inicia-se a seção "metodologia" com a exposição do **marco teórico** que fundamentará a investigação e todos seus elementos. Como esse tópico já foi analisado, dispensa-se nova abordagem sobre o assunto. Deve-se realçar, contudo, que, apesar de ser esse o item adequado para uma **apresentação aprofundada** do marco teórico, não se dispensa referências a ele nas seções anteriores, em especial na hipótese. Como introduzir o projeto, apresentar o problema ou a hipótese sem referência ao marco teórico? Deve-se entender que o marco teórico tem de permear todos os elementos do "corpo" do projeto, pois é fundamento indispensável não só para o planejamento como, primordialmente, para o desenvolvimento da investigação. Se o marco teórico é alterado durante a pesquisa, caem por terra todos os demais elementos (problema, objetivos, hipótese, etc.). Sendo assim, a pesquisa será outra e tudo começará da estaca zero.

Observe a exposição/explicação do marco teórico feito em alguns exemplos de pesquisas de integrantes do Programa de Pós-Graduação em Direito da UFMG:

Exemplo 1

Tema da pesquisa

"O exercício democrático do direito fundamental à liberdade de imprensa e de informação jornalística." (MELO; ROCHA, 2004).

Marco teórico

Pode-se argumentar que o pluralismo e a complexidade das sociedades modernas são os grandes inimigos da realização de um conceito "ideal" de democracia, entendida como uma participação direta de todos os cidadãos de determinada comunidade política. Daí teorias que apelam para uma democracia possível, que na verdade procuram fundamentar todos os tipos de distorções no processo de tomadas de decisões coletivas. Assim, muitas destas decisões são tomadas em nome de um povo construído, por assim dizer, devido justamente à impossibilidade de torná-lo real. Nos dizeres de Friedrich Müller (2000, p. 72),[4] cria-se um povo-ícone que se aproxima de certa forma à idéia de nação concebida pelos revolucionários franceses. A mitificação do povo ou da nação significa elevá-lo a um nível quase que metafísico, ideal e transcendente. Seria uma concepção

[4] Em termos bem genéricos, a iconização reside por igual também [**nicht zuletzt**] no empenho de unificar um 'povo' a população diferenciada, quando não cindida pela diferença segundo o gênero, as classes ou camadas sociais, freqüentemente também segundo a etnia e a língua, a cultura e a religião.

"pseudo-sacral", que levaria a consequências extremadas, justamente por ignorar o povo real existente. No momento em que esse povo real gerasse obstáculos ao exercício do poder estatal, "criar-se-ia" o povo homogêneo, o povo-ícone, que seria na verdade uma abstração a ser resguardada e tutelada.

Esse conceito pessimista da democracia enquanto regime impraticável, acertadamente criticado por Müller (2000) em seu estudo sobre o povo, é que se procura evitar. Para tanto, propõe-se como fundamento da teoria discursiva do direito, de Jürgen Habermas (1997), justamente por apresentar uma proposta de democracia que procura trabalhar de forma concreta o pluralismo social e apresentar caminhos para as decisões coletivas, democraticamente construídas.

Habermas (1997) constrói seu conceito de democracia, a partir da participação dos cidadãos no processo de formação da vontade e da opinião. Um processo de formação que convoca a sociedade complexa e plural à deliberação pública, de modo a produzir decisões aceitáveis (racionais) pelos participantes do processo deliberativo democrático. O público, enquanto espaço de formação da vontade coletiva, tem estreita relação com o privado, uma vez que a condição de participante pressupõe o respeito à pessoa, a partir do reconhecimento efetivo dos direitos fundamentais dos indivíduos.

Como a linguagem é possível, a partir da capacidade de se transcender contextos, com base em um pano de fundo de compreensão, que em silêncio possibilita a comunicação, assim o é a democracia e a tomada de decisões racionais, sendo, pois, "[...] **possível ampliar as condições concretas de reconhecimento através do agir comunicativo, ou seja, através da prática de argumentação, que exige de todo o participante a assunção das perspectivas de todos os demais.**" (HABERMAS, 1997).

Exemplo 2

Tema da pesquisa

"O Poder Legislativo estadual e a elaboração de políticas públicas: em busca de um novo padrão de atuação." (MINAS GERAIS, 2000).

Marco teórico

O estudo do papel do Parlamento, no atual processo de transformação das estruturas tradicionais do Estado, oferece várias possibilidades distintas de abordagem, daí decorrendo a necessidade de se delimitar de forma mais precisa a questão, dados os limites objetivos da pesquisa proposta.

A primeira questão subjacente ao tema é a da construção de uma "política positiva", nos termos adotados por Max Weber (1980). Para esse autor, o Parlamento, quando restringe sua atuação ao mero encaminhamento de reclamações e queixas dos cidadãos, quando somente rejeita dotações orçamentárias e proposições oriundas de outro poder, exerce o que se considera "política negativa".

À "política negativa" contrapõe-se, é lógico, a outra modalidade que somente pode ser denominada "política positiva". E essa, por sua vez, tem como elemento importante, nos dias atuais, a materialização da atuação do Parlamento nas atividades de formulação, acompanhamento e avaliação de políticas públicas.

O passo inicial para o estudo do papel do Parlamento consiste no questionamento da própria função "natural" do Legislativo. James Anderson (1975), ao comentar o papel do Parlamento nos tempos modernos, critica a "resposta fácil", que afirma ser papel do Legislativo legislar, contrapondo a essa resposta o argumento de que muitas legislaturas estaduais (nos Estados Unidos) são até mesmo incapazes de agir independentemente em face de casos complexos e de alto grau de dificuldade técnica.[5]

Considerando-se que uma das formas de ação positiva do Parlamento consiste na sua intervenção ativa no processo de formulação de políticas públicas, outra ordem de questões logo se apresenta, constituindo uma das

---

[5] A resposta fácil à questão 'o que os legisladores fazem?' é dizer que eles legislam, isto é, que eles se preocuparam com as tarefas políticas centrais de legislação e formação política no sistema político. Não se pode presumir, entretanto, que uma legislatura, meramente por suportar uma designação formal, realmente tem funções decisórias independentes. Essa é uma questão a ser determinada por investigações empíricas e não por definição [...] Muitas legislaturas estaduais, por causa de suas sessões limitadas, membros um tanto quanto amadores e um equipe de assistência inadequada, são, normalmente, incapazes de agir independentemente em questões técnico-legislativas complexas. *("The easy response to the question 'what do legislatures do?' is to say that they legislate, that is, that they concerned with the central political tasks of lawmaking and policy formation in a political system. It cannot be assumed, however, that a legislature, merely because it bears that formal designation, really has independent decision-making funtions. This is a matter to be determinated by empirical investigation rather than by definition[...] Many state legislatures, because of their limited sessions, rather 'amateur' membership, and inadequate staff assistance, are often unable to act independently on complex, technical legislative matters.)* (ANDERSON, 1975, p. 38).

vertentes teóricas intervenientes na pesquisa. Trata-se de se construir a definição operacional para o termo "políticas públicas". Esse tema deverá ser explorado ao longo da própria pesquisa, mas, de início, vale apresentar, como exemplo do grau de dificuldade apresentado pela questão, a definição de Thomas Dye: "Política pública é qualquer coisa que os governos escolham fazer ou não fazer."[6]

No mesmo sentido, considerando que qualquer resposta governamental a demandas sociais pode ser incluída no rol das chamadas políticas públicas, podem ser encontradas definições semelhantes nas obras de Lindblom, Bauer e Dror, como aponta e critica Theodore Lowy (LOWY, 1970, p. 317). Ora, se tudo pode ser considerado "política pública", o conceito se esvazia e se torna indefinido, perdendo qualquer validade operacional possível.

Percebe-se, portanto, que o exame da atuação do Poder Legislativo passa, também, pela própria delimitação – tanto em termos teóricos quanto empíricos – do que sejam políticas públicas. Essa definição, como já foi ressaltado, contém aspectos teóricos e práticos: deve ser operacional, no sentido de que possibilite a construção de indicadores para o exame da atuação do Poder Legislativo.

Finalmente, como marco teórico dessa pesquisa, é possível buscar, nos estudos de Jürgen Habermas, importantes elementos a partir de uma abordagem sociológica, para a compreensão das funções da lei e do Parlamento no Estado moderno. **Segundo esse autor, a modernidade assiste a substituição da razão prática pela razão comunicativa, que "não é fonte de normas do agir" e que, ao possibilitar uma "orientação nas bases de validade, no entanto, ela mesma não fornece nenhum tipo de indicação concreta para o desempenho das tarefas práticas**" (HABERMAS, 1997, p. 20-21). À obra de Habermas, pode ser agregada uma nova e moderna vertente no estudo das políticas públicas, vertente esta que procura nos pressupostos da "razão argumentativa", como contraponto à vertente "pós-positivista", o fundamento para o exame da ação estatal.

Em síntese, o acompanhamento da atuação do Poder Legislativo, nos moldes propostos nesse projeto, insere-se em um contexto teórico que procura incorporar novos argumentos e conceitos que, possivelmente,

[6] *"Public Policy is whatever governments choose to do or not to do."* (DYE, 1972, p. 1).

poderão vir a se constituir no mais novo paradigma no estudo do Direito moderno.

Exemplo 3

Tema da pesquisa

"A pessoa jurídica e os direitos da personalidade" (GOMES, 2004).

Marco teórico

A presente pesquisa estrutura-se a partir da teoria do "Conceito Analógico de Pessoa Aplicado à Personalidade Jurídica", de Edgar de Godói da Matta Machado (1954). Segundo o entendimento do autor mineiro, a pessoa natural não consiste em mera criação do direito positivo. Ao revés, encontra-se dotada de valor imanente, em razão da relação analógica estabelecida com o Analogado Supremo, na visão de Matta Machado (1954), Deus, tendo feito o homem à Sua imagem e semelhança. **Engendrada no plano ontológico, essa analogia torna imperativo que o ordenamento *reconheça* a personalidade jurídica da pessoa natural, excluindo a matéria do âmbito da discricionariedade do legislador.**

Distinta é a situação das pessoas jurídicas. Trata-se de seres que, diferentemente do homem, não constituem mais do que meras criações do direito destinadas a satisfazer objetivos perseguidos pelas pessoas naturais. Guardam, assim, natureza eminentemente instrumental.

Também o conceito de pessoa jurídica é análogo, mas em relação ao de pessoa natural. Não se pode perder de vista que a analogia que entre elas se estabelece é radicalmente distinta daquela verificada entre esta e o Analogado Supremo, Deus. Aqui, a relação analógica é construída com fulcro em semelhanças apreendidas no plano da "operatividade", isto é, no que diz respeito à possibilidade de figurar como titular de direitos e obrigações. Portanto, a personalidade da pessoa jurídica constitui matéria atinente ao direito positivo e a respeito da qual não entram em pauta considerações de ordem ontológica das essências.

6.2.6.2 Setores de conhecimento

Logo após a apresentação do marco teórico, aprofundando seu conhecimento, o pesquisador deverá indicar o setor ou setores do conhecimento nos quais deverá se inserir o objeto de estudo. Como dito anteriormente, raras investigações serão unidisciplinares ou **monodisciplinares** (ou seja, pertencentes a um único setor do conhecimento), dada à inadequação desse tipo de pesquisa às novas metodologias e à complexidade dos tempos atuais. Se uma pesquisa irá combinar apenas conhecimentos do ramo da ciência jurídica, como por exemplo, direito processual civil, direito administrativo e direito constitucional, ainda assim será considerada uma pesquisa que não deve ser tida como unidisciplinar. Isso porque pertence a um mesmo campo de conhecimento, porém relaciona conteúdos de disciplinas diversificadas.

Será importante, por isso, indicar se a pesquisa será multi (ou pluri), inter ou transdisciplinar.

As primeiras realizam **articulações** teórico-doutrinárias, tópicas e fragmentadas. As disciplinas (conexas ou não) ou os setores diferentes de determinado campo de conhecimento nesse tipo – **pluridisciplinar** – permanecem separadas e com identidades próprias (conteúdos e paradigmas diversos). Exemplificando, poder-se-ia, numa pesquisa sobre o assunto "Reforma Administrativa do Estado", combinar elementos da Ciência da Administração, da Ciência Política e do Direito Administrativo, sem que se apresente uma combinação mais integrada dessas disciplinas, pois cada uma irá contribuir para a pesquisa com os seus conteúdos próprios. O pesquisador apenas buscaria elementos nesses campos para construir argumentos para os problemas de pesquisa tratados. Aqui, não é o objeto da pesquisa que exige essa conexão.

Já as pesquisas **interdisciplinares** realizam uma **coordenação** de conteúdos pertencentes a disciplinas diferenciadas (no próprio campo do Direito ou em campos conexos). Partes das disciplinas permanecem coordenadas programaticamente, há uma união real de conteúdo, uma articulação que permite desvendar o objeto da pesquisa em todas as suas características plurais. Quando se trata, por exemplo, "da psicanálise no direito de família" se estará realizando uma interação desses conteúdos e não apenas uma "articulação" argumentativa; da mesma forma como Habermas (1987) realiza estudos interdisciplinares que combinam a sociologia jurídica, a ciência política, o direito constitucional e a lingüística, entre outras, nos seus estudos sobre "Facticidade e Validade". Importa compreender que na interdisciplinaridade é o próprio objeto do estudo que exige a coordenação com outras disciplinas ou partes de seus conteúdos teóricos. Como no primeiro exemplo, dependendo do objeto da pesquisa sobre Direito de Família, a esfera da Psicanálise ou de suas teorias é imediatamente solicitada. Outras vezes, ao contrário, o objeto da pesquisa exigirá outras teorias que não as psicanalíticas.

Nas pesquisas cujo setor de conhecimento é **transdisciplinar**, há produção própria de novos conhecimentos que se dá de forma inter-relacionada, numa unidade de saber, como ocorre nos campos da Sociologia Jurídica, da Psicologia Forense, da Criminologia, da Medicina Legal, do Biodireito, entre tantos outros. Esse tipo de pesquisa não apresenta qualquer fragmentação entre disciplinas ou setores de conhecimento, porque ao final da investigação produzir-se-á uma teoria única.

Não há como estabelecer, aprioristicamente, se determinado tema será mono, pluri, inter ou transdisciplinar, pois isso dependerá do marco teórico adotado, do problema da pesquisa, das hipóteses, bem como das metodologias a serem utilizadas e, mais especialmente, do objeto de pesquisa.

O pesquisador deverá esclarecer quais as disciplinas, setores, áreas ou institutos jurídicos e, ainda, os campos conexos que estarão envolvidos na pesquisa, justificando a inclusão de cada um. Essas disciplinas ou setores podem se relacionar tanto com a esfera dogmática quanto zetética do Direito. O livro de Tércio Sampaio Ferraz Júnior (2001), *Introdução ao estudo do direito*: técnica, decisão, dominação, apresenta uma relação de disciplinas e setores dogmáticos e zetéticos razoavelmente completa.

Observe os exemplos dados a seguir:

Exemplo 1

"O exercício democrático do direito fundamental à liberdade de imprensa e de informação jornalística." (MELO; ROCHA, 2004).

Setores do conhecimento

Considerando a amplitude e complexidade do tema, percebe-se que o mesmo poderia ser tratado sob vários enfoques, como por exemplo, no campo sociológico (os impactos dos abusos do exercício do direito à liberdade de imprensa na sociedade); econômicos (existência de oligopólio dos meios de comunicação); político (manipulação de informações em prol de objetivos políticos), administrativos (reflexos na gestão empresarial dos meios de comunicação). Nesse sentido, resta claro que o tema envolve diversas questões relevantes e atuais, sendo de suma importância a sua análise profunda nos diversos campos do saber, inclusive por se tratar de um dos instrumentos de realização do regime democrático. Por esses motivos, a investigação será do tipo interdisciplinar, por sua própria natureza e complexidade.

Exemplo 2
Tema de pesquisa: "A pessoa jurídica e os direitos da personalidade." (GOMES, 2004).

Setores do conhecimento
A pesquisa insere-se em perspectiva *interdisciplinar*, pois procura coordenar conteúdos concernentes ao *campo* da Filosofia do Direito e ao do Direito Civil, no intuito de analisar o objeto de estudo em todas as suas características plurais.
O *tema* "pessoa jurídica" constitui elemento comum tanto à *área* delimitada pela Teoria Geral do Direito, quanto àquela da Teoria Geral do Direito Privado, cujos enfoques, embora diversos, devem ser igualmente considerados e também coordenados, a fim de que o objeto seja analisado da forma mais completa possível. Enquanto esta se ocupa, sobretudo, do direito positivo, aquela o encara a partir de seus fundamentos teóricos. Trata-se de panoramas complementares que dão o tom interdisciplinar à pesquisa.

6.2.6.3 Processos de estudo

Esses processos de estudo foram suficientemente analisados quando se abordou os tipos genéricos de investigação no campo do Direito[7] e os processos mentais ou raciocínios utilizados na discursividade argumentativa para a explicação e interpretação do objeto da investigação. Por essa razão, aqui não se deterá em novas explicações sobre esse assunto. Neste item, é de grande valor determinar qual o tipo da pesquisa e quais os processos mentais ou raciocínios que serão utilizados em conformidade com o objeto da investigação, seu marco teórico e as preferências do pesquisador ou de sua equipe. Não se podem confundir processos de pesquisa, uma esfera mais cognitiva, com procedimentos, área eminentemente técnica e que será detalhada posteriormente.

6.2.6.4 Natureza dos dados

Os dados incorporados à pesquisa e operacionalizados pelo investigador são de dupla natureza: primária ou secundária.

---

7 Investigações histórico-jurídicas, jurídico-compreensivas ou interpretativas, jurídico-comparativas, jurídico-descritivas ou diagnósticas, jurídico-projetivas ou prospectivas.

Os **dados primários** são aqueles levantados e trabalhados diretamente pelo pesquisador, sem qualquer intermediação de outros indivíduos. São dados ou fontes primárias aqueles extraídos de entrevistas, de documentos oficiais ou não oficiais, legislação, jurisprudência, dados estatísticos, informações de arquivos de todo tipo, dentre outros. As fontes primárias atribuem à pesquisa uma condição de autonomia e de novidade, isso porque o pesquisador levanta uma relação de dados ou de percepções selecionados e imediatamente analisados segundo o marco teórico definido e os processos de estudo indicados.

Entende-se que os cientistas do direito precisam investir na coleta de dados primários, sobretudo para tornarem suas pesquisas mais adequadas ao contexto social em que vivem e para a compreensão da aplicação dos direitos pelas comunidades. Exemplificando essa afirmação, podemos dizer que ao invés de estudar simplesmente o tema "Tombamento e o dever de indenizar", por que não estudar a questão do tombamento em Belo Horizonte ou em outro Município, como Ouro Preto? Seus procedimentos, características, as medidas administrativas da Comissão Municipal competente para a realização dos tombamentos e, ainda, como tem sido as decisões dos juízes mineiros e do Tribunal de Justiça do Estado sobre o dever do Município de indenizar os proprietários dos imóveis tombados. Essas inferências locais podem ser feitas em quaisquer temas que forem abordados pela ciência jurídica, necessitando, nesses casos, da realização de entrevistas, aplicação de questionários, roteiro e quadro para coleta de dados documentais, e demais procedimentos de coleta de dados primários.

Os **dados secundários** são também relevantes para a investigação, apesar de serem, no campo jurídico, aqueles de maior utilização. São secundários por derivarem de estudos e análises já realizados por intermediários entre o pesquisador e o objeto de investigação. São fontes secundárias: conteúdos de compêndios didáticos, literatura em geral, artigos de revistas ou jornais, doutrina, legislações interpretadas, etc. Dependendo do objeto da investigação, do problema e da hipótese da pesquisa, essas fontes adquirem maior ou menor relevo. É verdade, no entanto, que pesquisas fundadas somente em dados secundários são formas "empobrecidas" de desenvolvimento investigativo-científico. Ao final, quase sempre se repete o que já foi dito por outros teóricos, sem qualquer inovação ou produção de conhecimento "novo". É bem verdade que inúmeras vezes o pesquisador poderá extrair dados primários de fontes secundárias, isso depende do tipo de tratamento que ele dará à informação. Pode-se retirar, por exemplo, dados de um livro que não se submeterá à mesma interpretação dada pelo autor, pois os objetos de utilização do dado são diferentes. Sendo assim, este dado será **primário** e não secundário, apenas a fonte era secundária.

6.2.6.5 Grau de generalização dos resultados

A delimitação da pesquisa é o estabelecimento de limites para a investigação. Esta pode ser delimitada quanto ao **assunto** (seleciona-se um determinado tema ou parte de conteúdo já previamente limitado); à **extensão** (limita-se o âmbito da investigação) ou ao **número de fatores** (delimitação quanto aos meios humanos, econômicos, de tempo, etc.). O objeto, por sua vez, quando bem definido, já limita a investigação quanto a todos esses elementos.

Diz-se que o objeto da pesquisa pode constituir-se a partir de toda sua abrangência (de todos os elementos aos quais a pesquisa se refere) ou de todo seu **universo** de abrangência. Os resultados, nesse sentido, seriam generalizáveis a toda a "população" referida pelo objeto da pesquisa. Esse universo poderia ser: o conjunto total de normas de determinado instituto jurídico; o conjunto de membros atuantes em determinado órgão judicial, etc. Diz-se, aí, que a pesquisa não foi feita por **amostragem**, ou seja, abrangendo parte desse universo. A amostragem é feita pela necessidade de limitação do campo de abrangência da pesquisa, tendo em vista a grande extensão da "população" em foco, e pode ser entendida como "[...] uma porção ou parcela, convenientemente selecionada do universo (população): é um subconjunto do universo." (LAKATOS; MARCONI, 2000, p. 41). Quanto a essa delimitação, pode-se entender, erroneamente, que uma pesquisa teórica ao selecionar determinado instituto jurídico – o da "família", por exemplo – trabalharia sempre com todo o universo. Isto, contudo, não é verdade; dependendo do objeto de questionamento dogmático que se faz, o pesquisador poderá fazer um recorte no instituto para trabalhar teoricamente com apenas uma parte dele. Houve, portanto, uma seleção de amostra de estudo em uma pesquisa de tipo teórico e com opção de se restringir à esfera dogmática, uma amostra intencional, portanto.

Essas amostragens, por conseguinte, nas pesquisas qualitativas, podem ser classificadas segundo uma grande ou genérica divisão: amostras aleatórias (probabilísticas) ou amostragem intencional (não-probabilísticas).

A **amostragem aleatória**, ou ao acaso, permite a delimitação estatística da parcela selecionada do universo. Este tipo evita incorreções quanto à representatividade e significância da amostra em relação aos objetivos definidos para a pesquisa. Há, pelo menos, nove tipos de amostras probabilísticas: "aleatória simples", "sistemática", "de múltiplo estágio", "por área", por "conglomerados ou grupos", "de vários graus", "em várias etapas", "estratificadas" e "amostra-tipo ou padrão".

O primeiro tipo, a **aleatória simples**, tem sido utilizado com maior frequência no campo das pesquisas aplicadas, por sua simplicidade e segurança. Em um arquivo de indivíduos atendidos em uma Delegacia de Mulheres, seleciona-se a amostra: por exemplo, retirando-se cada décima ficha. Assim, em um número total de cem mulheres atendidas no mês, teríamos uma amostra de dez. Selecionam-se, da mesma forma, casas de uma rua; adolescentes internos em estabelecimentos socioeducativos, etc.

A **estratificada** tem como diferença o fato de que os indivíduos são ordenados por estratos, segundo determinados atributos: renda, idade, sexo, etc. Cada estrato deverá ter todos os atributos designados pela pesquisa. A amostra mais simples é aquela que conterá somente dois estratos: por exemplo, "sexo masculino" e "sexo feminino". A incorporação de outras variáveis dará maior complexidade a essa amostragem. Se acrescentássemos "idade" (até 18 anos, por exemplo), teríamos uma amostra de três estratos e daí por diante. Os demais tipos são variações desses, com menor ou maior complexidade. Esse tipo de amostragem é mais corrente em pesquisas nas áreas da sociologia jurídica, da criminologia ou em investigações interdisciplinares que envolvam áreas diversificadas do Direito e outras áreas afins, cujo objeto não dispensa esse tipo de amostragem.

A **amostragem intencional** ou **não-probabilística** tem maior aplicabilidade nas pesquisas jurídicas qualitativas. Elas não necessitam de tratamento estatístico e, por isso, são entendidas como de menor confiabilidade quantitativa. O tipo mais comum é o **intencional puro**. Ele é escolhido segundo determinados elementos de interesse da equipe pesquisadora. Por exemplo, deseja-se saber o conceito de cidadania das lideranças de determinado bairro, vila ou favela. Dessa forma, os pesquisadores selecionam intencionalmente uma parcela da população a ser investigada, segundo seu interesse. Outro investigador se interessa, por exemplo, em saber sobre a adequação do Plano Diretor de uma cidade à legislação que lhe precedeu ou à cultura jurídica local. Para isso, ele poderá apenas selecionar uma parte das normas anteriores sobre o assunto questionado e não todas as legislações locais, em todos os tempos. Vê-se que esta última seria uma tarefa exaustiva e inglória.

Na Faculdade de Direito da UFMG, o Programa "Pólos de Cidadania" já constituiu uma amostragem intencional por "quotas" que foi adaptada à metodologia utilizada.

Apresenta-se a seguir como foi constituída essa amostragem na Região Nordeste de Belo Horizonte:

PROGRAMA

"PÓLOS DE CIDADANIA"

AMOSTRA DA FASE II DA PESQUISA DE CAMPO

(GUSTIN *et al.*, 1996)

Fenômeno aleatório a ser pesquisado: Racionalidade normativa não estatal, segundo o eixo teórico-doutrinário de Boaventura de Sousa Santos.

A composição intencional e qualitativa da amostra a ser trabalhada na segunda fase da pesquisa, segundo indicadores das "Diretrizes para configuração da amostra e cruzamentos", elaborada pelos orientadores do projeto, foi feita a partir dos dados do Questionário da primeira fase aplicados em 129 entidades da Região Nordeste de Belo Horizonte.

Tomou-se como ponto de partida pesquisa realizada por Boaventura de Sousa Santos (1988) numa favela do Rio de Janeiro na década de setenta. A metodologia aplicada nesta pesquisa será, o quanto possível, fiel ao trabalho a que nos referimos. Por esta razão, o ponto de partida da composição da amostra foi o tipo de entidade a ser trabalhado: Associações de Bairro. [1] Assim, 45 das 129 entidades visitadas na primeira fase (34,65%) apresentam características próprias para a verificação e contato com o fenômeno da normatividade não estatal.

Em seguida, os critérios observados para a seleção das Associações de Bairro foram: nível de organização da entidade, frequência dos associados às reuniões periódicas, a abrangência das atividades e benefícios das entidades, tempo de funcionamento e número de pessoas inscritas na entidade. Além da escolha dos itens, a composição foi feita tendo em vista as situações-limites (mais/menos) de cada um dos itens. No caso do nível de organização das entidades, por exemplo, procuraram-se aquelas com nível alto (possui conselhos, secretaria, comissões de trabalho, diretoria) e nível baixo de organização (pessoas exercem funções diversificadas sem direção formal), desconsiderando-se, dessa forma, o nível médio (possui diretoria e alguns setores de atividades especiais). As situações-limites podem indicar as características fundamentais do fenômeno a ser observado e possibilitarão uma atividade comparativa das reações diversas que cada uma das entidades poderá apresentar. Do cruzamento de todos os dados do questionário chegou-se a um total de 06 (seis) entidades.

O nível de renda do bairro, ao qual as entidades pertencem, foi outro critério escolhido para compor a amostra intencional: duas associações, localizadas em áreas com variáveis limites para a pesquisa (maior renda/menor renda), puderam ser selecionadas.[2]

Considerou-se ainda a possibilidade de participação de Associações de Bairro situadas em área de favelamento, pois são as que mais se aproximam da pesquisa realizada pelo Prof. Boaventura de Sousa Santos na favela carioca do Jacarezinho (denominada, por ele, Pasárgada). Assim, duas associações puderam ser selecionadas.

A razão da escolha dos itens mencionados baseia-se no fato de que tais quesitos podem aproximar-nos do fenômeno da racionalidade normativa não estatal, objeto desta pesquisa.

Além do cruzamento dos dados do questionário, a composição da amostra incorporou a percepção dos pesquisadores de campo sobre as entidades visitadas.

Do cruzamento dos dados propostos inicialmente, formulou-se o seguinte quadro demonstrativo das entidades selecionadas:

1 Segundo Boaventura Santos, as Associações de Moradores constituíram-se para "[...] coordenar as ações dos vários níveis da vida coletiva e, sobretudo, para defender os interesses das comunidades perante as agências do aparelho do Estado. Com o tempo, algumas dessas associações passaram a assumir funções nem sempre previstas nos estatutos, como a de arbitrar conflitos entre vizinhos." (SANTOS, 1988, p. 12-13).

2 Para a escolha das Associações de Bairro pertencentes a este último item foram consultados dados da Secretaria de Planejamento da Prefeitura Municipal de Belo Horizonte. Os demais itens pertencem ao "Questionário Organizacional – Fase 1".

QUADRO N. 1

	Organização		Freqüência		Abrangência	
Nome	**Alto**	**Baixo**	**+ 50**	**Até 20**	**Menor**	**Maior**
ACOBI – Associação Comunitária do Bairro Ipê e Novo São Marcos	x		x		x	
Associação Comunitária de Defesa do Meio Ambiente do Bairro Palmares		x	x		x	
Associação do Bem-estar Social do Eymard	x			x		x
Associação dos Moradores do Bairro Paulo VI		x		x		
Associação dos Moradores do Bairro Nazaré		x		x	x	
Centro de Apoio Comunitário do Bairro São Paulo	x			x		x
Associação dos Moradores do Bairro Capitão Eduardo						
Amorcinova – Associação dos Moradores da Cidade Nova						
Associação dos Moradores do Bairro Renascença		x			x	
Assoc. Comunitária Bela Vitória					x	

Fonte: "Questionário Organizacional Fase 1" – Projeto "Pólos Reprodutores de Cidadania – Direito Achado na Rua" – FDUFMG – PBH, 1995 (CARVALHO NETTO; GUSTIN *et al.*, 1996).

Cruzamento de dados para escolha de entidades da amostra – Belo Horizonte, 1995

Tempo		N. Inscritos		Escolha		Renda	
+ 8	- 3	Até 50	+100	Voto	Indic	Alta	Baixa
X		X					
X		X		X			
X			X				
X		X			X		
X		X					
X			X	X			
				X			
X			X				X
	X	X		X		X	

6.2.6.6 Técnicas e procedimentos metodológicos mais adequados às pesquisas aplicadas

Para construir a metodologia da pesquisa devem ser observadas as seguintes etapas:

1. Descrição do marco teórico que fundamenta todo o projeto de pesquisa;
2. O processo de pesquisa (vertente metodológica, tipos genéricos de pesquisa e raciocínios que serão priorizados);
3. Natureza dos dados;
4. Grau de generalização;
5. Técnicas de pesquisa (ou estratégias metodológicas): indicarão o enfoque de análise do objeto da pesquisa;
6. Os procedimentos: ferramentas de coletas de dados e informações para a pesquisa, que determinam, na prática, o que deverá ser efetivamente feito pelos pesquisadores.

A metodologia da pesquisa é construída a partir de elementos diversificados, como a escolha dos processos de pesquisa, da vertente metodológica e dos tipos de pesquisa, dos raciocínios, da natureza dos dados, entre outros já referidos anteriormente.

Este tópico trata não da metodologia em sentido amplo, mas somente das técnicas e procedimentos metodológicos que poderão ser utilizados nas pesquisas jurídicas, ou seja, uma esfera mais operacional das investigações. Organiza-se por meio dessas técnicas e procedimentos o "como fazer", ou seja, qual o caminho indicado para realizar a testagem da(s) hipótese(s) e alcançar os objetivos específicos da pesquisa. Essa etapa mais concreta da investigação destina-se, fundamentalmente, a relacionar estratégias metodológicas ou técnicas com a "vertente metodológica" indicada para a pesquisa.

As principais **estratégias metodológicas** (técnicas) são: estudo de caso, ação participante, pesquisa-ação, pesquisa teórica, avaliação, survey, diagnóstico, histórias de vida, , técnica avaliativa ou de análise de impacto, etc. Cada uma dessas técnicas realizar-se-á mediante a escolha de procedimentos mais adequados à sua natureza metodológica e aos aspectos teóricos a que está interligada na pesquisa. Os **procedimentos** são, em geral, os seguintes: observação (espontânea ou dirigida), coleta e análise de documentos, de legislações, jurisprudências, etc., aplicação de questionário (aberto ou fechado), entrevistas (espontâneas ou dirigidas), conversas e discussões (espontâneas ou dirigidas), análise de conteúdo, etc.

Podemos classificar as técnicas e procedimentos, preliminarmente e com finalidade didática, em dois grandes grupos: A) as pesquisas de campo; B) as pesquisas teóricas.

A. Pesquisa de campo

As pesquisas de campo são estratégias integradas de investigação que organizam os procedimentos segundo um caminho crítico. Esse "caminho crítico" refere-se justamente às diretrizes operacionais definidas a partir da problematização do tema e da resposta preliminar que está sendo testada. Nas pesquisas de campo dois processos são importantes para a conduta de pesquisa e devem ser considerados tendo em vista as dificuldades de distinção entre sujeito e objeto da pesquisa: a) processo de familiarização; b) processo de distanciamento. O primeiro processo, de **familiarização**, deve ocorrer todas as vezes que o pesquisador vai atuar em determinado campo de pesquisa (setores de tribunais, juizados especiais, setores governamentais, favelas, escolas, etc.) com o qual ele não tem qualquer proximidade. Assim, os procedimentos iniciais serão de compreensão do cotidiano do campo, das linguagens mais utilizadas, dos elementos simbólicos, das condições materiais, das visões de mundo, etc. Quando, ao contrário, o pesquisador já possuir conhecimento das relações do local onde se dará à pesquisa e ele desejar, por exemplo, realizar uma investigação de tipo participante ou de ação (como no caso de ser membro do Ministério Público e aí realizar sua pesquisa; ou ser funcionário de determinado setor de Tribunal onde fará a investigação de campo, etc.), deverá valer-se do processo de **distanciamento**. Esse processo é, talvez, o mais difícil, pois, é claro, o pesquisador já está completamente inserido nas atividades cotidianas do setor, utiliza-se das mesmas linguagens e elementos simbólicos, insere-se nas relações de poder internas, etc. O processo de distanciamento é feito, então, por meio do marco teórico selecionado para a investigação. Seu olhar não será mais o mesmo olhar de habitualidade, mas um olhar teórico que dirigirá sua atenção a aspectos e fenômenos (de imaginário, simbólicos, de relações de poder, etc.) que antes não havia percebido de forma teórico-crítica. Esses dois processos são, pois, da maior relevância para iniciar uma pesquisa de campo.

Outro aspecto importante na pesquisa de campo é a procura e seleção de "informantes privilegiados" e de "testemunhos ideais". O que são esses elementos? Vejamos um exemplo de pesquisa de campo que explicita esses elementos:

a) desejo detectar as condições de democracia e de legitimidade de associações representativas de um setor urbano periférico;

b) os **informantes privilegiados** serão, por certo, os integrantes das duas últimas diretorias dessas associações, por exemplo, ou os associados mais antigos, etc. Eles são "privilegiados" pelo maior acesso a informações e relatos sobre a organização ou, simplesmente, por conviverem mais diretamente com os associados;

c) já os **testemunhos ideais** são aqueles que conseguem "fechar" as informações, ou seja, a entrevista com eles é capaz de realizar uma **síntese** das percepções até então obtidas pelo investigador. Os testemunhos ideais são detectados pelo pesquisador perguntando a indivíduos, inseridos em campos diferenciados e com visões diversas, "qual seria o entrevistado que melhor analisaria aquela organização 'x' do ponto de vista 'tal e qual'. Os informantes privilegiados, na maior parte das vezes, são aqueles que melhor indicarão os testemunhos ideais. Após todas as indicações despontarão dois, no máximo três, indivíduos que a maior parte dos entrevistados indica como sendo "o(s) melhor(es)", ou seja, os testemunhos ideais.

Nas pesquisas de campo, uma técnica de efeito bastante positivo é a **análise de cotidiano** que envolve outras ações ou procedimentos. Há controvérsia na literatura se essa análise seria uma técnica ou apenas um procedimento. As análises de cotidiano podem ser realizadas tanto em pesquisas internas às organizações como externas. Sua característica primordial é o detalhamento: oferece dados bastante meticulosos sobre os cotidianos das organizações. Em suas observações, deverá haver uma grande interação entre observador/observado. O pesquisador que analisa cotidiano (relações entre pessoas, hábitos, atitudes, tempos, etc.) deve ter boa preparação metodológica, pois, enquanto observa, deve estar atento a pontos que se correlacionam com seu marco teórico ou metodologia. Além disso, não são somente externalidades que observa, pois deve estar vigilante quanto a estados de espírito diferenciados dos indivíduos observados que podem afetar as rotinas e os tempos organizacionais que estão sendo acompanhados. As anotações de impressões, de reflexões teóricas, de condutas inesperadas ou de procedimentos devem ser imediatamente feitas em "diário de campo" ou em outra forma de arquivamento. As análises de cotidiano são úteis em estudos de organizações, nas identificações de relações ou de grupos de poder ou no exame de normatividade não oficial (pluralismo jurídico). Novas organizações, como os juizados especiais ou os conselhos tutelares, merecem análises de cotidiano para a investigação de eficiência, eficácia ou efetividade.[8]

As análises de **eficiência** são internas às organizações ou às relações de grupos específicos. A eficiência é a regularidade de atos, segundo determinados tempos, e a harmonia de relações organizacionais que promovem efeitos esperados, no sentido de permitir um bom funcionamento de setores ou de toda organização (judiciária, por exemplo). Pode-se falar, também, em eficiência da legislação de determinado campo jurídico, apesar de isso parecer estranho. A eficiência, nesse sentido, é a análise das relações normativas de determinado setor ou instituto do ordenamento que permitem previsibilidade de efeitos pela interação normativa perfeita, sem os problemas de relações antinômicas ou de lacunas. Isso, porém, é uma forma de aplicar o conceito de eficiência de forma pouco comum.

A **eficácia** é a consecução clara de objetivos previstos para a atuação de organizações, de grupos ou de indivíduos. Isto é, uma ação eficaz é aquela que consegue satisfazer aos objetivos previstos anteriormente. A análise de eficácia dá-se, também, na investigação da ação de determinadas legislações sobre o ambiente externo. Analisa-se se, em sua aplicação, tem-se obtido os objetivos previstos pelas normas de qualquer tipo em qualquer campo jurídico. Em áreas como de Direito Penal, Criminologia, Direito Comercial, Direito do Trabalho e nas novas legislações, a análise de eficácia tem grande valor, não só para analisar a efetivação dos objetivos previstos pelos institutos de cada campo como para examinar a eficácia das legislações sobre o mundo prático.

A **efetividade**, apesar de muitas vezes ser empregada como sinônimo de eficácia (às vezes, como sinônimo de eficiência), é bem mais abrangente que as duas primeiras. A efetividade supõe não só a realização das condições de eficiência e eficácia, como, também, a correspondência com as demandas da população ou de determinados estratos populacionais ou de grupos (demandas de consumidores, de magistrados, de crianças e adolescentes em relação aos juizados, Conselhos Tutelares, etc., de contribuintes, entre muitos outros) e às suas necessidades. A análise de efetividade é de grande relevo para todos os campos das Ciências Sociais Aplicadas. Ela não só analisa o cumprimento de objetivos (de legislações, por exemplo) como se interessa pela demanda e necessidade externas em relação ao objeto de estudo. Poderíamos, no exame

[8] Na análise dos diversos setores da Administração Pública, consultar o interessante trabalho de Sander (1982).

dessa condição, indagar: os objetivos do Estatuto da Criança e do Adolescente são eficazes? Correspondem às demandas e necessidades das famílias, de escolas, etc.? No caso dessas indagações, se estaria analisando a efetividade do Estatuto e não apenas a eficácia, pois a pesquisa de demandas e necessidades da população beneficiária também seria contemplada.

Lazarsfeld (1971) classifica as pesquisas de campo, segundo os procedimentos utilizados, em "experimentais" ou "naturais". As pesquisas experimentais são aquelas que interferem no campo analisado ou no objeto de estudo. Para ele, a aplicação de questionários e as entrevistas formais interferem na naturalidade das condutas e comportamentos e transformam uma pesquisa cujo interesse é "não interferir" em pesquisa com objetivos experimentais. Entretanto, para que as pesquisas de campo sejam consideradas "naturais", os procedimentos mais adequados são as observações, as conversas informais e a participação direta. Para o referido autor, **a pesquisa de campo é a arte de obter respostas, sem fazer perguntas**. Daí porque ele prefere as pesquisas de tipo natural.

Os principais tipos de pesquisa de campo a serem analisados neste texto são: a) estudo de caso, b) pesquisa-ação e c) pesquisa ou ação participante.

A.1 Estudo de caso

Uma das principais pesquisas de campo é o **estudo de caso**. Esse termo é específico da metodologia das Ciências Sociais e não significa apenas estudo de "processos". Essa estratégia metodológica tem como objetivo uma descrição detalhada de grupos, instituições, programas sociais ou sociojurídicos, entre outros. Essa técnica emprega dados quantitativos e qualitativos.

Podem-se realizar, no estudo de caso, a observação, entrevistas formais e informais, procedimentos de análise de grupo, dispositivos sociométricos, análise de documentos, de relações, entre outros. O estudo de caso, em sua condição mais perfeita, necessita de equipes inter ou transdisciplinares: juristas, sociólogos, psicólogos, antropólogos, etc. Isso não significa, no entanto, que não possa ser realizado somente com profissionais de Direito, de campos diversificados ou não (criminólogos, sociólogos jurídicos, filósofos do Direito, constitucionalistas, especialistas em legislações específicas, etc.).

Um estudo de caso detalhado pode durar longo tempo, ou seja, sua duração seria bastante onerosa se ele também despendesse os mesmos custos com a equipe. Quase sempre as equipes de estudo de caso são pequenas, no máximo três especialistas. Não invalida, inclusive, que um estudo de caso seja conduzido por um único pesquisador. Os estudos de caso têm grande relevância quando são utilizados para apontar problemas potenciais ou efetivos em organizações de todos os tipos e em programas governamentais ou comunitários.

O estudo de caso exige, primeiro, uma boa delimitação do objeto de estudo: grupos em penitenciárias ou em centros de recuperação juvenil; sindicatos para análise de viabilidade da desconcentração de intermediação e julgamento de ações trabalhistas simples; identificação de pluralismo jurídico em bairros periféricos, casos emblemáticos,[9] entre outros. Como se pode notar, todos esses exemplos estão insuficientemente delimitados. São somente exemplos genéricos para apreensão do que pode ser um estudo de caso.

O segundo momento do estudo de caso é o da definição dos procedimentos quantitativos e qualitativos a serem utilizados: aplicação de questionários com perguntas fechadas (quantitativos); levantamento de dados quantitativos e estatísticos (número de indivíduos, faixa etária, sexo, estado civil, etc.); observação de ambientes, de rotinas, de movimentação interna, de relações de poder, de tratamento, etc.; entrevistas (formais ou informais); análise de conteúdo (de documentos, de falas, de processos, de legislação, de narrativas de vida, etc.); ação participante (como estagiário, como profissional, como voluntário, etc.). A partir dessa apresentação, é possível notar a pluralidade de procedimentos que podem ser incorporados a essa técnica de pesquisa de campo. Por essa razão, o estudo de caso é uma estratégia metodológica bastante adequada às Ciências Sociais Aplicadas, no campo do Direito, igualmente. Ela pode ser utilizada com sucesso em vários campos jurídicos, como nas Ciências Penais, Direito Comercial, Direito do Trabalho, etc.

O terceiro momento é o da definição dos métodos de registro dos dados levantados. Essa metodologia deve seguir os seguintes passos: seleção dos dados, registro, codificação e tabulação. A seleção dos dados deve considerar os objetivos da investigação, seus limites e um sistema de referências para avaliar quais dados serão úteis ou, ao contrário, sem qualquer utilidade. Somente aqueles selecionados deverão ser analisados, classificados ou codificados e tabulados (quando for o caso). A codificação é a categorização dos dados, ou seja, são classificados em categorias qualitativas, valorativas ou quantitativas.

---

9 Um exemplo de caso emblemático, dentre outros, foi o dos "Irmãos Naves", de Araguari, que poderia ser estudado com o objetivo de discutir questões jurídicas, tais como a "pena de morte", os "erros judiciários", etc.

Após a organização dos dados, imagens, percepções e a análise e interpretação dos mesmos, passa-se para o próximo momento: a elaboração dos relatórios parciais e finais e a realização de seminários, discussões e colóquios para a validação das análises e da confirmação/refutação da(s) hipótese(s). Só assim o pesquisador pode sentir-se "pronto" para a redação e edição do relatório final (monografia, dissertação, tese).

A.2 Pesquisa-ação

Além do estudo de caso, vale a referência à pesquisa-ação, não só por sua adequação ao campo aplicado, mas muito especialmente ao campo do Direito. Essa estratégia metodológica, como as demais técnicas relacionadas com as investigações sociais aplicadas, tem referência empírica e é desenvolvida em estreita correlação com uma ação ou com a solução de problemas grupais ou coletivos. As equipes de pesquisadores, tal como no estudo de caso, deve, preferencialmente, ser inter ou transdisciplinar. A diferença é que na pesquisa-ação, pesquisadores e participantes da ação, – "representativos da situação", (THIOLLENT, 2002)[10] envolvem-se de modo cooperativo.

As características da pesquisa-ação são: a) o inter-relacionamento permanente das atividades de pesquisa e de ação (no caso das universidades, em seus diversos programas de extensão). Esse inter-relacionamento permite que a pesquisa e a atuação estejam permanentemente se retro-alimentando. Há um constante entrecruzamento das ações e dos resultados das investigações. Por esse motivo, os seminários de equipe são mais relevantes que em qualquer outro tipo de pesquisa. Neles, as discussões sobre ação e pesquisa permitem uma dinâmica de sucessivas mudanças, tanto nos procedimentos da pesquisa quanto naqueles da atuação.

Na pesquisa-ação deve haver um envolvimento ativo da comunidade, apesar de não ser algo fácil de se obter. Entre pesquisadores e participantes do problema coletivo, não deve haver imposição de concepções próprias. As soluções a serem encaminhadas são sempre anteriormente discutidas. Isto não significa, contudo, o desconhecimento da distância entre os dois tipos de conhecimento. Não deve haver qualquer passividade entre os dois blocos de integrantes. Já houve época em que os acadêmicos entendiam que, em situações como essas, deveriam ser preservados, a qualquer custo,

[10] A obra de Thiollent (2002) é referência indispensável no estudo da pesquisa-ação. Cf. também Costa (1986) e Esteves (1986).

a autonomia e o saber da "comunidade", mesmo que em detrimento de seu próprio conhecimento técnico ou científico. Ora, com isso, ocorria que os profissionais das universidades pouco contribuíam com as comunidades externas, em razão de uma espécie de idolatria pouco comunicativa. O que as equipes de pesquisa-ação devem entender é que essa espécie de cooperação envolve conhecimentos diversos e que o conhecimento científico só tem sentido quando sua finalidade é transformar-se em senso comum. Nenhum tipo é mais adequado para a realização dessa finalidade do que a pesquisa-ação.

Apesar de haver uma atuação permanente, a pesquisa-ação é diferente da técnica de ação participante. A primeira – pesquisa-ação – realiza uma pesquisa a partir de vários procedimentos, não só os participantes, e sua ação não é realizada a partir do interior da situação, mas numa troca permanente entre internalidades/externalidades. O pesquisador investiga dentro de seu campo de conhecimento e atua segundo seu próprio saber – e é isso que os participantes esperam deles –, apesar de as diretrizes e escolhas das ações serem feitas em conjunto.

A pesquisa-ação favorece a resolução de problemas coletivos, transformações de realidades emergentes e a produção de conhecimento. Sua diferença das demais é que: a) a resolução do problema coletivo em foco é feita solidária e cooperativamente; b) a emergência de novas comunidades, grupos, instituições etc., por intermédio da pesquisa-ação, é duplamente auxiliada: a pesquisa lhes permite conhecimento dos resultados das investigações no campo jurídico e das ações dos pesquisadores, ao mesmo tempo, autoconhecimento de suas condições, possibilitando sua própria autocrítica; a ação (ou atuação) complementa os dados da pesquisa e permite o acesso a conhecimentos necessários à sua própria estruturação e à sua prática. O conhecimento produzido é revertido em benefício não só da equipe pesquisadora mas também da equipe de participante da situação investigada.

No campo do Direito, temos a experiência do Programa Pólos de Cidadania, da Faculdade de Direito da UFMG, que há quinze anos vem realizando atividades de pesquisa-ação em várias regiões de Belo Horizonte (primeiro, Região Nordeste; depois, Aglomerado Santa Lúcia, Aglomerado da Serra, Vila Ponta-Porã; atualmente, na Região Norte e no Médio Vale do Jequitinhonha), por meio de convênios com Ministérios, Secretarias de Estado, Tribunais e Juizados, Coordenadorias Municipais, Pastorais e Movimentos Sociais. Nos aglomerados de favelas de Belo Horizonte, tem-se agora a experiência em duas frentes de ação: um Núcleo de Atendimento a casos particulares, em que se desenvolve um processo de resolução extrajudicial de conflitos, a partir da mediação, e um "grupo de expansão", que, por meio da pesquisa-ação, coletiviza os interesses do Núcleo e das organizações da Região. Se o Núcleo atende um número maior de casos em determinado campo do Direito, o "grupo de expansão" coletiviza o conhecimento sobre esse campo e suas regulamentações, num sentido premonitório e preventivo. Esse grupo realiza constantes pesquisas cujos resultados interferem sobre a ação da equipe e da comunidade.

São pressupostos da pesquisa-ação, além daqueles pertinentes a todas as pesquisas: a) a existência de um **problema coletivo** (de uma instituição, associação, empresa, comunidade, etc.); b) o envolvimento **solidário e dialógico** de todos os participantes; c) a participação na investigação, como **sujeitos** e não só como informantes.

À exceção do **survey**, que é um levantamento quantitativo e estatístico, com objetivos descritivos, trabalhando com uma pluralidade de variáveis e que se dedica, a partir da aplicação de questionários e realização de entrevistas com uso de roteiro dirigido, a detectar opiniões, atitudes e mudanças de comportamento sobre assuntos determinados (mercadológicos, epidemiológicos, etc.), as demais técnicas de pesquisa de campo são variações pouco diferentes do estudo de caso e da pesquisa-ação.

A.3 Pesquisa participante

Em termos metodológicos, a **pesquisa ou ação participante** pouco difere dos demais estudos. É distintiva dessa investigação a condição em que se coloca o investigador: ele é ou se torna um integrante do campo investigado e dele participa efetivamente. Dois casos podem ocorrer: 1º) o investigador **já integra** o campo investigado, quer como funcionário de determinado órgão (judicial, por exemplo) ou como associado, morador (observação natural), etc.; 2º) o pesquisador **torna-se** um membro do campo de investigação (observação artificial). O tipo emblemático desse segundo caso é a pesquisa feita por Boaventura de Sousa Santos na favela do Jacarezinho.[11] O pesquisador alugou um barraco e transformou-se em morador da favela para ter possibilidades mais ampliadas de investigação da existência de "pluralismo jurídico", objeto de sua pesquisa. Ressalte-se que a diferença entre a pesquisa-ação e a pesquisa participante é que, na primeira, o pesquisador ou a equipe de investigação atuam para a transformação do ambiente, das relações, etc.; na

[11] Para mais detalhes sobre essa pesquisa, ver Santos (1988).

segunda, o pesquisador apenas participa e não tem qualquer motivação imediata de transformação, apenas de conhecimento.

Entende-se que a pesquisa participante deve ter cuidados ampliados de controle metodológico, pois esse tipo de investigação é frágil quanto à incorporação de subjetividades e de elementos ideológicos por parte do pesquisador. Um bom controle metodológico permite, entretanto, que essa técnica de campo transforme-se em um veículo metodológico que permite pesquisas com razoável aprofundamento das questões postas pelo projeto.

B. Pesquisas teóricas

O segundo grande grupo de estratégias metodológicas de cunho qualitativo está inserido no que aqui denominamos "pesquisa teórica". Atualmente, há uma tendência a priorizar a "análise de conteúdo" como procedimento prioritário das investigações de cunho teórico. Por essa razão, aqui se dará maior importância à descrição mais detalhada desse procedimento, em razão das confusões conceituais que o envolve. Podem ser considerados tipos específicos de "análise de conteúdo": as histórias de vida, a análise de discurso, a análise das mensagens da mídia, o exame de documentos, estudo de legislações, de jurisprudências, estudos históricos, etc.

A análise de conteúdo, como procedimento metodológico, tem condições próprias de produção. Todas as vezes que se desenvolve uma pesquisa teórica, o procedimento de análise de conteúdo torna-se imprescindível. Mas, isto não significa que as pesquisas de campo também não a exijam em seus procedimentos. Para a aplicação desse procedimento, o primeiro pressuposto é de que os dados e informações obtidos já estão dissociados das condições gerais em que foram produzidos. A análise de conteúdo não tem motivações históricas, mesmo que os dados e informações pertençam ao passado, são inseridos pelo analista em novo contexto, com objetivos e objeto próprio de pesquisa. Um sistema de conceitos analíticos é construído para servir como um sistema de referências conceituais que realizarão as inferências, próprias desse procedimento.

Após essas etapas, desmonta-se o(s) discurso(s) da fonte objeto da pesquisa teórica que se analisa e se produz um novo discurso por meio de "traços de significação", que resultam da relação dialética entre as condições de produção do discurso objeto de análise e as novas condições de produção dessa análise.

A denominada "história de vida" é um dos tipos de análise de conteúdo. Para esse tipo de estudo, são necessários: um plano de hipóteses precisas e um problema que se estruture, tanto quanto as hipóteses, a partir de marco teórico predefinido. Todos esses cuidados são necessários para que esse tipo de investigação não se torne somente um estudo biográfico. As biografias dispensam uma pesquisa sistemática e o procedimento de análise de conteúdo, tal como relatada. As histórias de vida têm objetivos mais amplos, elas se prestam à análise de contextos precisos. Exemplificando: levantam-se dados sobre a vida de lideranças pertencentes a grupos de poder de determinada instituição (judiciária, por exemplo) ou setor. Deseja-se, por meio da "história de vida", obter traços de significação que permitirão compreender aquele contexto institucional e a dinâmica de seus grupos de poder e não a construção de biografias de cada uma dessas lideranças. Para este último caso, biografia, não seria necessária uma pesquisa teórica ou mesmo a análise de conteúdo.

A análise de conteúdo tem grande relevo para a compreensão de legislações e suas conexões contextuais, bem como das jurisprudências. Não se esqueça, no entanto, de que aqui não se trata somente de um aprofundamento de estudo ou de análise simples; como qualquer outro procedimento de pesquisa científica, diz-nos Vala (1986), essa estratégia metodológica pressupõe objetivos e referenciais teóricos.[12]

As pesquisas teóricas priorizam a construção de esquemas conceituais específicos e utilizam-se dos vários processos discursivos e argumentativos para o convencimento sobre a validade dos esquemas propostos.

Essas pesquisas são, muitas vezes, confundidas com os procedimentos de análise bibliográfica ou documental. Nas pesquisas teóricas, a análise de conteúdo torna-se procedimento e não estratégia metodológica, como, anteriormente, demonstrado. Essa confusão, antes apontada, tem relação com o tipo de fonte normalmente utilizada por essa forma de investigação: as chamadas "fontes de papel". São fontes de papel todas aquelas que não são personificadas, ou seja, que se utiliza de dados secundários extraídos de livros de toda espécie, documentos históricos e de arquivos, artigos de revistas, jornais, jurisprudências, legislações, entre outras inúmeras fontes desse tipo. Por essa razão, a análise de conteúdo, como dito, é um procedimento indispensável para esse tipo de investigação. Isso não significa, contudo, que não tenha igual importância para as pesquisas de campo.

---

[12] Cf. também a obra de KRIPPENDORF, K. *Content analysis*: an introduction to its methodology. Londres: Sage, 1980.

Existem pesquisas teóricas que se originam de fenômenos objetivos, isto é, partem de análises de dados empíricos para realizar todo um trabalho teórico-conceitual que se constitui como eixo principal da investigação. O fato de se originar de fenômenos empíricos, não significa que a pesquisa tenha conteúdo empírico. O que determina o tipo ou espécie de pesquisa é o conteúdo do problema posto, sua hipótese e seus objetivos, não os procedimentos utilizados. Para ser empírica, uma investigação precisa ser assim definida nas partes essenciais do projeto de pesquisa (problema, objetivos, hipóteses, definição do marco teórico).

6.2.6.7 Controle metodológico

Nas pesquisas qualitativas aplicadas, em lugar da "correlação estatística", controle típico das pesquisas quantitativas, usa-se a **covariação** ou **triangulação**. Esse controle por triangulação aponta "padrões" e não leis gerais. São cruzadas três grandes categorias de fatores: T = múltiplos enfoques teóricos; P = múltiplos observadores (preservação da intersubjetividade); F = múltiplos procedimentos de observação (imagem a seguir):

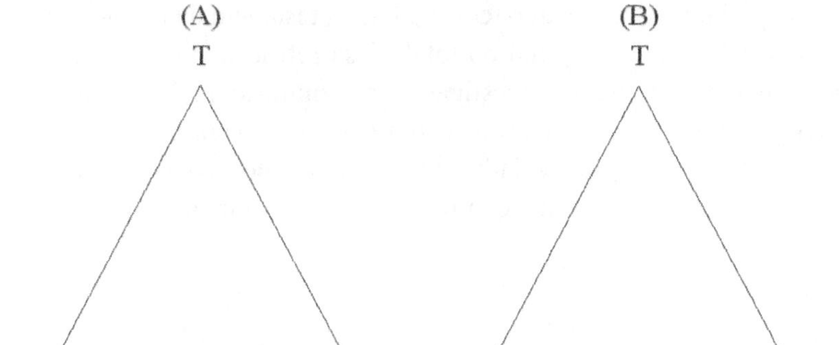

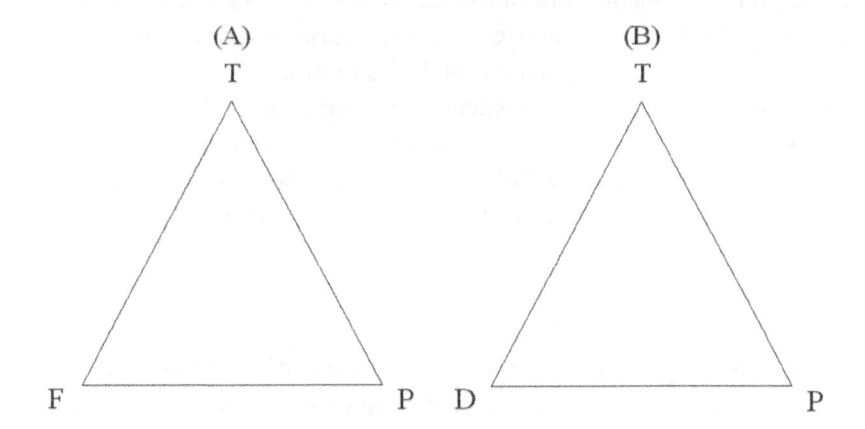

A imagem (A) já foi descrita em seus elementos. Seriam cruzados na imagem (B): T = pesquisadores com paradigmas teóricos diferentes; P = percepções e imagens de pesquisadores e de entrevistados ou de textos selecionados sobre o objeto; D = indicadores objetivos ou dados (de diagnósticos, de análises preexistentes, de arquivos, etc.). Tudo isto é cruzado sob o crivo do marco teórico. Cada ângulo do triângulo recebe cruzamento próprio até que se chegue, por exemplo, às percepções e imagens típicas dos indivíduos sobre o objeto de estudo. Da mesma forma, isso é feito em "D" e em "T". Há depois a covariação entre os padrões ou elementos típicos de cada ângulo. Após esses cruzamentos plurais, a análise é feita sob o crivo do marco teórico e da hipótese que está sendo testada para, a partir daí, conseguir-se uma resposta plausível ao problema e a comprovação/refutação da hipótese.

Em uma pesquisa qualitativa, o controle metodológico é feito a partir da intersubjetividade, como já se disse. No vértice superior do triângulo está a teoria que funda a pesquisa; em um dos vértices inferiores encontram-se os dados obtidos; no outro as percepções de autores, de entrevistados, do(s) próprio(s) pesquisador(es). O cruzamento é feito, antes, em cada um dos vértices, ou seja, cruzam-se os dados entre si, descobrem-se aqueles que predominam e, após, são relacionados com o marco teórico (vértice superior do triângulo). Cruzam-se as percepções, como feito com os dados, encontrando-se aquelas hegemônicas. Dados e percepções predominantes são cruzados entre si verificando-se a compatibilidade com a teoria. Podem ser obtidos dois resultados dessa triangulação ou covariação: a) dados e percepções obtidos pela pesquisa referendam a teoria, logo a hipótese proposta preliminarmente será ratificada; b) dados e percepções invalidam, em parte ou no todo, o marco teórico, logo a testagem da hipótese concluirá por sua retificação parcial ou total. Essa retificação não deve ser vista como um demérito para a investigação, ao contrário, pode ser um enriquecimento científico pela renovação teórica que deverá provocar. É nesse cruzamento permanente de dados, percepções e teoria que se dá o fenômeno da intersubjetividade que controla metodologicamente a pesquisa.

6.2.6.8 Fases da pesquisa

As fases da pesquisa são tomadas de decisão importante para o bom encaminhamento da investigação. Para que essas fases se desenvolvam dentro de uma normalidade esperada, tudo deve ser bem planejado e refletido – melhor se feito por toda equipe de pesquisadores – para que o caminho crítico da pesquisa não se torne um campo minado pela grande freqüência de acontecimentos inesperados. Poucos investigadores preocupam-se em relacionar fases da pesquisa por meio de uma sequência lógica de fatos e atividades.

Coloca-se, a seguir, um exemplo de planejamento de fases de pesquisa:

FASES DO TRABALHO

FASE I

Conhecimento do objeto de estudo e redefinição da investigação

- aprofundamento das leituras bibliográficas, documentais e de legislações;
- reelaboração e detalhamento do plano de pesquisa;
- organização dos temas de estudo para transformá-los em foco de análise;
- precisão do foco de estudo e do esquema metodológico;
- coleta de dados e levantamento bibliográfico;
- análise da literatura especializada acerca das teorias sobre a distinção entre público e privado na história do pensamento jurídico;
- comparação de dados bibliográficos;
- discussões com os orientadores.

FASE II

Investigação, interpretação e qualificação do marco teórico do estudo

- organização, tabulação e agrupamento de dados e bibliografia coletados na fase anterior;
- análise crítico-interpretativa e de qualificação dos elementos a serem aprofundados pela pesquisa, tendo em vista as teorias analisadas na fase anterior;
- aprofundamento do marco teórico do estudo para crítica dos principais aspectos da teoria discursiva e da democracia, de Jürgen Habermas;
- confirmação ou refutação de hipóteses levantadas pela pesquisa;
- discussões com os orientadores.

FASE III

Discussão e revisão de textos

- aprofundamento da distinção conceitual entre público e privado a partir da teoria discursiva do Direito e da democracia identificada no marco teórico;
- revisão de conteúdo e checagem das proposições iniciais;
- redação preliminar da dissertação;
- discussão do texto preliminar com os orientadores;
- proposta de seminário para discussão dos resultados da pesquisa.

FASE IV

Redação do texto final da pesquisa
e divulgação dos resultados obtidos

- discussão com os orientadores;
- redação final da dissertação;
- revisão do texto e edição final;
- defesa da dissertação perante banca especializada;
- divulgação e publicação dos resultados obtidos.

A partir da demonstração das fases da pesquisa, elabora-se o cronograma físico que demonstra o tempo a ser despendido para a conclusão do trabalho, conforme se verá adiante.

6.2.7 Cronograma físico

O cronograma físico deve ser precedido por um relato da execução do trabalho e de suas fases. Trata-se da apresentação gráfica das fases do trabalho e do desenvolvimento da pesquisa, com maiores detalhes. Nesse sentido, ele deve conter todas as informações necessárias para explicitação do plano que o pesquisador deseja seguir: as grandes etapas a serem cumpridas durante o estudo e o tempo (geralmente em meses) que será dedicado a cada etapa, além de eventos significativos a serem cumpridos durante o desenvolvimento da investigação. As etapas, por sua vez, deverão ser discriminadas em atividades (períodos de revisão de literatura, de levantamentos de dados, de idas a campo, de análises, de elaboração de relatórios, etc.) e momentos de finalização e entrega de relatórios ou de realização de seminários ou outros eventos intermediários ou finais. Os tempos são marcados por linhas contínuas, ou pontilhadas, conforme as unidades temporais planejadas (dias, semanas, meses, trimestres, outras). As pontilhadas são utilizadas para demonstrar tempos intermediários. Para a colocação de eventos deve-se utilizar algum tipo de símbolo e, abaixo do quadro, discriminar esses símbolos em uma legenda (por exemplo: V= visita; RP1= primeiro relatório parcial; outros). Denomina-se cronograma **físico** por ser uma forma de apresentação das informações em tabela com apresentação objetiva e visível, a partir de elementos gráficos.

A seguir, apresenta-se um cronograma físico com o objetivo de exemplificação. Esse é um cronograma físico bastante completo, como deveriam ser todos eles.

AVALIAÇÃO DO PROGRAMA MONHANGARA[16]	CRONOGRAMA FÍSICO – 1986/88															
Período	**1986**		**1987**												**1988**	
Etapas/Atividades	nov	dez	jan	fev	mar	abr	mai	jun	jul	ago	set	out	nov	dez	jan	fev
ETAPA 1: *Conhecimento da realidade trabalhada e análise do Programa nas Secretarias*																
1. Levantamento e análise do material disponível sobre o Programa																
2. Delineamento do marco teórico																
3. Caracterização socioeconômica de Estados e Municípios (levantamento de dados)																
4. Relatório de andamento do estudo avaliativo		R1														
5. Preparação de visita a campo																
6. Visita exploratória aos Estados da Região Centro-Oeste		V1														
7. Balanço da visita			R2													
8. Visita exploratória aos Estados da Região Norte				V2												
9. Visita exploratória ao MEC					V3											
10. Seleção de Estados para estudo em profundidade																
11. Balanço preliminar do Programa (relatórios da Região Norte e justificativa da amostra)																
ETAPA 2: *Análise institucional do Programa ao nível do MEC e análise das estatísticas de desempenho escolar*																
1. Visita ao MEC							V4									
2. Balanço das visitas ao MEC (análise em profundidade do material disponível sobre o Programa ao nível do MEC e consolidação da análise institucional de desempenho do Programa no MEC)							R4									
3. Análise em profundidade das estatísticas de desempenho educacional dos Estados e Municípios da amostra									R5							
ETAPA 3: *Desempenho institucional do Programa ao nível de Municípios e escolas*																
1. Visita aos Estados, Municípios e escolas da amostra (para focalização de problemas institucionais e análise de desempenho do Programa no nível municipal e da escola)								V5								
2. Análise de estatísticas de desempenho escolar da rede municipal de escolas Monhangara																
3. Caracterização sociopedagógica das escolas da amostra																
4. Análise dos condicionantes da evasão e repetência																
5. Relatório de avaliação do Programa nos Municípios e escolas													R6			
6. Relatório final em versão preliminar														R7		
ETAPA 4: *Validação do estudo (seminário)*														S		
ETAPA 5: *Elaboração do relatório final em versão definitiva*															RF	

* Atividades 1 e 2 da Etapa 1 se prolongarão ao longo de todo trabalho, passando por níveis diferenciados de profundidade analítica, sendo consolidadas no relatório final (RF).

** V = Visita a campo; R = relatório parcial; RF = relatório final

[16] FONTE: MINAS GERAIS. Fundação João Pinheiro. *Projeto de Avaliação do Programa Monhangara*, 1986.

6.2.8 Cronograma físico-financeiro, proposta orçamentária e de desembolso

Os cronogramas financeiros e de desembolso somente são incluídos no Projeto de Pesquisa quando se pretende obter recursos junto às agências financiadoras: CNPq, FAPEMIG, Finep, BDMG Cultural, Fundação Ford, BNDES, empresas, dentre outras. Os recursos e custos solicitados deverão ser detalhados em tabela de custos "Proposta Orçamentária" antes de serem colocados no cronograma físico-financeiro e de desembolso. Este último tem muita importância, pois demonstra as épocas precisas em que os recursos serão necessários. O cronograma físico-financeiro tem as mesmas indicações do cronograma físico, sendo que, em lugar das linhas, dispõem-se todos os custos indicados no orçamento, não com a discriminação do tempo, mas sim com a identificação dos itens de despesa. Seguem-se modelos simulados de "Proposta Orçamentária" e de "Cronograma de Desembolso".

Na elaboração do cronograma, deve-se dispensar uma atenção redobrada ao edital e às regras previamente estipuladas pela agência financiadora para aprovação do financiamento, por exemplo, os valores de financiamento (que estabelecem limites para cada tipo de pesquisa), os tipos de bens e serviços admitidos, pesquisa de preços (normalmente exigem-se três orçamentos prévios) e prestação de contas da utilização dos recursos financeiros.

O projeto de pesquisa enviado deverá detalhar os custos da pesquisa, bem como os momentos em que os recursos devem estar disponíveis para a equipe de pesquisadores, por exemplo, momentos de entregas de relatórios previstos pelo cronograma físico, relatório de andamento ou final, visitas, viagens, seminários, etc. Na maioria das vezes, entretanto, a agência financiadora já estipula previamente a época do desembolso, não havendo, portanto, necessidade de constar na proposta financeira os momentos do desembolso dos recursos. Uma boa previsão de desembolso de recursos tem grande importância para o desenvolvimento normal da investigação. Algumas vezes, pode-se esquecer de recursos para viagens da equipe ou de membros da equipe. Isso pode acarretar atrasos no cronograma geral da pesquisa e, muitas vezes, aumentos orçamentários sem possibilidade de reposições, o que pode, inclusive, inviabilizar o término da investigação. O desembolso não apenas prevê os tempos de recebimento dos recursos como também prevê a entrega de produtos parciais e finais do desenvolvimento da pesquisa (relatórios parciais contendo produtos específicos da testagem da hipótese, etc.).

A proposta orçamentária contém a relação de recursos necessários à pesquisa: recursos humanos (perfil da equipe técnica – profissionais da área e em que números –, profissionais de apoio técnico – normalizadores, estagiários, bibliotecários – e de apoio administrativo – secretários, datilógrafos, etc.), recursos materiais (de capital ou de custeio), passagens aéreas, diárias e tudo mais que for indispensável para o desenvolvimento da pesquisa.

PROPOSTA ORÇAMENTÁRIA
RESUMO

Itens de despesa	Valor em R$
I – Pessoal técnico	30.000
II – Pessoal de apoio técnico	4.000
III – Consultoria	10.000
IV – Despesas de viagens	3.500
V – Serviços gráficos	8.000
VI – Serviços de computação	5.000
VII – Material de consumo	2.000
VIII – Outros custos	4.000
Subtotal	66.500
Custo de vídeo	19.390
Total geral	76.890

Algumas vezes torna-se necessário o detalhamento da "Proposta Orçamentária". Detalha-se, assim, cada item previsto no resumo orçamentário e, em cada subitem, colocam-se os custos correspondentes. É o caso, por exemplo, do material de consumo (subitens possíveis: papel A4, clipes, tinta para impressora, entre outros, com a previsão orçamentária específica para cada subitem). Isto se chama "Memória de cálculo".

CRONOGRAMA DE DESEMBOLSO			
Produtos	1999		
	set	dez	f
1. PROJETO TÉCNICO • Definição do caminho da investigação das fontes e instrumental	5.000		
2. RELATÓRIO TÉCNICO • Balanço preliminar do impacto do Programa ao nível do desenvolvimento institucional		10.000	
3. RELATÓRIO TÉCNICO • Balanço preliminar do estudo de redes municipais			7
4. RELATÓRIO TÉCNICO • Qualificação do impacto de Programa em redes municipais – versão preliminar			
5. DOCUMENTO SÍNTESE (Proposta de subsídios a novas políticas relativas a rede municipais de educação)			
6. RELATÓRIOS TÉCNICOS • Avaliação do desempenho de Programa na amostra • Documento síntese			
7. RELATÓRIO TÉCNICO • Balanço do impacto de Programa ao nível do desenvolvimento institucional			
8. RELATÓRIO TÉCNICO • Interpretação e qualificação das mudanças na amostra			
9. RELATÓRIO TÉCNICO • Estudo comparativo das duas realidades Examinadas			
10. DOCUMENTO SÍNTESE			
TOTAL	5.000	10.000	7

Em R$

	2000			2001			
un	jul	nov	dez	jul	nov	dez	Total
							5.000
						10.000	
							7.680
.000							20.000
	4.000					4.000	
		15.000					15.000
			5.210				5.210
				4.000			4.000
					4.000		4.000
						2.000	2.000
.000	4.000	15.000	5.210	4.000	4.000	2.000	76.890

6.2.9 Plano de trabalho e de acompanhamento de bolsistas

As financiadoras de pesquisa, especialmente no caso de Programas de Financiamento de Bolsas de Iniciação Científica, exigem um plano de trabalho e de acompanhamento de bolsistas, isso quando o Projeto é apresentado pelo professor-orientador. Esses planos são roteiros de ação para os bolsistas que, inúmeras vezes, estão, pela primeira vez, envolvidos em uma investigação científica. Nesse sentido, um plano de trabalho deve conter informações objetivas e seqüenciais, tendo em vista as fases do Projeto e as atribuições que serão delegadas aos bolsistas em cada fase. Deve-se atentar que uma bolsa de iniciação científica deve ter como objetivo constituir futuros pesquisadores. Sendo assim, não se deve atribuir aos iniciantes somente funções mecânicas como fichamentos, elaboração de tabelas e de quadros, normalização final de textos, etc. Deve-se conceder aos bolsistas oportunidades reais de participação no caminho crítico da pesquisa, da redação de textos preliminares e das discussões da equipe de investigação. O principal objetivo do plano deverá ser o de constituir um pesquisador que, embora iniciante, já esteja desenvolvendo um pensamento científico crítico.

O acompanhamento do bolsista, em seu momento inicial, deve ser mais próximo e permanente. Pelo menos um ou dois encontros semanais para dar maior segurança ao bolsista. Aos poucos, ele se tornará mais independente e em condição de realizar funções sem atendimento constante. Entende-se, contudo, que os encontros com os bolsistas deverão ser, no mínimo, quinzenais.

No caso de acompanhamento de pesquisadores de Pós-Graduação, as atividades de orientação já deverão estar previstas no cronograma da pesquisa, onde o aluno disporá os encontros com o orientador segundo suas necessidades e disponibilidades mútuas. Inúmeras vezes é o objeto da pesquisa e sua testagem que exigem encontros mais ou menos regulares.

PLANO DE TRABALHO DO BOLSISTA
(MODELO)

Pesquisa: Costumes e Direito: uma interlocução entre a Dogmática e a Sociologia Jurídica

Orientadora: Miracy Barbosa de Sousa Gustin

Orientanda: Maria Tereza Fonseca Dias

1. O treinamento inicial

A intenção é dar continuidade à orientação que vem sendo desenvolvida com o bolsista ao longo do ano em curso: um trabalho sistemático de pesquisa que se destina a uma elaboração conceitual nos campos jurídico-exploratórios e jurídico-propositivo. Deve-se entender que a Iniciação Científica procura familiarizar o estudante de Direito – especialmente aquele em nível de Graduação – que tem pouco ou praticamente nenhum contato com a atividade especulativa da pesquisa científica. Daí porque os encontros, não raras vezes, destinarem-se à indicação de leituras de iniciação científica e de explicações sobre a função de pesquisa (O que é uma pesquisa? Qual a importância do Projeto? Como realizar uma consulta bibliográfica, jurisprudencial ou documental? Como registrar informações? Como classificá-las e organizá-las? Que tipo de linguagem deve ser utilizado em relatórios?, etc.).

2. A revisão da teoria

Deve-se introduzi-lo, ainda, quanto ao marco teórico da pesquisa. Leituras e discussões sobre o tema deverão fazê-lo compreender que, por meio da investigação, pretende-se, a partir de uma reconsideração da Teoria da Argumentação, notadamente a Tópica, obter uma compreensão da inadequação dos métodos hermenêuticos empregados na atualidade pelo direito e a implicação desse fato na questão da 'justiça' e da relação entre o direito e a comunidade para a qual o mesmo foi criado.

3. As atividades por fases

a) Como a pesquisa já está em fase intermediária de desenvolvimento, no primeiro momento o estudante bolsista deverá organizar os temas da primeira fase com o objetivo de transformá-los em foco de análise da segunda fase (discurso jurídico comunitário). Sugere-se que sejam dados **60 dias** ao bolsista para essa tarefa e, ao final, ele deverá apresentar ao orientador uma listagem de indagações sobre partes não suficientemente compreendidas ou de sugestões para novos procedimentos.

b) No momento posterior, o bolsista deverá ser orientado para expandir o levantamento bibliográfico, especialmente em textos doutrinários nacionais mais recentemente publicados, bem como selecionar os temas para as entrevistas, dirigidas com o fim de obter os usos e costumes aplicados numa comunidade e, ainda, escolher as entidades que serão objeto de observação. Essas leituras deverão ser fichadas, organizadas e discutidas com o orientador. Prevê-se que essa atividade possa ser realizada durante **60 dias**.

c) A fase seguinte destinar-se-á à observação participante de reuniões comunitárias nas entidades selecionadas na fase anterior e devem ser realizadas entrevistas dirigidas aos atores comunitários, tendo em vista a seleção feita na fase anterior. Prevê-se, também, a duração de **60 dias** para esta fase.

d) O bolsista, no momento seguinte, deverá organizar, tabular e agrupar os dados coletados na fase anterior. Para isso, será orientado quanto aos cuidados de uma análise comparada com o direito estatal e não-estatal, bem como da observação da metodologia adotada. Serão dedicados **60 dias** para esta atividade. Neste momento, será relacionado um campo específico de temas para aprofundamento da análise.

e) A fase que se segue deverá ser realizada por orientador e bolsista em conjunto. Este momento se destinará ao levantamento de percepções de especialistas e de atores direta ou indiretamente envolvidos com o tema designado para estudo aprofundado. O bolsista será orientado para realizar interrogatório para levantamento de percepções. Essas percepções serão organizadas, sistematizadas e analisadas à vista do marco teórico da pesquisa. Prevê-se uma duração de **60 dias** para esta fase.

f) Um relatório preliminar será redigido pelo bolsista e deverá ser posteriormente discutido e revisto com o orientador. Este relatório preliminar será apresentado em seminário de especialistas para discussão do direcionamento da argumentação. Pretende-se despender **60 dias** para a redação e discussão.

g) Na última fase, de redação final, o bolsista se encarregará de apresentar um texto para revisão final, orientado pelo professor.

METODOLOGIA DE ACOMPANHAMENTO DO BOLSISTA

O plano de trabalho, antes apresentado, já expõe partes da metodologia de acompanhamento a ser utilizada. Em termos objetivos, pretende-se que o bolsista apresente ao pesquisador o produto de trabalho **semanal**, que será discutido e reorientado, como já vem sendo feito.

Como já exposto, o bolsista deverá ser orientado para compor, juntamente com o professor, os momentos da investigação. Entende-se que o bolsista de Iniciação Científica é um aprendiz. Ele será estimulado a **redigir textos, cuja complexidade seja compatível com seu nível.**

Os contatos com o bolsista, para superação de dúvidas sobre as tarefas previstas ou obstáculos não previstos, deverão ser, tanto quanto possível, **diários**.

Nos encontros semanais pretende-se uma orientação mais formal, inclusive com indicação de leituras não só sobre o tema da pesquisa, como também de conteúdo metodológico-científico mais amplo.

O bolsista será estimulado, também, a participar de seminários ou encontros científicos nos quais o tema e seus correlatos sejam abordados.

Miracy Barbosa de Sousa Gustin
Orientadora

CAPÍTULO 7

NORMALIZAÇÃO TÉCNICA APLICADA ÀS PESQUISAS JURÍDICAS, SEGUNDO PADRÕES DA ASSOCIAÇÃO BRASILEIRA DE NORMAS TÉCNICAS (ABNT)

7.1 Estrutura e formatação de projetos de pesquisa

Os projetos de pesquisa apresentam, de acordo com norma específica da ABNT editada para normatizar a estrutura dos projetos de pesquisa (NBR 15287:2011), duas grandes partes: a) parte externa e b) parte interna, subdividida esta, em elementos pré-textuais, textuais e pós-textuais.

Os conteúdos conceituais dos elementos internos textuais dos projetos de pesquisa, tendo em vista sua relevância substancial para o desenvolvimento das investigações científicas, foram tratados no Capítulo 6 desta obra, em sua 4ª edição.

Considerando as diferentes abordagens temáticas e metodológicas que podem ser dadas aos projetos de pesquisa, trabalharemos neste livro com a estrutura proposta pela ABNT, indicando inicialmente quais elementos foram considerados obrigatórios ou opcionais. Foram acrescentados, ainda, elementos que, mesmo não tendo sido incluídos pela ABNT, sequer como elementos opcionais, serão recomendados para melhor aprimoramento dos projetos de pesquisa, como é o caso do resumo, nos elementos pré-textuais da parte interna e da bibliografia básica preliminar nos elementos pós-textuais da parte interna. É também importante ressaltar quanto aos elementos internos textuais, a "ordem" que lhes foi atribuída não altera substancialmente o planejamento e o desenvolvimento das investigações científicas.

ESTRUTURA GERAL DOS PROJETOS DE PESQUISA

A) PARTE EXTERNA: Capa (opcional) e Lombada (opcional)

B) PARTE INTERNA

1 Elementos pré-textuais: folha de rosto (obrigatória), lista de ilustrações,

lista de tabelas, lista de abreviaturas e siglas, lista de símbolos (opcionais); resumo (recomendado); sumário (obrigatório).

2 Elementos textuais[1]: 1 Tema-problema; 2 Justificativa; 3 Objetivo geral e objetivos específicos; 4 Revisão da literatura sobre o assunto; 5 Hipótese; 5.1 Variáveis; 5.2 Indicadores; 6 Metodologia; 6.1 Marco teórico; 6.2 Setores de conhecimento; 6.3 Processos de estudo; 6.4 Natureza dos dados; 6.5 Grau de generalização dos resultados; 6.6 Técnicas e procedimentos metodológicos; 6.7 Controle metodológico; 7 Fases da pesquisa; 8 Cronograma físico; 9 Detalhamento de custos, cronograma financeiro e de desembolso (opcional). 10 Plano de trabalho e de acompanhamento de bolsistas (opcional)

3 Elementos pós-textuais: bibliografia básica preliminar (recomendado); referências (obrigatório); glossário, apêndice, anexo e índice (opcionais).

A seguir serão explicitados os conteúdos formais de cada um desses elementos, seguido de ilustrações ou exemplos de trabalhos desenvolvidos pelas autoras ou sob a sua orientação, apresentados conforme os padrões atuais vigentes recomendados pela ABNT e considerados requisitos formais mínimos que um trabalho científico deve conter.[2] Também serão feitos apontamentos críticos a alguns itens desconsiderados pela ABNT, a partir das experiências de execução de pesquisas na área jurídica.

7.1.1 Parte externa

A parte externa do projeto de pesquisa refere-se àqueles elementos que servem para identificar o seu conteúdo, bem como protegê-lo ou até mesmo ornamentá-lo e pode conter: capa e lombada.

---

1 De maneira bastante genérica, a NBR 15287:2011 recomenda quanto aos elementos textuais, que seu texto "[...] deve ser constituído de uma parte introdutória, na qual devem ser expostos o tema do projeto, o problema a ser abordado, a(s) hipóteses, quando couberem, bem como o(s) objetivo(s) a ser(em) atingido(s) e a(s) justificativas. É necessário que sejam indicados o referencial teórico que o embasa, a metodologia a ser utilizada, assim como os recursos e o cronograma necessários à sua consecução" (ASSOCIAÇÃO..., 2011a, p. 5)

2 Para a formatação dos trabalhos acadêmicos recomendamos como leitura complementar as obras: *Manual para normalização de publicações técnico-científicas*, das professoras da Faculdade de Biblioteconomia da UFMG: Júnia Lessa França, Stella Maris Borges, Ana Cristina de Vasconcelos e Maria Helena de Andrade Magalhães (FRANÇA et al., 2004) e *Padrão PUC Minas de normalização:* normas da ABNT para apresentação de teses, dissertações, monografias e trabalhos acadêmicos, de Helenice Rego Cunha (CUNHA, 2011).

7.1.1.1 Capa (opcional)

Alguns manuais de elaboração de projetos indicam que deverá haver uma falsa folha de rosto (ou **capa**), como uma "[...] folha obrigatória que precede a folha de rosto e contém no anverso o título e subtítulo da publicação, centralizados na página." (FRANÇA *et al.*, 2004, p. 15).

A ABNT, na NBR 15287/2011, além de identificar a capa como elemento opcional do projeto – como defendido nas edições anteriores desta obra – define-a como "[...] proteção externa do trabalho sobre o qual se imprimem as informações indispensáveis à sua identificação" (ASSOCIAÇÃO..., 2011a, p. 2)

Justamente por se tratar de elemento opcional defende-se, ainda, que não deve haver rigor de formatação em relação à capa do projeto, devendo o autor imprimir-lhe o conteúdo que achar necessário e indispensável para sua identificação e proteção. Pela mesma razão, quanto à forma, a capa pode ser ilustrada, em tipos e cores diversos do trabalho e ser confeccionada em "capa dura", papelão e outras técnicas gráficas. Apesar de corriqueiro o uso da "capa dura" no mundo acadêmico, especialmente do direito, o mesmo não ocorre com a confecção de capas ilustradas.

A despeito das ressalvas feitas acima, o conteúdo da capa de projetos, recomendada pela ABNT, deve conter:

- **Nome da entidade para a qual deve ser submetido, quando solicitado:** é o elemento que vem no alto da página e indica qual instituição responsável pela propositura do projeto ou do plano de pesquisa (universidade, faculdade, centro de pesquisa, etc.). Ainda que não tenha sido solicitado, propõe-se que esse elemento deva ser incluído nos projetos, apesar de opcional, tendo em vista que o aluno ou pesquisador que o apresenta é um proponente e não ainda o autor da pesquisa, razão pela qual a instituição que o recebe deva aparecer como primeiro elemento da capa do projeto.
- **Autor, autores ou equipe técnica responsável pelo trabalho** (esta última, se for o caso): tratando-se de pesquisa individual, em duplas ou grupos pequenos (até quatro participantes), devem ser apresentados os nomes completos dos autores do projeto de pesquisa. No caso de trabalhos coletivos ou de equipe técnica responsável entende-se que a capa conterá apenas o nome da instituição na qual o trabalho foi desenvolvido e o nome completo dos participantes virá após a folha de rosto, numa folha com

título próprio e, se possível, com a indicação da função exercida por cada um dos integrantes. Assim, indica-se que os nomes não venham na folha de rosto, mas numa página especial para a "Equipe Responsável" ou só "Equipe". No máximo, poderá vir aí os nomes dos "Coordenadores" da pesquisa.

- **Título e subtítulo** (este último, se houver): deverá ser colocado no centro da página, utilizando-se os mesmos tipos e tamanhos do que o utilizado para o nome do autor, podendo ser destacado com **negrito**. Deve-se procurar escolher um título atraente para o trabalho e que demonstre ao leitor não só o objeto da pesquisa, mas a sua problematização mais específica. Se houver subtítulo, o mesmo será separado do título por dois pontos [:]. Sugere-se que o subtítulo não esteja em negrito para distinguir-se do título.
- **Número de volume:** se houver mais de um. Neste caso, como recomenda a ABNT, deve constar em cada capa a especificação do respectivo volume (ASSOCIAÇÃO..., 2011a, p. 4). Apesar de que para projetos, quase nunca se terá mais de um volume.
- **Local e ano**: local (cidade) onde foi apresentado o trabalho e o ano de seu depósito ou de apresentação para banca ou comitê de seleção. Não mais se utiliza colocar o mês de entrega do trabalho, como era exigido em normas técnicas anteriores. Esses dois últimos são centralizados no final na página.

Esses elementos, na capa do projeto, podem ser considerados como indispensáveis pelo autor, apesar de não serem obrigatórios. Não há uma regra específica que determine o espaçamento entre os elementos da capa. Como o objetivo primordial das normas técnicas é a uniformização dos trabalhos científicos, entende-se que as margens e os tipos a serem utilizados na capa deverão ser os mesmos do corpo do trabalho – somente os destaques dos tipos poderão variar para que as informações sejam mais bem distribuídas, conforme exemplos apresentados a seguir. **Em projetos de pesquisa, como dito anteriormente, a capa deve ser considerada de forma bastante livre, ao contrário da folha de rosto.**

CONSELHO NACIONAL DE DESENVOLVIMENTO CIENTÍFICO E TECNOLÓGICO (CNPq)

FUNDAÇÃO MINEIRA DE CULTURA

(UNIVERSIDADE FUMEC)

Faculdade de Ciências Humanas

Maria Tereza Fonseca Dias

AS PARCERIAS DA ADMINISTRAÇÃO PÚBLICA COM AS ENTIDADES DO TERCEIRO SETOR NOS MUNICÍPIOS: análise comparativa de marcos jurídicos de capitais brasileiras

Belo Horizonte

2010

FIG. 1 Exemplo de capa de projeto de pesquisa apresentado ao CNPq e à Universidade Fumec (DIAS, 2010).

7.1.1.2 Lombada (opcional)

Conforme NBR nº 12225/2004 a lombada é a "[...] parte da capa que reúne as margens internas ou dobras das folhas, sejam elas costuradas, grampeadas, coladas ou mantidas juntas de outra maneira; também chamada de dorso." (ASSOCIAÇÃO... 2004, p. 1)

A lombada deve conter os seguintes elementos: a) nome(s) do(s) autor(es), quando houver; b) título; c) elementos alfanuméricos de identificação de volume, fascículo e data, se houver; d) logomarca da editora (se for o caso). Na impressão dos elementos da lombada, o tipo mais utilizado nos trabalhos jurídicos é o descendente, ou seja, a impressão é feita longitudinalmente e legível do alto para o pé da lombada." (ASSOCIAÇÃO..., 2004, p. 4)

7.1.2 Parte interna

7.1.2.1 Elementos pré-textuais

Como o próprio nome indica, antecedem o conteúdo do projeto de pesquisa propriamente dito que é dado pelos elementos textuais ou "corpo do texto", conforme indicações a seguir.

7.1.2.1.1 Folha de rosto (obrigatório)

A **folha de rosto,** elemento obrigatório do projeto de pesquisa, assemelha-se à capa supradescrita, diferenciando-se apenas porque não contém o nome da Instituição no alto da folha, e ainda por que entre o número do volume e o local do depósito, deve ser colocada uma nota explicativa que contém o tipo do projeto de pesquisa, o nome da entidade a que deve ser submetido e o nome do orientador, coorientador ou coordenador, se houver (ASSOCIAÇÃO..., 2011a, p. 4).

Nos modelos apresentados considera-se importante a apresentação do nome da instituição na capa e também na folha de rosto dos projetos de pesquisa, nos locais apropriados. (FIG. 2).

Como referido acima e detalhando um pouco mais adiante, a nota explicativa da folha de rosto deve conter – o tipo de projeto de pesquisa, item que diz respeito, notadamente, a que objetivo se destina. Exemplos de notas explicativas de projetos de pesquisa para obtenção de graus acadêmicos, bolsas e financiamento:

"Projeto de pesquisa para o desenvolvimento de monografia de conclusão de curso apresentado ao Departamento de Direito, da Universidade Federal de Ouro Preto, como requisito para a aprovação na disciplina Elaboração de Projeto de Monografia (Dir 508), bem como à obtenção do grau de bacharel em Direito. Orientadora: Profa. Dra. Maria Tereza Fonseca Dias"

"Projeto de pesquisa apresentado ao Curso de Pós-Graduação em Instituições Sociais, Direito e Democracia da Universidade FUMEC como um dos requisitos para obtenção do grau de mestre em Direito na Área de Concentração Administração Pública, consensualidade e controle, sob orientação da Profa. Dra. Maria Tereza Fonseca Dias."

"Projeto de pesquisa apresentado ao Conselho Nacional de Desenvolvimento Científico e Tecnológico (CNPq), como requisito parcial para obtenção de Bolsa de Produtividade em Pesquisa (PQ)"

"Projeto apresentado à FAPEMIG, em conformidade com o Edital nº 01/2012 – Demanda Universal."

Nos últimos exemplos apresentados, não houve indicação de orientador, por se tratar de equipe de pesquisa, como assinalado pela NBR nº 15287/2011 (ABNT).

No que diz respeito à formatação da nota explicativa, a NBR nº 15287/2011 da ABNT determina que deva ser digitada em espaço simples e alinhada do meio da mancha gráfica para a margem direita (ASSOCIAÇÃO..., 2005, p. 8). Observe a formatação da nota explicativa no exemplo da FIG. 2.

UNIVERSIDADE FEDERAL DE MINAS GERAIS
Faculdade de Direito/Curso de Pós-Graduação

Maria Tereza Fonseca Dias

UMA (RE)CONSTRUÇÃO DA DISTINÇÃO PÚBLICO/ PRIVADO PARA COMPREENSÃO DO FENÔMENO DA REFORMA ADMINISTRATIVA BRASILEIRA

Projeto de pesquisa apresentado ao Curso de Pós-Graduação em Direito da Universidade Federal de Minas Gerais como requisito para a obtenção do Grau de Mestre em Direito na Área de Concentração em Direito Administrativo.

Orientador: Prof. Dr. Pedro Paulo de Almeida Dutra

Co-orientadora: Profa. Dra. Miracy Barbosa de Sousa Gustin.

Belo Horizonte
2000

FIG. 2 Exemplo de folha de rosto de projeto de pesquisa (DIAS, 2000).

7.1.2.1.2 Listas de ilustrações, de tabelas, de abreviaturas e siglas e de símbolos (opcionais)

As referidas listas, como previsto na ABNT (NBR 15287:2011), possuem conteúdo diversificado, dependendo da natureza do trabalho, forma como foi redigido e fontes utilizadas no desenvolvimento da pesquisa. E por estas, razões não poderiam ser elementos obrigatórios dos projetos de pesquisa. As listas de ilustrações, de tabelas, quadros e gráficos, são elaboradas de acordo com a ordem apresentada no texto, com cada item designado por seu nome específico, acompanhado do respectivo número da folha ou página, como pode ser visto nas FIG 3 e 4, a seguir. As referidas listas deverão ser colocadas logo após a folha de rosto, no caso de projetos de pesquisa. Além dos exemplos apresentados, vide, como exemplo, a Lista de Figuras incluída como parte pré-textual deste livro.

No caso da lista de abreviaturas e de siglas, muito comum dos trabalhos acadêmicos no campo da ciência jurídica, e da lista de símbolos, as mesmas deverão conter as abreviaturas, siglas e símbolos seguidos do seu significado ou das expressões correspondentes grafadas por extenso. Em que pese não conter menção específica na NBR 15.287/2011, podem ser confeccionadas listas de gráficos e quadros, se tiverem sido utilizados como conteúdo do projeto, podendo conter denominação específica (Lista de Quadros) ou a denominação comum de Lista de Ilustrações.

LISTA DE ILUSTRAÇÕES

FIG 3 – Exemplo de lista de ilustrações, contendo quadros utilizados em tese de doutorado (DIAS, 2008, p. 26).

LISTA DE TABELAS

FIG 4 – Exemplo de lista de tabelas apresentada em tese de doutorado (DIAS, 2008, p. 21).

As listas de abreviaturas e siglas, diversamente das anteriores, é elaborada em ordem alfabética, conforme aparecem no texto e a de símbolos, de acordo com a ordem apresentada no texto. Por ser bastante comum na área jurídica, será exemplificada apenas na lista de abreviatura e siglas (FIG. 5).

LISTA DE ABREVIATURAS E SIGLAS

a	Ano
ABONG	Associação Brasileira de Organizações Não-Governamentais
ACERP	Associação de Comunicação Educativa Roquette Pinto
ACF	Association of Charitable Foundations
ADCT	Ato das Disposições Constitucionais Transitórias
ADIN	Ação Direta de Inconstitucionalidade
ALMG	Assembléia Legislativa do estado de Minas Gerais
ampl.	Ampliada
ANCINE	Agência Nacional do Cinema
ASBL	Associations sans but lucratif
CAGED	Cadastro Geral de Empregados e Desempregados
CEBAS	Certificado de Entidade Beneficente de Assistência Social
CEFF	Certificado de Entidade de Fins Filantrópicos
CEMER	Centro Mexicano para a Filantropia
CEMPRE	Cadastro Central de Empresas
CF/1988	Constituição da República Federativa do Brasil de 1988
CFF	Conselho Federal de Farmácia
CGU	Controladoria Geral da União
CLT	Consolidação das Leis do Trabalho
CNAS	Conselho Nacional de Assistência Social
CNPJ	Cadastro Nacional das Pessoas Jurídicas
CNS	Confederação Nacional de Saúde – Hospitais, estabelecimentos e serviços
COFINS	Contribuição para Financiamento de Seguridade Social
CONDECINE	Contribuição para Desenvolvimento da Indústria Cinematográfica Nacional
CONFENEN	Confederação Nacional dos Estabelecimentos de Ensino
Coord	Coordenador
CPI	Comissão Parlamentar de Inquérito

FIG. 5 – Exemplo de lista de abreviaturas e siglas (DIAS, 2008, p. 17-20).

7.1.2.1.3 Resumo (recomendado)

Em que pese a NBR nº 15287/2011 não ter previsto o resumo como elemento pré-textual do projeto, nem mesmo como elemento opcional (ASSOCIAÇÃO..., 2011a, p. 5), será recomendado, pelas autoras, como elemento integrante de projetos de pesquisa, dada a sua importância e operacionalidade na correção dos projetos e sua discussão em bancas examinadoras, concursos de seleção entre outras formas de avaliação de projetos.

Trata-se de texto dissertativo que deve especificar os principais pontos do projeto de pesquisa, tais como, seu valor para o ramo científico e originalidade, situação-problema, objetivo geral, elementos fundamentais da metodologia, marco teórico e hipótese. O resumo sintetiza conteúdos do projeto de pesquisa. Nesse sentido, deve-se lembrar que ele não deve conter qualquer informação nova, ou seja, que não esteja contemplada no conteúdo do projeto que precede. A NBR nº 6028 classifica essa espécie de resumo com "indicativo", pois diz respeito aos "[...] pontos principais do documento [e] [...] de modo geral, não dispensa a consulta ao original." (ASSOCIAÇÃO..., 2003b, p. 1).

Nos termos da NBR nº 6028/2003, "O resumo deve ser composto de uma sequência de frases concisas, afirmativas e não de enumeração de tópicos" (ASSOCIAÇÃO..., 2003b, p. 2) e "A primeira frase deve ser significativa, explicando o tema principal do documento [...]" (ASSOCIAÇÃO..., 2003b, p. 2), Recomenda-se, ainda o uso de parágrafo único. Logo após a conclusão do resumo devem ser apresentadas as palavras-chave, precedidas desta expressão e separadas e finalizadas por ponto. Não há recomendação específica quanto ao número de palavras-chave do resumo. Usa-se, em geral, um mínimo de três.

Em um projeto de pesquisa ele deve ser o mais sucinto possível. A ABNT recomenda que para resumos destinados a indicações breves, este deva conter, de 50 a 100 palavras (NBR 6028/2003, item 3.5.5.c). Um texto maior poderia se afastar do objetivo de concisão, que o resumo deve buscar **nesse tipo de documento** (FIG. 6). O resumo será apresentado na língua vernácula. Não se entende necessária a apresentação de resumo em língua estrangeira nos projetos de pesquisa, a não ser que esta seja uma exigência das instituições em que serão apresentados ou das agências financiadoras de pesquisas. Os resumos de projetos devem ser claros e conter apenas as informações indispensáveis.

Quanto à forma, os resumos seguirão as regras gerais de apresentação da ABNT (item 5.1 a 5.7 da NBR 14724/2011), lembrando que a palavra "resumo", que antecede o texto, deve ser centralizada e grafada em negrito (ASSOCIAÇÃO..., 2011, p. 8), conforme exemplo a seguir.

RESUMO

O projeto tem por objetivo compreender, a partir das noções de controle de gestão ou de resultados com foco nas relações entre governança social e direito, os mecanismos de fomento direto e indireto da Administração Pública federal com as entidades privadas sem fins lucrativos, no período de 2008 a 2011. Serão analisados dados coletados sobre estes mecanismos de fomento para testar a hipótese de incremento do fomento ao terceiro setor por meio do fomento indireto, em detrimento do direto. A hipótese foi construída a partir da constatação de que a legislação tributária prevê incentivos fiscais que são concedidos sem a observância da obrigatoriedade constitucional de sua avaliação permanente.

Palavras-chave: Terceiro setor. Fomento direto. Fomento indireto (incentivos fiscais). Entidades privadas sem fins lucrativos.

FIG. 6 – Exemplo de resumo de projeto 100 palavras (FRATTARI; DIAS, 2012)

7.1.2.1.4 Sumário (obrigatório)

Trata-se da listagem das principais divisões, seções e outras partes de um documento, refletindo a organização da matéria no texto, acompanhada dos respectivos números de páginas em que serão localizados no texto do documento (NBR 6027/2003).

O sumário, por vezes, é confundido com índice ou resumo. O resumo, como se viu, é uma síntese do trabalho que precede o sumário. O índice aparece após o sumário ou a bibliografia – ou referências – e é uma listagem de palavras significativas (de autores, obras, figuras ou termos técnicos) com a indicação da localização das informações no texto. Enquanto o sumário é elemento obrigatório do projeto, o índice é opcional, devendo ser estabelecido conforme a NBR nº 6034, de dezembro de 2004. Poucas vezes se utiliza índices em projetos de pesquisa.

Inicia-se essa parte com a palavra "Sumário", escrita em letras maiúsculas (ou somente em negrito) e centralizada "[...], e com a mesma tipologia da fonte utilizada para as seções primárias." (NBR nº 6027 – ASSOCIAÇÃO..., 2003a, p. 2)

No sumário, deve-se utilizar numeração progressiva das seções para proporcionar o desenvolvimento claro e coerente do texto e facilitar a localização de cada uma de suas partes (FIG. 9).

Segundo a NBR nº 6024/2012, "Devem ser utilizados algarismos arábicos na numeração dos itens do sumário." (ASSOCIAÇÃO..., 2012, p. 2).

Algumas outras indicações formais (NBR nº 6027/2003):

• a parte externa e os elementos pré-textuais da parte interna não devem constar no sumário;

• os indicativos das seções que compõem o sumário devem ser alinhados à esquerda;

A divisão do sumário dos projetos de pesquisa geralmente não é feita em capítulos, mas em itens, devido ao reduzido tamanho do texto dos projetos.

É a partir do sumário que será feita a numeração das páginas do texto com algarismos arábicos. Nas partes pré-textuais, não há numeração de páginas. Após a descrição dos itens do sumário, deve-se indicar, no final da mesma linha, o número da página correspondente no interior do relatório.

É regra da NBR nº 6024/2012 que "Ponto, hífen, travessão, parênteses ou qualquer sinal não podem ser utilizados entre o indicativo da seção e seu título." (ASSOCIAÇÃO..., 2012, p. 2). Observe-se o exemplo abaixo (FIG. 7):

1 SEÇÃO PRIMÁRIA

1.1 Seção secundária

1.2.1 Seção terciária

FIG. 7 – Exemplo 1 de divisão progressiva de documento e sua formatação para projetos de pesquisa

Para melhor visualização das seções do documento no sumário, a ABNT recomenda (NBR nº 6024/2012) destacar gradativamente o texto. No exemplo acima, utilizou-se a seguinte formatação gradativa: os tipos da seção primária foram grafados em letras maiúsculas e em negrito, os da seção secundária em letras minúsculas e em negrito; na seção terciária, somente os números da seção em negrito.

Considerando que a NBR nº 6024/2012 recomenda que: "Os títulos das seções devem ser destacados tipograficamente, de forma hierárquica, da primária à quinária. Podem ser utilizados os recursos gráficos de maiúscula, negrito, itálico, sublinhado e outros" (ASSOCIAÇÃO... 2012, p. 2) para a formatação de sumários de projetos de pesquisa, a formatação das seções também pode ser assim apresentada (FIG. 8):

1 SEÇÃO PRIMÁRIA

1.1 SEÇÃO SECUNDÁRIA

1.1.1 Seção terciária

FIG. 8 – Exemplo 2 de divisão progressiva de documento e sua formatação para projetos de pesquisa.

Neste exemplo, utilizou-se a seguinte formatação gradativa: os tipos da seção primária foram grafados em letras maiúsculas e em negrito, os da seção secundária em letras minúsculas sem negrito; na seção terciária, minúsculas e negrito.

Ainda quanto a forma, a NBR nº 6027/2003, recomenda que os títulos das seções do sumário "[...] sejam alinhados pela margem do título do indicativo mais extenso." (ASSOCIAÇÃO... 2003a, p. 2) Observe, no exemplo 9, a aplicação desta recomendação: os títulos das seções primárias (TEMA-PROBLEMA, JUSTIFICATIVA, etc.) foram alinhados na mesma posição dos títulos das seções secundárias (Objetivo geral, objetivos específicos etc).

SUMÁRIO

FIG. 9 – Exemplo de sumário de projeto de pesquisa formatado conforme FIG. 7.

7.1.2.2 Elementos textuais (obrigatórios)

Quanto aos conteúdos dos elementos textuais do projeto, remetemos o leitor ao Cap. 6 desta obra. Para a formatação, conforme padrões da ABNT, consultar, neste capítulo, a FIG. 24.

7.1.2.3 Elementos pós-textuais

7.1.2.3.1 Bibliografia básica preliminar (recomendada) e referências (obrigatórias)

A NBR 15.287/2011 prevê como único elemento pós-textual obrigatório do projeto de pesquisa as referências, conceituadas como "...conjunto padronizado de elementos descritivos, retirados de um documento, que permite sua identificação individual." (ASSOCIAÇÃO..., 2011a, p. 3). Em que pese não constar sequer como elemento opcional, será recomendado como elemento pós-textual da parte interna a bibliografia básica preliminar. Esta diz respeito à listagem de obras que, mesmo não tendo sido ainda efetivamente citadas no trabalho, provavelmente serão utilizadas no desenvolvimento da pesquisa, uma vez que, geralmente, são obras de leitura obrigatória quando se trata de referido assunto e/ou problema de estudo. A apresentação da bibliografia básica preliminar, pelo proponente do projeto, revela esforço inicial de levantamento de dados bibliográficos, servindo bastante para a avaliação da proposta apresentada, sobretudo por bancas examinadoras de seleção de projetos de pesquisa. A bibliografia, assim, pode ser entendida como um levantamento preliminar de obras sobre determinado tema de pesquisa, não necessariamente citados no corpo do projeto. Inúmeras vezes, inclusive, estas obras foram consultadas, mas não objeto de referências no projeto. As referências, por sua vez, são as fontes efetivamente utilizadas e citadas no do projeto de pesquisa As referências, por dizerem respeito às fontes de pesquisa utilizadas, costumam ser mais amplas do que a bibliografia, pois incluem, além de obras sobre o assunto pesquisado, informações sobre legislações, jurisprudências, entre outras fontes não bibliográficas de pesquisa comumente utilizadas na área jurídica.

Assim, recomenda-se que o projeto de pesquisa poderá trazer tanto a bibliografia básica preliminar quanto apresentar as referências, já citadas no corpo do projeto, como elementos pós-textuais distintos. Para simplificar a elaboração do projeto, sugerimos que tanto as obras já citadas quanto as obras levantadas, mas ainda não utilizadas, estejam apresentadas no item "Referências", que atenderia, inclusive, a NBR nº 15.287/2011a. Nesse levantamento de obras, alguns textos poderão nem ser efetivamente utilizados para a elaboração da pesquisa e seu relatório final.

A lista de obras da bibliografia básica preliminar não deve ser extensa e será selecionada por sua qualidade, ou seja, por sua importância na literatura pertinente.

Os pesquisadores costumam não atribuir muita importância ao levantamento da bibliografia básica preliminar na elaboração dos projetos de pesquisa, mas a lista de referências revela o aprofundamento de estudos do tema a ser pesquisado, o conhecimento do assunto que será tratado, bem como a coerência teórica dos autores a serem trabalhados.

A formatação das fontes de pesquisa integrantes das listagens da bibliografia básica preliminar e das referências devem obedecer às normas da ABNT (Associação Brasileira de Normas Técnicas). A regra geral é de que as referências bibliográficas dos relatórios de pesquisa e a bibliografia básica preliminar do projeto sigam a ordem alfabética dos nomes de entrada (geralmente sobrenomes) dos autores e não sejam numeradas.

Existem inúmeras peculiaridades no que se refere à forma de fazer a referência bibliográfica, segundo o nome e origem do autor ou autores, tipo de obra e os dados disponíveis para compor a referência.

Apresenta-se, a seguir, de forma direta e objetiva, as principais formas de entrada e os formatos das referências mais utilizadas na área jurídica, segundo os modelos apresentados pela ABNT – NBR 6023 (ASSOCIAÇÃO..., 2002a), que trata da Informação e documentação: referências – elaboração.

7.1.2.3.2. Formatos de referências mais utilizados na área jurídica

FORMAS DE ENTRADA

GUSTIN, Miracy Barbosa de Sousa. (ou GUSTIN, M. B. S)

MATA-MACHADO, Edgar de Godói da. (ou MATA-MACHADO, E. G. da)

MOREIRA NETO, Diogo de Figueiredo. (ou MOREIRA NETO, D. de F.)

JUSTEN FILHO, Marçal. (ou JUSTEN FILHO, M.)

DI PIETRO, Maria Sylvia Zanella. (ou DI PIETRO, M. S. Z.)

BANDEIRA DE MELLO, Celso Antônio. (ou BANDEIRA DE MELLO, C. A.)

MARTINEZ VERA, Rogelio. (ou MARTINEZ VERA, R.)

DINIZ, Eli; AZEVEDO, Antônio Carlos (Org.). (ou DINIZ, E.; AZEVEDO, A. C. (Org.).)

PAIXÃO, José da Silva; SEIA, Jorge Alberto Aragão. (ou PAIXÃO, J. da S.; SEIA, J. A. A.)

• As entradas de entidades coletivas são feitas com o seu nome por extenso.

MINAS GERAIS. Secretaria de Estado da Educação.
CONGRESSO BRASILEIRO DE DIREITO ADMINISTRATIVO.
ASSOCIAÇÃO BRASILEIRA DE NORMAS TÉCNICAS.
UNIVERSIDADE FEDERAL DE MINAS GERAIS.

• Referência com mais de três autores, utiliza-se a expressão (et al.) FRANÇA, J. L. et al.

• Se não houver referência (publicações anônimas ou não assina das) a entrada inicia-se com o título do texto.

A NBR nº 6023/2002 distingue, na elaboração das referências, os elementos essenciais dos elementos complementares, esses últimos são informações que, acrescentadas aos elementos essenciais, permitem melhor caracterizar os documentos. Os modelos de referências bibliográficas que traremos a seguir trarão os elementos essenciais, bem como os elementos complementares das referências bibliográficas.

a) Monografias (inclui livro, folheto, manual, guia, catálogo e trabalhos acadêmicos)

Elementos essenciais:

AUTOR(ES). *Título*: subtítulo. Edição. Local (cidade): Editora, data.

DIAS, Maria Tereza Fonseca. *Direito administrativo pós-moderno:* novos paradigmas do direito administrativo a partir do estudo da relação entre o Estado e a sociedade. Belo Horizonte: Mandamentos, 2003.

Elementos complementares:

AUTOR(ES). *Título*: subtítulo. Tradutor ou Atualizador. Edição. Local (cidade): Editora, data. Número de páginas ou volumes/ cadernos. Explicitação sobre origem do trabalho acadêmico (teses, dissertações), se for o caso.

PIRES, Maria Coeli Simões. *Direito adquirido e ordem pública*. Belo Horizonte: Del Rey, 2005. 990p.

JUSTEN FILHO, Marçal. *Curso de Direito Administrativo*. 7. ed. Belo Horizonte: Fórum, 2011. 1308 p.

CAPELLA, Juan-Ramón. *A aprendizagem da aprendizagem*: uma introdução ao estudo do direito. Tradução Miracy Barbosa de Sousa Gustin e Maria Tereza Fonseca Dias. Belo Horizonte: Fórum, 2011.

CARVALHO NETTO, Menelick de *et al.* *Diagnóstico das entidades sociais do aglomerado Santa Lúcia*: relatório preliminar. Belo Horizonte: Faculdade de Direito da UFMG/Coordenadoria de Direitos Humanos e Cidadania PBH, 1998. (Não publicado)

Monografia ou artigo em obra coletiva

GUSTIN, Miracy Barbosa de Sousa. Uma pedagogia da emancipação. In: GUSTIN, M. B. S.; LIMA, P. G. M. *Pedagogia da emancipação*: desafios e perspectivas para o ensino das ciências sociais aplicadas no século XXI. Belo Horizonte: Editora Fórum, 2010. p. 15-82.

Livro em meio eletrônico

GORDILLO, Agustín. *Reforma administrativa del Estado*. Disponível em: <www.gordillo.com> Acesso em: 28 jul. 2002.

Teses, dissertações e monografias[3]

ARAÚJO, Florivaldo Dutra de. *Conflitos coletivos e negociação coletiva na função pública*. 1998. 462f. Tese (Doutorado em Direito Administrativo) – Faculdade de Direito, Universidade Federal de Minas Gerais, Belo Horizonte, 1998.

Livros/ monografias produzidos por órgãos oficiais

BRASIL. Ministério da Administração e Reforma do Estado. *A reforma administrativa na imprensa*: seleção de artigos produzidos no MARE/ Ministério da Administração e Reforma do Estado. Brasília: MARE, 1997. 81p. (Cadernos do MARE da reforma do estado, 7)

Livros/ monografias de entidades coletivas

ASSOCIAÇÃO BRASILEIRA DE NORMAS TÉCNICAS. NBR n. 6023 – ago. 2002. Informação e documentação – Referências – Elaboração. Rio de Janeiro: ABNT, 2002. 24 p.

Observações importantes

• Quando faltar algum dado tipográfico usam-se as abreviações: [s.l.] sem local (*sine loco*); [s.n.] sem editora (*sine nomine*); [s.d.] sem data. Na falta dos três usar [s.n.t] sem dados tipográficos.

---

3 Devem ser indicados em nota o tipo de documento (tese, dissertação, trabalho de conclusão de curso, etc.), o grau, a vinculação acadêmica, o local e a data da defesa) (NBR nº 6023/2002).

Indicar, depois do número da edição, se ela foi revista e aumentada. Ex: 2. ed. rev. aum.

b) Eventos científicos

Elementos essenciais

NOME DO EVENTO, numeração (se houver), ano, local de realização (cidade). *Título...*: subtítulo (anais, atas, tópico temático). Local de publicação (cidade): Editora, ano de publicação. Número de páginas ou volumes.

Evento como um todo

COLÓQUIO INTERNACIONAL DA INTERNATIONAL ASSOCIATION FOR THE SEMIOTICS OF LAW, 13, 1997, São Paulo. *Direito oficial, contracultura e semiótica do direito*. São Paulo: Faculdade de Direito do Largo São Francisco (USP), 1997. 637f.

Trabalho apresentado em evento

DIAS, Maria Tereza Fonseca; GUSTIN, Miracy Barbosa de Sousa. Costumes e direito: uma interlocução entre a dogmática e a sociologia jurídica. *In:* REUNIÃO ANUAL SBPC, 49, 1997, Belo Horizonte. *Anais*... Belo Horizonte: UFMG, 1997. p. 224.

Trabalho apresentado em evento em meio eletrônico

DIAS, Maria Tereza Fonseca. Reforma administrativa brasileira sob o impacto da globalização: uma reconstrução da distinção entre o público e o privado. *In:* SEMINÁRIO DO RED&S E DO GEDIM, 2001. Rio de Janeiro. *Os direitos nacionais face à globalização:* O impacto da globalização sobre os direitos nacionais e as instituições nacionais de controle e da Justiça. Disponível em: <www. global21. com.br> Acesso em: 24 ago. 2001.

c) Legislação

Elementos essenciais

NOME DO PAÍS, ESTADO OU MUNICÍPIO (jurisdição). Título (Decreto, Lei, Medida Provisória, Decreto-Lei, Código, Portaria, Resolução, etc.) numeração. Data (dia, mês, ano). Dados da *Publicação* que transcreveu a lei, decreto, medida provisória, resolução, etc.

BRASIL. *Código Civil*. 46. ed. São Paulo: Saraiva, 1995.

______. Decreto-Lei n. 199, de 25 de fevereiro de 1967. *Diário Oficial*. Rio de Janeiro, 27.02.1967, p. 2348. Ratificado em 08.03.1963.[4]

______. Ato Institucional n. 4, de 7 de dezembro de 1966. *In:* CAMPANHOLE, Adriano; CAMPANHOLE, Hilton Lobo. *Constituições do Brasil*. São Paulo: Atlas, 1992.

______. *Constituição (1988)*. 33 ed. São Paulo: Saraiva, 2004.

Legislação em meio eletrônico

MINAS GERAIS. Projeto de Lei n. 1570, de 11 de dezembro de 1997. Disponível em <www.almg.gov.br/matéria em tramitação> Acesso em: 20 jan. 2002.

Elementos complementares

NOME DO PAÍS, ESTADO OU MUNICÍPIO (jurisdição). Título (Decreto, Lei, Medida Provisória, Decreto-Lei, Código, Portaria, Resolução, etc.) numeração. Data (dia, mês, ano). Ementa. Dados da *Publicação* que transcreveu a lei, decreto, medida provisória, resolução etc.

BRASIL. Lei Complementar n. 101. 4 maio 2000. Estabelece normas de finanças públicas voltadas para a responsabilidade na gestão fiscal e dá outras providências. *Diário Oficial da União*. Brasília, 5 maio 2000, seção I. Diário do Executivo, p. 513.

BRASIL. Ministério da Educação e Cultura. Portaria n. 1.886. 30 dez. 1994. Fixa as diretrizes curriculares e o conteúdo mínimo do curso jurídico. *In:* NUNES, Luiz Antônio Rizzato. *Manual da monografia jurídica*. 2. ed. rev. ampl. São Paulo: Saraiva, 2000. 209 p.

d) Jurisprudência (decisões judiciais)

Elementos essenciais

NOME DO PAÍS, ESTADO OU MUNICÍPIO (jurisdição). Nome da corte ou tribunal (órgão competente). Título (natureza da decisão: apelação cível ou criminal, embargos, *habeas corpus*, mandado de segurança, recurso extraordinário etc.) e numeração. Partes envolvidas (se houver). Nome do relator precedido da palavra "Relator". Data (dia, mês, ano). Indicação da *Publicação* que divulgou o acórdão.

---

4 A NBR nº 6023 afirma que "[...] os nomes dos autores de várias obras referenciadas sucessivamente, na mesma página, podem ser substituídos, nas referências seguintes à primeira, por um traço sublinear (equivalente a seis espaços) e ponto." (ASSOCIAÇÃO..., 2002a, p. 21).

BRASIL. Superior Tribunal de Justiça. Recurso Especial n. 21355. Relator: Ministro Peçanha Martins. *Diário de Justiça da União*, Brasília, 27 jun. 1994, p. 16953.

Jurisprudência em meio eletrônico

MINAS GERAIS. Tribunal de Justiça. Ação Popular. Processo n. 1.0000.00.334614-5/000(1). Relator: Desembargador Brandão Teixeira. 16 abr. 2004. Disponível em: <http://www.tjmg.gov.br/frames/m_jurisprudencia. html> Acesso em: 16 maio 2004.

Elementos complementares

NOME DO PAÍS, ESTADO OU MUNICÍPIO (jurisdição). Nome da corte ou tribunal. (órgão competente). Título (natureza da decisão: apelação cível ou criminal, embargos, *habeas corpus*, mandado de segurança, recurso extraordinário etc.) e numeração. Ementa da decisão. Partes envolvidas. Nome do relator precedido da palavra "Relator". Data do acórdão (dia, mês, ano). Indicação da *Publicação* que divulgou o acórdão. Voto vencedor e vencido (quando houver)

BRASIL. Supremo Tribunal Federal. Constitucional. Trabalho. Justiça do Trabalho. Competência. Ações dos servidores públicos estatutários. CF, arts. 37, 39, 40, 41, 42 e 114. Lei n. 8112, de 1990, art. 240, alíneas "d" e "e". Ação Direta de Inconstitucionalidade n. 492-1 – DF. Partes: Procurador Geral da República e Congresso Nacional. Relator: Ministro Carlos Velloso. Acórdão 12 nov. 1992. *LEX Jurisprudência do STF*, São Paulo, n. 175, p. 49-90, jul. 1993. Vencido, *in totum*, o ministro Marco Aurélio e, parcialmente, os Ministros Otávio Gallotti e Sepúlveda Pertence.

e) Publicações periódicas (artigos de revistas, de jornais, editoriais, reportagens etc.)

Elementos essenciais

AUTOR. Título do artigo ou matéria. *Título do periódico (da publicação)*. Local de publicação (cidade), numeração correspondente ao volume e/ou ano, fascículo ou número, paginação inicial-final, data ou intervalo de publicação, mês (se houver) e ano.

Artigos de revista

GUSTIN, M. B. S. A governança social em comunidades periféricas e de exclusão: questões de fundo sobre sua efetividade. *Revista do Observatório do Milênio de Belo Horizonte*, Belo Horizonte, a. 3, v. 1, p. 14-35, 2012.

PEZZELLA, Maria Cristina Cereser; BECKER, Anelise. Medida liminar em ação de indenização por desapropriação indireta. *Revista Trimestral de Direito Público*. São Paulo, v. 27, n. 71, p. 55-72, set./dez. 1994.

CHEVALLIER, Jacques. Vers un droit post-moderne? Les transformations de la régulation juridique. *Revue du Droit Publique*: et de la science politique en France e à l'étranger. Paris, n. 3, p. 659-690, mai./jun. 1998.

Artigo de jornal

CARVALHO, Paulo Neves de. Os municípios e a emenda 25. *Estado de Minas*. Belo Horizonte, 25 maio 2000. Opinião, p. 9.

Artigo e/ou matéria de revista em meio eletrônico[5]

SANCHES ALMEIDA, Carlos. España: la criptografia como derecho. *Revista Electrónica de Derecho Informatico*. [on line]. Disponível em: <http://publicaciones.derecho.org/red1/N._23__Junio_del_2000/4>. Acesso em: 15 maio 2000.

Observação

A NBR nº 6023 ainda traz regras específicas de como apresentar as referências da publicação periódica como um todo, partes de revista, boletim, etc. Quando se tratar desses casos, sugerimos a consulta direta à referida NBR.

***f) documentos de acesso exclusivo em meio eletrônico[6] (base de dados,** listas de discussão, site, arquivos em disco rígido, programas, conjunto de programas e mensagens eletrônicas)*

---

5 Segundo a NBR 6023 as referências de artigos periódicos em meio eletrônico devem ser acrescidas "[...] das informações relativas à descrição física do meio eletrônico (disquetes, CD-ROM, on line, etc.)." (ASSOCIAÇÃO..., 2002a, p. 5)

6 Não podemos desprezar, no momento contemporâneo, as referências de dados encontradas exclusivamente em meio eletrônico. Entretanto, também devemos considerar algumas peculiaridades dessas fontes, já que devem ser evitadas as citações de documentos que circulam rapidamente pela internet, bem como as mensagens que circulam por intermédio de correio eletrônico. Eles somente devem ser referenciadas quando não se dispuser de nenhuma outra fonte para abordar o assunto em discussão, aconselha a NBR nº 6023/2002.

Base de dados disponível em meio eletrônico

MAPA Crimes violentos. Minas Gerais, 1997. NESP: Núcleo de Estudos em Segurança Pública. Disponível em: <http://www.fjp.gov.br/produtos/cees/nesp/mapas_cv_frames.htm> Acesso em: 16 maio 2004.

Mensagem de correio eletrônico (Exemplo extraído da NBR nº 6023)

ALMEIDA, M. P. S. *Fichas para MARC* [mensagem pessoal]. Mensagem recebida por <mtmendes@uol.com.br> em 12 jan. 2002.

7.1.2.3.3 Glossário, apêndice, anexo e índice (opcionais)

Por não serem elementos pós-textuais comuns em projetos de pesquisa, serão tratados com maiores detalhes adiante, pois se referem às peculiaridades quanto a estruturação e formatação dos relatórios finais de pesquisa. Devem conter documentos importantes que esclareçam e justifiquem a pesquisa (ou, em alguns casos, tabelas com dados suplementares, leis, pareceres, os instrumentos utilizados na pesquisa de campo etc.).

7.2 Peculiaridades na estruturação e formatação dos relatórios de pesquisa (trabalhos de conclusão de curso: monografias, dissertações e teses)

Os trabalhos de conclusão de cursos (graduação, especialização, mestrado e doutorado) são relatórios de pesquisas orientadas, apresentadas sob formas diferenciadas, conhecidas no mundo científico-acadêmico como monografias, dissertações e teses. Isso em qualquer campo do conhecimento, inclusive na área jurídica. Entende-se, pois, que esses produtos de conclusão de cursos são, sempre, relatórios finais de pesquisas, redigidos sob formatos diversificados e com profundidade teórico-conceitual correspondente ao nível do pesquisador. Monografias finais ou trabalhos de conclusão de curso de graduação e especialização, dissertações e teses devem ser, pois, o reflexo de pesquisas teóricas ou de campo, metodologicamente bem desenvolvidas. Ainda que as instituições de ensino optem pela apresentação destes trabalhos na forma de artigos científicos – ao invés de TCC ou monografia – as observações feitas neste livro sobre a orientação metodológica são as mesmas. Isto porque esses artigos devem ser considerados como elementos acadêmico-científicos de conclusão de curso superior que exigem uma pesquisa anterior, apesar de sua maior simplicidade.

Um relatório de pesquisa já concluído deve ter a seguinte estrutura genérica, conforme padrões da ABNT (NBR nº 14724/2011b):

A) Parte externa: capa (obrigatório) e lombada (opcional)

B) Parte interna:

1) Elementos pré-textuais: folha de rosto, com a respectiva ficha catalográfica (obrigatória), errata (opcional), folha de aprovação (obrigatória), dedicatória (opcional); agradecimentos (opcional), epígrafe (opcional), resumo em língua vernácula (obrigatório), resumo em língua estrangeira (obrigatório), lista de ilustrações, lista de tabelas, lista de abreviaturas e siglas, lista de símbolos (opcionais); sumário (obrigatório), apresentação (recomendada, se for o caso)

2) Elementos textuais: Introdução, desenvolvimento e conclusão.

3) Elementos pós-textuais: referências (obrigatório); glossário, apêndice, anexo e índice (opcionais, quando for o caso).

Como os relatórios de pesquisa apresentam estrutura semelhante e coincidente, em vários aspectos, com a do projeto de pesquisa, será feita apenas, nesta oportunidade, a indicação das peculiaridades referente à sua estruturação e formatação com a apresentação dos exemplos respectivos.

7.2.1 Parte externa

7.2.1.1 Capa (opcional)

A NBR n. 14724 (ASSOCIAÇÃO..., 2011b, p. 5-6) coloca o nome da instituição na capa como opcional, entretanto, não estamos de acordo com essa posição, haja vista a importância em que se reveste este item para a identificação precisa do local em que o trabalho acadêmico foi apresentado.

Se o autor for encadernar o trabalho com "capa dura" esses elementos deverão ser impressos na capa externa não havendo necessidade de incluir outra capa "de papel" no interior do trabalho. Caso contrário, se optar por apresentar os dois elementos em trabalho encadernado com "espiral" e capa transparente deverá haver capa e folha de rosto, como nos exemplos a seguir (FIG. 10 e 11).

UNIVERSIDADE FEDERAL DE MINAS GERAIS
FACULDADE DE DIREITO / CURSO DE PÓS-GRADUAÇÃO

→ Nome da instituição em que o trabalho está sendo apresentado

Miracy Barbosa de Sousa Gustin

→ Autora

TUTELA JURÍDICA ÀS NECESSIDADES HUMANAS
EM NOVA ORDEM SOCIAL:
uma reconceituação da autonomia
como necessidade primordial

→ Título e Subtítulo

Belo Horizonte
1997

→ Local
→ Ano

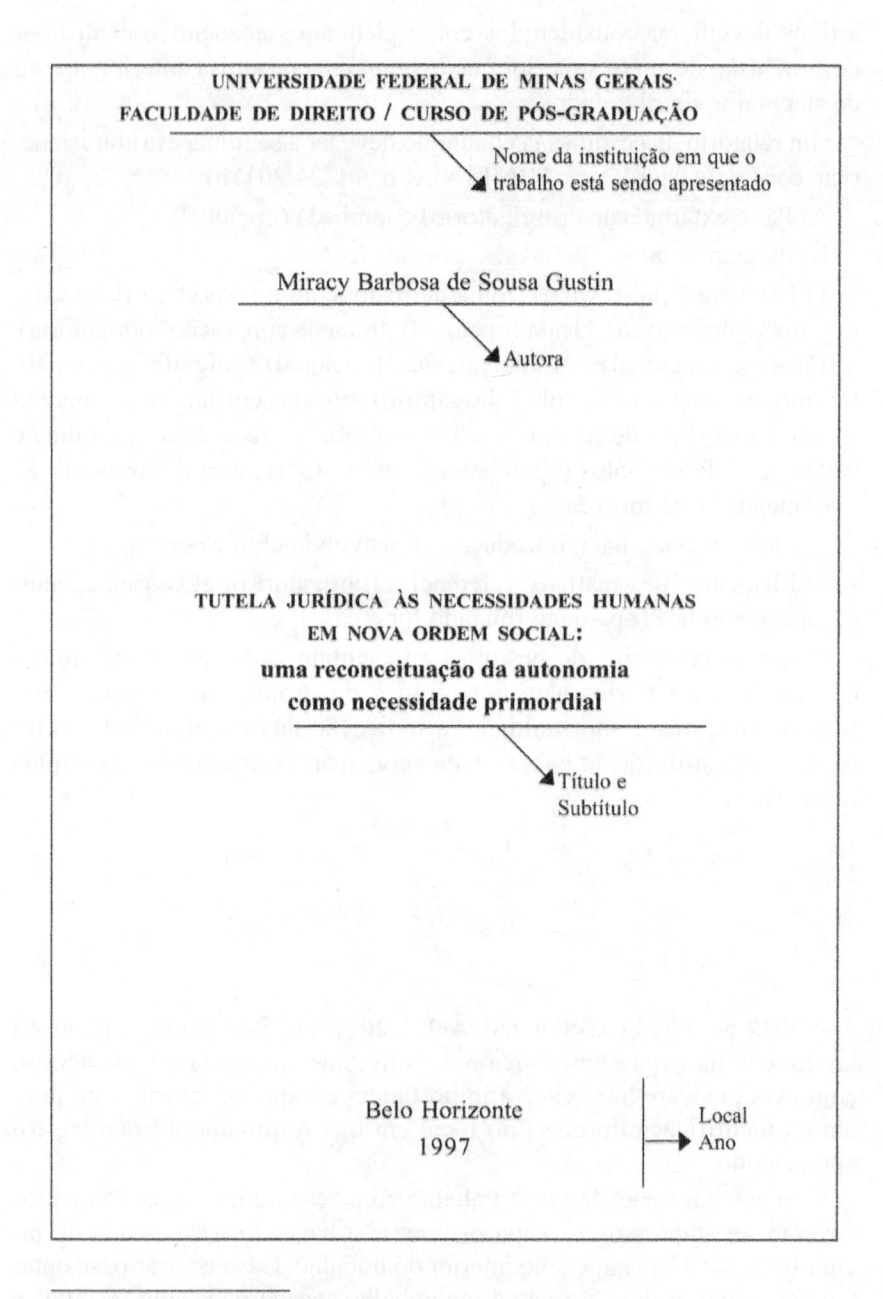

FIG. 10 - Exemplo de capa de tese de doutorado (GUSTIN, 1997).

A **capa**, tal como no projeto, existe somente para compor o trabalho. Ela é uma "fantasia" desnecessária. Por essa razão, não deveria seguir regras.

Apresenta-se a seguir, exemplo de capa de relatório com equipe de pesquisadores (FIG. 11).

UNIVERSIDADE FEDERAL DE MINAS GERAIS
FACULDADE DE DIREITO
PROGRAMA PÓLOS DE CIDADANIA

→ Instituições responsáveis pela apresentação do relatório. Somente quando houver uma equipe de pesquisadores responsáveis, que virá na página seguinte

DIAGNÓSTICO DAS ENTIDADES SOCIAIS DO AGLOMERADO SANTA LÚCIA: RELATÓRIO PRELIMINAR

→ Título e subtítulo

CONVÊNIO:
FACULDADE DE DIREITO/UFMG
COORDENADORIA DE DIREITOS HUMANOS E CIDADANIA/PBH

→ Nota explicativa

Belo Horizonte
1998

→ Local e Ano

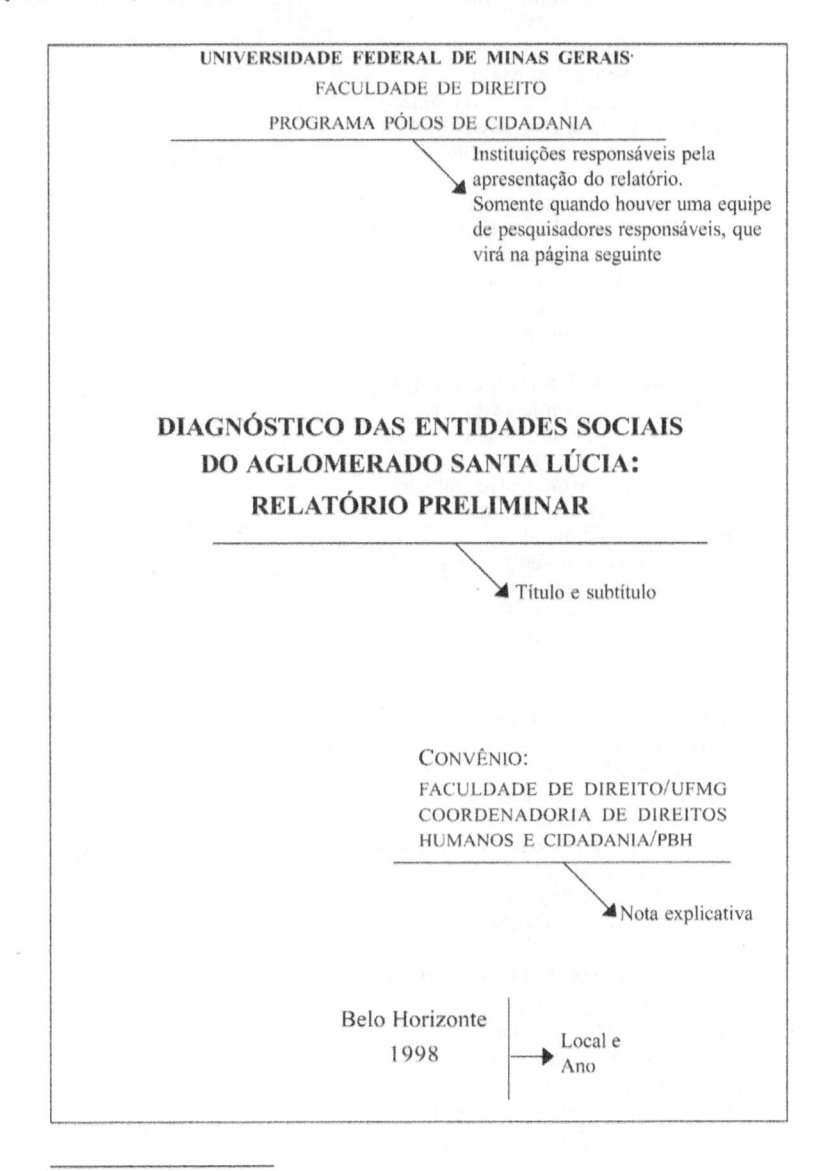

FIG. 11 – Exemplo de folha de rosto de relatório de pesquisa institucional com equipe de pesquisadores responsáveis (CARVALHO NETTO, GUSTIN *et al.*, 1998).

Equipe Responsável

Coordenador-geral
Menelick de Carvalho Netto

Coordenadores
Fernando Antônio de Melo
Juliana Neuenschwander Magalhães
Marcelo Andrade Cattoni de Oliveira
Miracy Barbosa de Sousa Gustin

Orientadores de campo
Cláudia de Cássia Vieira Batista Aguiar
Cristiane Branco Macedo
José Eduardo Elias Romão
Maria Fernanda Salcedo Repolês
Maria Tereza Fonseca Dias

Pesquisadores extensionistas
Ana Luiza Paiva Pimenta da Rocha
Cecília Rodrigues de Alencar
Giselle Ribeiro de Oliveira
Helena Colodetti Gonçalves Silveira
Luiz Felipe Rosa dos Santos
Onésio Soares Amaral
Rafael Miranda Moreira
Renata Camilo de Oliveira
Samantha da Silva Hassen
Sarah Amarante de Mendonça Cohen
Vanilza Ribeiro Xavier

Animadores da ação
Ana Paula Repolês Torres
Camila Silva Nicácio
Ivana Brasileiro Reis Pereira
Leonardo Brasil Menicucci
Leonardo Fazito Rezende Pereira da Silva
Mércia Aparecida Torres
Ronaldo Araujo Pedron
Rodrigo Fernando Canova de Castro

Equipe responsável pelo relatório
Miracy Barbosa de Sousa Gustin
Maria Tereza Fonseca Dias
Luiz Felipe Rosa dos Santos
Samantha da Silva Hassen
Sarah Amarante de Mendonça Cohen
Vanilza Ribeiro Xavier

7.2.1.2 Lombada (opcional)

Deverá seguir as mesmas recomendações referentes ao projeto de pesquisa, item 7.1.1.2 deste capítulo.

7.2.2 Elementos pré-textuais

7.2.2.1 Folha de rosto (obrigatória)

Na **folha de rosto dos relatórios de pesquisa** existem duas diferenças em relação àquela dos **projetos de pesquisa.**

a) O conteúdo da nota explicativa é diverso e deverá conter, segundo a NBR nº 14.724/2011 "[...] a natureza: tipo do trabalho (tese, dissertação, trabalho de conclusão de curso e outros) e objetivo (aprovação em disciplina, grau pretendido e outros); nome da instituição a que é submetido; área de concentração) [...] nome do orientador e, se houver, do coorientador;" (ASSOCIAÇÃO..., 2011b, p. 6);

b) Contém ficha catalográfica, também obrigatória, no anverso da folha.

Exemplos de notas explicativas de relatórios de pesquisa, monografias de graduação, especialização e mestrado e doutorado:

"Relatório final de iniciação científica, referente ao período 2011/2012, apresentado à Universidade Federal de Ouro Preto, como parte das exigências do Programa Institucional de Iniciação Científica (PIBC/CNPq). Orientadora: Profa. Dra. Maria Tereza Fonseca Dias"

"Monografia de conclusão de curso apresentada ao Colegiado de Graduação da Faculdade de Direito da UFMG como requisito parcial para obtenção do grau de bacharel em Direito. Orientadora: Profa. Dra. Maria Tereza Fonseca Dias – DIP/FDUFMG"

"Dissertação apresentada ao Curso de Pós-Graduação da Faculdade de Direito da UFMG como requisito parcial para a obtenção do título de Mestre em Direito Administrativo. Área de concentração: Direito Administrativo. Orientador: Professor Dr. Pedro Paulo de Almeida Dutra; Co-orientadora: Professora Dra. Miracy Barbosa de Sousa Gustin"

"Dissertação apresentada ao Programa de Pós-Graduação Stricto Sensu da Universidade FUMEC como requisito parcial para obtenção do título de mestre em Instituições Sociais, Direito e Democracia. Linha de Pesquisa:

Esfera Pública, Legitimidade e Controle. Orientadora: Profa. Dra. Maria Tereza Fonseca Dias"

No que diz respeito à formatação da nota explicativa, a NBR nº. 14724 da ABNT determina que deva ser digitada em espaço simples e alinhada do meio da mancha para a margem direita (ASSOCIAÇÃO..., 2011b, p. 10).

O modelo do anverso (frente) da folha de rosto, apresenta-se a seguir (FIG. 12):

MIRACY BARBOSA DE SOUSA GUSTIN

Autora

TUTELA JURÍDICA ÀS NECESSIDADES HUMANAS EM NOVA ORDEM SOCIAL:

uma reconceituação da autonomia como necessidade primordial

Título e Subtítulo

Tese apresentada ao Curso de Pós-Graduação em Direito da Faculdade de Direito da Universidade Federal de Minas Gerais para obtenção do grau de Doutor em Filosofia do Direito, sob orientação do Professor Doutor Joaquim Carlos Salgado.

Nota explicativa (espaçamento simples)

Belo Horizonte

1997

Local

Ano

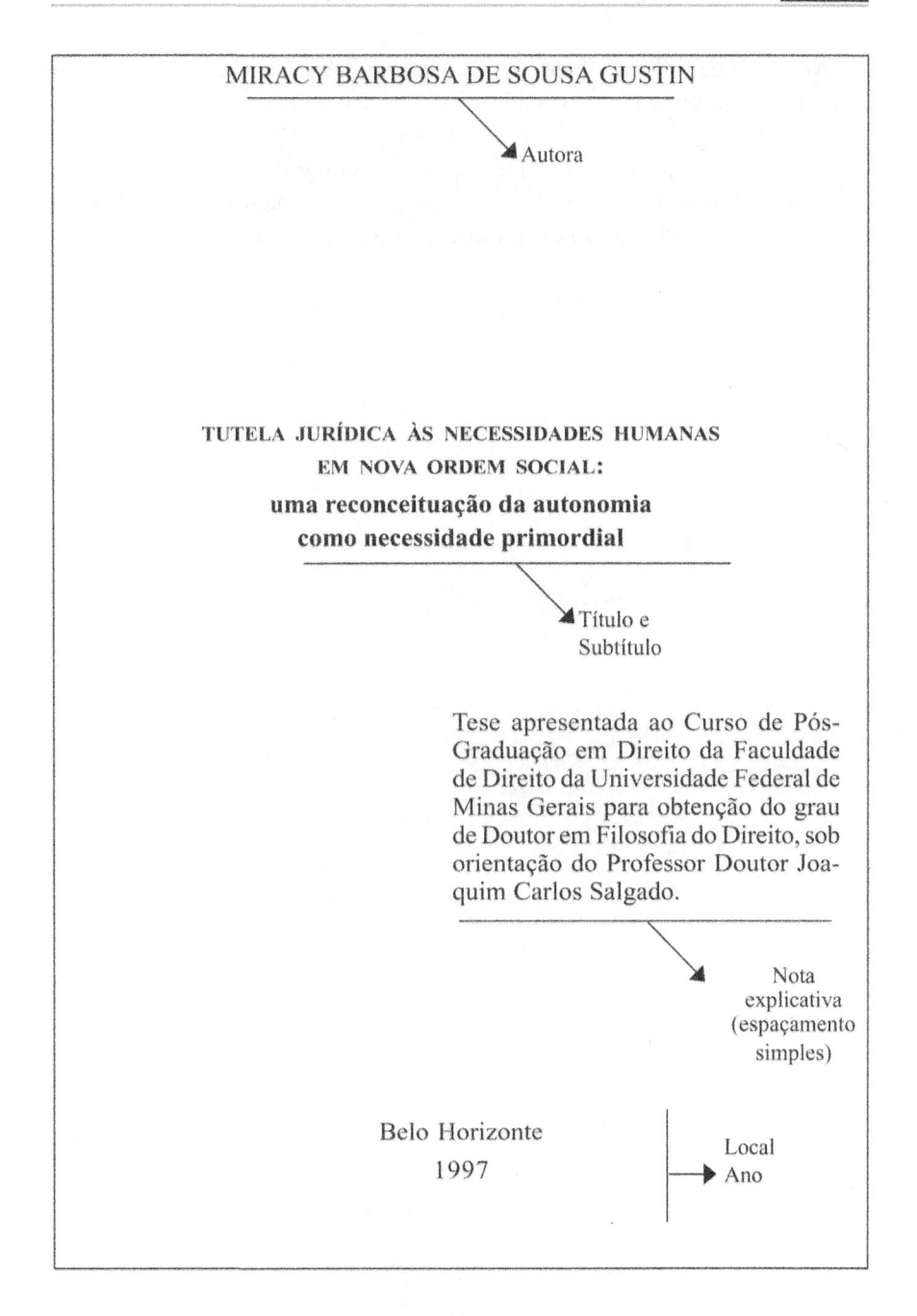

FIG. 12–Exemplo de folha de rosto de tese de doutorado (GUSTIN, 1997).

No verso da folha de rosto, deve constar a ficha catalográfica como elemento obrigatório. Contém dados fixos e sistemáticos conforme o "Código de Catalogação Anglo-Americano vigente." (NBR nº 14724/2011). Normalmente o quadro que contém a ficha catalográfica deve ser entregue às bibliotecárias da instituição para que elas o definam em seu tamanho, formato e conteúdo, como exemplificado na FIG. 13, a seguir:

D541d Dias, Maria Tereza Fonseca

2002 Direito Administrativo pós-moderno? Uma reconstrução da distinção entre o público e o privado para a compreensão do fenômeno da relação entre o Estado e a sociedade – Belo Horizonte: UFMG/Faculdade de Direito, 2002.

300 p.

Dissertação (mestrado) UFMG. Faculdade de Direito

1. Direito Administrativo contemporâneo 2. Reforma Administrativa gerencial. I. Título.

CDU:35.004.6 (81)

FIG. 13–Exemplo de ficha catalográfica de dissertação de mestrado (DIAS, 2002).

7.2.2.2 Errata (opcional)

A **errata**, elemento opcional de relatórios de pesquisa, nos termos da NBR 14724/2011, "Deve ser inserida logo após a folha de rosto, constituída pela referência do trabalho e pelo texto da errata. Apresentada em papel avulso ou encartado, acrescida ao trabalho depois de impresso." (ASSOCIAÇÃO..., 2011b, p. 7)

O objetivo da errata é apresentar às bancas examinadoras, eventuais falhas do trabalho já percebidas pelos autores antes mesmo da defesa ou da entrega definitiva do relatório de pesquisa à biblioteca da instituição em que foi apresentado. Caso seja necessário, pode o pesquisador apresentar a errata no momento da defesa, se entender adequado.

Deverá ser disposto da seguinte maneira: escrever Errata (centralizado no alto da página), referência bibliográfica do trabalho e os seguintes itens: Folha, Linha, Onde se lê, Leia-se. Na NBR 14.724/2011 os itens foram apresentados na forma de quadro (FIG. 14) mas entende-se que o mesmo não é indispensável, como observado no exemplo da FIG. 15.

ERRATA

FERRIGNO, C. R. A. **Tratamento de neoplasias ósseas apendiculares com reimplantação de enxerto ósseo autólogo autoclavado associado ao plasma rico em plaquetas**: estudo crítico na cirurgia de preservação de membro em cães. 2011. 128 f. Tese (Livre-Docência) - Faculdade de Medicina Veterinária e Zootecnia, Universidade de São Paulo, São Paulo, 2011.

Folha	Linha	Onde se lê	Leia-se
16	10	auto-clavado	autoclavado

FIG. 14 – Exemplo de errata extraído da NBR 14.724/2011 (ASSOCIAÇÃO..., 2011b, p. 7)

ERRATA

DIAS, Maria Tereza Fonseca. *Direito Administrativo pós-moderno?* Uma reconstrução da distinção entre o público e o privado para a compreensão do fenômeno da relação entre o Estado e a sociedade. 2002. 300 f. Dissertação (Mestrado em Direito Administrativo) - Faculdade de Direito, Universidade Federal de Minas Gerais.

Folha	Linha	Onde se lê	Leia-se
183	5	atividades-meio	atividades meio
183	21	exposição de motivos n.	Exposição de Motivos n.
192	14	este 11 títulos	este possuía 11 títulos
210	26	<www.ocde.org>	<www.oecd.org>
221	18	admininstração	administração
222	17	(BRESSER PEREIRA, 1999a)	(BRESSER PEREIRA; GRAU, 1999a)

FIG. 15 – Exemplo de errata (DIAS, 2002)

7.2.2.3 Folha de aprovação (obrigatório)

A **folha de aprovação** é um elemento específico e obrigatório dos relatórios de pesquisa. Geralmente, as instituições de pesquisa já definem um formulário padrão de folha de aprovação que contém, às vezes, até mesmo a "logomarca" da respectiva instituição. Nos termos da NBR nº 14724/2011, a folha de aprovação é constituída:

> pelo nome do autor do trabalho, título do trabalho e subtítulo (se houver), natureza (tipo do trabalho, objetivo, nome da instituição a que é submetido, área de concentração) data de aprovação, nome, titulação e assinatura dos componentes da banca examinadora e instituições a que pertencem. A data de aprovação e as assinaturas dos membros componentes da banca examinadora devem ser colocadas após a aprovação do trabalho. (ASSOCIAÇÃO..., 2011b, p. 7).

É importante observar que, mesmo nos casos em que não é exigida a banca examinadora, como nas monografias finais dos cursos de pós-graduação *lato sensu* (especialização), a folha de aprovação é obrigatória, pois o relatório de pesquisa será submetido a uma avaliação. Na FIG. 16 é apresentada folha de aprovação de dissertação de mestrado:

MARIA TEREZA FONSECA DIAS

DIREITO ADMINISTRATIVO PÓS-MODERNO?
uma (re)construção da distinção entre o público e o privado para a compreensão das relações entre o Estado e a sociedade

Dissertação apresentada e aprovada junto ao Curso de Pós-Graduação em Direito da Universidade Federal de Minas Gerais visando a obtenção do título de Mestre em Direito Administrativo.

Belo Horizonte, 4 de março de 2002

Componentes da banca examinadora:

____

Professor Doutor Pedro Paulo de Almeida Dutra (Orientador)
Universidade Federal de Minas Gerais

____

Professora Doutora Miracy Barbosa de Sousa Gustin (Co-orientadora)
Universidade Federal de Minas Gerais

____

Professor Doutor Paulo Neves de Carvalho
Universidade Federal de Minas Gerais

____

Professor Doutor José Alfredo de Oliveira Baracho Júnior
Universidade Federal de Minas Gerais

FIG.16 – Exemplo de folha de aprovação de dissertação de mestrado (DIAS, 2002).

7.2.2.4 Dedicatória, agradecimentos e epígrafe (opcionais)

Dedicatória, agradecimentos e epígrafe são elementos pré-textuais opcionais da parte interna dos relatórios de pesquisa e devem ser inseridas logo após a folha de aprovação, nesta ordem. A "folha de agradecimentos" já se tornou quase obrigatória em trabalhos acadêmicos. Ela indica as pessoas que, de alguma forma, auxiliaram na pesquisa ou edição final do texto e às quais se deve gratidão. Em geral, constam ainda nomes de colaboradores, entrevistados, instituições pesquisadas ou financiadoras e de orientadores (formalizados e informais).

Quanto a forma, a dedicatória e a epígrafe aparecem, quase sempre, logo abaixo do centro da folha e próximas da margem direita.

A epígrafe, conforme recomendação da ABNT (NBR n° 14.724/2011), é elaborada conforme a ABNT NBR n° 10.520 (ASSOCIAÇÃO..., 2002), que trata das citações em documentos. Logo, deve conter a devida referência bibliográfica, como no exemplo apresentado a seguir (FIG. 17):

"Método cartesiano que acerta tão bem em explicar o mundo, não chega a complicar a experiência, o que é a verdadeira função da pesquisa objetiva."

(GASTON, Bachelard. *O novo espírito científico*. Rio de Janeiro: Tempo Brasileiro, 1968, p. 123).

FIG. 17–Exemplo de epígrafe.

Conforme previsto expressamente na NBR nº 14.724/2011), também podem constar epígrafes "[...] nas folhas ou páginas de abertura das seções primárias" (ASSOCIAÇÃO..., 2011b, p. 7).

7.2.2.5 Resumo na língua vernácula (obrigatório)

O resumo na língua vernácula dos relatórios de pesquisa têm como peculiaridade apenas a sua extensão. Enquanto nos projetos de pesquisa foi recomendado resumo breve, nos trabalhos acadêmicos deve conter entre 150 a 500 palavras, além das palavras-chaves. Júnia Lessa França e outras recomendam que o resumo em língua vernácula deve conter "[...] até 250 palavras para monografias e artigos periódicos; até 500 palavras para livros, teses e relatórios de pesquisa." (FRANÇA et al., 2004, p. 73). Isto, no entanto, é apenas uma indicação dessa obra, não havendo distinção entre os tipos ou natureza dos relatórios. Deve-se cumprir o que indica a NBR correspondente.

Segue exemplo de resumo de trabalho acadêmico na língua vernácula, com 305 palavras, como apresentado a seguir (FIG. 18).

RESUMO

A argumentação desta tese diz respeito a um campo específico do pensamento humano: as necessidades do homem e sua autonomia. O tema foi explorado a partir dos cortes históricos na sucessão das abordagens filosóficas e jurídicas. As principais teorias e os conceitos mais representativos de pensadores da Antigüidade, do Mundo Moderno e do Mundo Contemporâneo foram analisados e interpretados com o sentido de entender o percurso teórico e as incongruências de seu tratamento, segundo seu valor paradigmático para a evolução conceitual da questão das necessidades humanas – com prioridade para a análise da autonomia – em relação à sua importância jusfilosófica. A partir desse esforço foi possível confirmar as hipóteses iniciais de que as necessidades têm, genericamente, natureza social e cultural. Ao identificar, porém, a existência de um conjunto de necessidades humanas básicas generalizáveis a todo gênero humano, dentre as quais sobreleva destacar a autonomia, a autora afirma que quando garantidas oportunidades justas aos indivíduos eles tornam-se capazes de minimizar danos, privações ou sofrimentos graves, ampliando, assim, sua potencialidade de atividade criativa e interativa. Conclui-se, além disso, que a realização ou não das necessidades humanas afeta a plenitude das pessoas e das coletividades em sua busca pela emancipação e auto-realização. Por essas razões, as necessidades humanas concedem aos indivíduos argumentos sobre a justiça dos fatos e das relações, legitimando-os. Especificamente em relação à autonomia, conclui-se que ela se destaca como necessidade primordial, especialmente no Mundo Contemporâneo, e que não mais deve corresponder a seu conceito liberal e moderno de auto-suficiência, devendo ser entendida segundo uma natureza interativa e dialógica capaz de romper com a tradicional disjunção entre esfera pública e privada. Nesse sentido, é possível ao homem superar uma visão tópica de comunidade e de discurso comunitário e transcender os limites de uma linguagem normativa particular.

Palavras-chaves: Necessidades humanas. Autonomia. Teoria discursiva do direito.

FIG. 18 – Exemplo de resumo em língua vernácula de tese de doutorado (GUSTIN, 1997).

7.2.2.6 Resumo em língua estrangeira (obrigatório)

O resumo em língua estrangeira é elemento obrigatório dos relatórios de pesquisa e visa a internacionalização do conhecimento. Como é exigido o conhecimento em língua estrangeira para o ingresso nos cursos de pós-graduação stricto sensu, a obrigatoriedade deste resumo está plenamente justificada. Não sendo exigido pelas agências de fomento, entende-se que não se aplicam nos relatórios de iniciação científica, em que pese ser recomendado. Assim, em que pese constar como item obrigatório na NBR 14724/2011, geralmente só é exigido nos cursos de pós-graduação *stricto sensu* (mestrado e doutorado), cursos esses que exigem o domínio de língua estrangeira por parte de seus participantes. Nos demais casos, sobretudo nas monografias finais de curso de graduação em direito, as instituições de ensino não exigem a apresentação de resumos em língua estrangeira. O resumo em língua estrangeira possui as mesmas características do resumo em língua vernácula e deve constar, em folha separada deste último. Costuma-se, inclusive, traduzir para a língua escolhida, o resumo feito em língua vernácula. O resumo em língua estrangeira com 536 palavras, consta do exemplo constante da FIG. 19, a seguir:

ABSTRACT

In the last two decades, Brazilian Public Law regulation had gone through substantial changes aiming at the creation of various legal means of cooperation between state and the third sector, under the presumption that the public sector is wider then the state. Legal experts reactions to these changes have been perceived in the research under three different perspectives: a) the models of partnerships created represent a clear breach from the rights protected by public law; b) the cooperation between the state and the third sector is one of the few remaining ways of solving public management problems. This is the reason why constitution amendments and legislation reviews find themselves perfectly welcomed by the existing legal framework; c) this alternative is legally acceptable upon few adjustments – some times background adjustments - have been made not only in the legislation that rules the subject in national law, but also in the perception of this phenomenon. This last perspective has been adopted as premise of this thesis. This research found the theoretical standpoint needed to analyze the problems raised, in Jürgen Habermas' Discursive Theory of Law and Democracy considering that the democratic process, on this theory, acquire a special meaning and a previously neglected role in the achievement of the system of rights. This thesis sought to analyze, under this theoretical approach, the regulation which governs the processes of legitimating and regulating the actions of the public administration in regards to society. By this process of legitimating, the political public sphere and the legislative system – as long as they remain transparent to society longings - program the actions of public administration. In the process of regulation, the public administration executes its power by implementing public policies. The regulating and legitimating process that controls the actions of the public administration are, therefore, closely connected to the new relations between social systems, among which the administrative system and society take precedence. Confronting the writings on the subject, the empirical data collected and analyzed and the theoretical standpoint of the research, in a process of methodological triangulation, various conclusions were reached. Firstly, considering that democratic procedure must be the foundation of the issuance of regulation, the existing legal framework and the legislative tendencies regarding the composition of the third sector, the state activities that may be transferred to private non for profit entities and the existing mechanisms of public encouragement are not able to confer legitimacy to public administration actions. It was also argued that the institutional control mechanisms established in the existing legal framework do not correspond, under procedural scrutiny, to the democratic model of law and state. In the few cases that this correspondence occurs, such mechanisms find several obstacles to legitimate public actions. The public administration has serious difficulties in executing its power in the regulation of the activities developed by the third sector entities, especially with regards to entities that ara not part of the public administration. Finally, this research developed alternative proposals to the construction of a new legal framework of the third sector compatible with the democratic law paradigm. These proposals aim fulfill to be the expectations of the state, the third sector entities, the civil society that not integrate the third sector and market.

Key-words: Third sector. Partnerships between state and third sector. Brazilian public law regulation. Political public sphere. Jûrgen Habermas' Discursive Theory of Law.

FIG. 19 – Exemplo de resumo em língua estrangeira de tese de doutorado (DIAS, 2007).

7.2.2.7 Listas de ilustrações, de tabelas, de abreviaturas e siglas e de símbolos (opcionais)

Devem seguir as mesmas recomendações constantes do item 7.1.2.1.2 deste capítulo e são colocadas, nos trabalhos acadêmicos entre o resumo em língua estrangeira e o sumário.

7.2.2.8 Sumário (obrigatório)

O sumário deve ser especificado tal como demonstrado, anteriormente, na estrutura do projeto (item 7.1.2.1.4 deste capítulo), devendo ser feitas algumas observações referentes a sua estruturação e formatação.

A distribuição de itens ficará a critério do autor, dependendo do tipo de trabalho e das seções apresentadas. Quanto a sua divisão, o sumário poderá, por exemplo, ser dividido em partes e cada parte em capítulos (Parte I, Capítulo 1, Capítulo 2,...; Parte II, Capítulo 3, Capítulo 4,... e assim sucessivamente) ou somente em capítulos (Capítulo 1, Capítulo 2,...). Se a publicação for coletiva, ou seja, diferentes autores fazem um texto que compõe a publicação, deverá ser numerado por itens (1, 2, 3,...) e não por capítulos.

A divisão das seções do documento nos relatórios de pesquisa é também mais complexa do que nos projetos de pesquisa, podendo alcançar até seções quinárias, nos termos da NBR nº 6024/2012.

Observe-se o seguinte exemplo genérico, com a respectiva sugestão de formatação da citada NBR:

1	**SEÇÃO PRIMÁRIA**
1.1	SEÇÕES SECUNDÁRIAS
1.2	
1.2.1	**Seções terciárias**
1.2.2	
1.2.2.1	*Seções quaternárias*
1.2.2.2	
1.2.2.3	
<u>1.2.2.3.1</u>	<u>Seções quinárias</u>
1.2.2.3.2	

FIG. 20 – Exemplo de estrutura genérica de relatórios de pesquisa com base na NBR 6024/2012.

A seguir, apresenta-se a aplicação das divisões de documento num exemplo concreto:

FIG. 21 – Exemplo de sumário de dissertação de mestrado com formatação indicada pela ABNT (DIAS, 2002)

Observação deve ser feita em relação à formatação dos títulos das seções do sumário dos relatórios de pesquisa – que normalmente não se aplicam aos projetos de pesquisa. Nos relatório finais, os títulos com indicação numérica, que ocupem mais de uma linha, devem ser, a partir da segunda linha, alinhados abaixo da primeira letra da primeira palavra do título nos termos da NBR nº 6024. (ASSOCIAÇÃO..., 2012, p. 2)

Não é despiciendo lembrar, como dito anteriormente, que os destaques dados às seções do documento (tanto no sumário, quanto no interior do texto) é de livre escolha do autor, desde que faça o destaque conforme o escalonamento das seções do documento e guarde uniformidade na formatação. O exemplo apresentado a seguir foi extraído de tese de doutorado (FIG. 22):

SUMÁRIO

FIG. 22 – Exemplo de sumário de tese de doutorado (GUSTIN, 1997).

7.2.2.9 Apresentação (recomendado)

O relatório de pesquisa, ao contrário do projeto, pode recomendar a existência de uma "Apresentação", em que pese não ser considerada elemento opcional ou obrigatório de trabalhos acadêmicos pela NBR nº 14.724/2011. Ela é utilizada com o objeto de contextualizar situações, experiências e relatos adicionais ao conteúdo científico do relatório, introduzir justificativas fáticas para a realização da pesquisa e até mesmo para apresentar experiências profissionais do pesquisador, relevantes para o desenvolvimento da investigação científica.

A apresentação deve ser sucinta e conter dados significativos que indiquem as principais questões abordadas na pesquisa, as motivações do pesquisador ao desenvolvê-la e outros elementos condicionantes externos ao desenvolvimento do trabalho, tais como notas sobre a redação do texto. Faz-se, em geral, pouca distinção entre a "Apresentação" e a "Introdução", mas suas funções são completamente distintas no relatório de pesquisa.[7] No caso de o autor optar por colocar todos esses elementos na "Introdução" pode-se dispensar a Apresentação.

7.2.3 Elementos textuais (obrigatórios)

Nesta obra, os referidos elementos, tratados no Capítulo 8, a seguir, foram denominados, Introdução teórico-metodológica; Desenvolvimento da argumentação ou corpo do relatório; Análise e interpretação dos dados; Conclusão (Proposições ou Considerações finais).

7.2.4 Elementos pós-textuais

Os elementos pós-textuais da parte interna dos trabalhos acadêmicos são exatamente os mesmos dos constantes apresentados nos projetos de pesquisa, se confrontados as NBR nº 15.287/2011 e NBR nº 14.724/2011. Nos relatórios de pesquisa, o único elemento pós-textual obrigatório é a lista de referências. Trata-se da listagem das fontes (obras, artigos de periódicos, jurisprudências, legislações, filmes, etc.) efetivamente utilizadas no trabalho de pesquisa e referenciadas ao longo do relatório apresentado. A forma de apresentação segundo as regras da ABNT constam do item 7.1.2.3.1.1 deste Capítulo e devem ser apresentadas conforme FIG 23, a seguir:

---

[7] Cf. conforme essas orientações a apresentação do trabalho acadêmico contida em DIAS, 2008, p. 29.

REFERÊNCIAS

BRASIL. Constituição da República (1988). In: MEDAUAR, Odete (org.). *Coletânea de legislação administrativa.* 6. ed. São Paulo: Revista dos Tribunais, 2006.

BRASIL. Superior Tribunal de Justiça. Agravo regimental no agravo de instrumento n. 349477/PR. Relator: Ministro Celso de Mello. Data do julgamento: 11 fev. 2003. Órgão julgador: Segunda turma. Disponível em: <www.stj.gov.br> Acesso em: out. 2006.

DIAS, Maria Tereza Fonseca. Rumo ao Direito Administrativo da cidadania e da inclusão social In: DIAS, M. T. F.; PEREIRA, F. H. U (Orgs.). *Cidadania e inclusão social:* estudos em homenagem à Professora Miracy Barbosa de Sousa Gustin ed.Belo Horizonte : Fórum, 2008, v.1, p. 465-477.

GUSTIN, Miracy Barbosa de Sousa. *Das necessidades humanas aos direitos*: ensaio de sociologia e filosofia do direito. 2 ed. Belo Horizonte: Del Rey, 2009.

MINAS GERAIS. Decreto n. 43.749 de 12 de fevereiro de 2004. Regulamenta a Lei n. 14.870, de 16 de dezembro de 2003, que dispõe sobre a qualificação de pessoa jurídica de direito privado, sem fins lucrativos, como organização da sociedade civil de interesse público, institui e disciplina o termo de parceria, e dá outras providências. Disponível em: <www.almg.gov.br/ legislacaomineira> Acesso em: 16 set. 2006.

PERNAMBUCO. Tribunal de Contas do Estado. Processo n. 0301499-0 (Consulta). Relator: Conselheiro Romeu da Fonte. Data da decisão: 11 ago. 2004. Disponível em: <http://www.tce.pe.gov.br/jurisprudencia%Dvirtual/decisao/decisao%2 Dconsulta /2004/041134.htm> Acesso em: 20 fev. 2007.

PINTO, Élida Graziane. *Controle administrativo da dívida pública.* 2006. 400 f. Tese (Doutorado em Direito Administrativo) – Faculdade de Direito, Universidade Federal de Minas Gerais, Belo Horizonte, 2006.

PIRES, Maria Coeli Simões; NOGUEIRA, Jean Alessandro Serra Cyrino. Controle da administração pública e tendências à luz do Estado Democrático de Direito. *Revista do Tribunal de Contas do Estado de Minas Gerais.* Belo Horizonte, v.51, n.2, p.79-148, abr./jun. 2004. Disponível em: <www.tce.mg.gov.br/revista> Acesso em: 20 out. 2006.

QUANTO vale ou é por quilo? Direção: Sérgio Bianchi. Produção: Agravo Produções Cinematográficas S/C Ltda. São Paulo – Brasil. Intérpretes: Lázaro Ramos, Ariclê Péricles, Ana Carbatti, Caco Ciocler, Herson Cápri, Cláudia Mello e outros. Roteiro: Eduardo Benaim, Newton Cannito e Sérgio Bianchi (Colab. Sabina Anzuategui). Drama, 35 mm, cor, 2005.

FIG. 23 – Exemplo de lista de referência contendo os principais tipos de fontes utilizados na área jurídica.

Quanto aos demais elementos pós-textuais dos relatórios de pesquisa não obrigatórios (glossário, apêndice, anexo e índice), apresentaremos os conceitos gerais descritos pela ABNT na NBR nº 14.724/2011.

> Glossário: relação de palavras ou expressões técnicas de uso restrito ou de sentido obscuro, utilizadas no texto, acompanhadas das respectivas definições. [...]
> Apêndice: texto ou documento elaborado pelo autor, a fim de complementar sua argumentação, sem prejuízo da unidade nuclear do trabalho. [...]
> Anexo: Texto ou documento não elaborado pelo autor, que serve de fundamentação, comprovação e ilustração [...]
> Índice: lista de palavras ou frases, ordenadas segundo determinado critério, que localiza e remete para as informações contidas no texto. (ASSOCIAÇÃO..., 2011b, p. 2-3).

Analisados os referidos conceitos, remetemos o leitor para a análise dos anexos e apêndices contidos neste livro, pois eles mostram como devem ser apresentados e formatados, sem prejuízo da consulta às regras da ABNT.

O glossário somente deve ser utilizado em textos com conteúdo muito técnico e que exigiria maior explicitação dos conceitos utilizados, desde que não se tenha optado pela lista de abreviaturas e siglas, como parte pré-textual, que possui função diversa do glossário.

Os índices são bastante comuns nas obras jurídicas, por facilitar a localização de assuntos no texto, mas existem várias espécies de índice: índice alfabético remissivo, índice de autores, índice de obras, entre outros. É elaborado conforme a NBR nº 6034/2004 da ABNT.

A utilização das partes pós-textuais nos relatórios de pesquisa deve levar em consideração a natureza do trabalho, seu conteúdo e a real necessidade da inserção de tais elementos.

7.3 Resumos para encontros científicos

Os resumos podem também auxiliar para a apresentação de trabalhos em encontros científicos ou para a publicação nos anais desses encontros, exposição oral ou em painéis, de acordo com as exigências estabelecidas nesses encontros, tal como apresentado no Apêndice B deste livro. Quase sempre, entretanto, são utilizados resumos de trabalhos científicos já encerrados e não do projeto, a não ser que seja o próprio projeto que se deseja colocar sob o crivo da avaliação de pares. Tem-se como indicação que o resumo de trabalhos acadêmicos deve conter, entre 150 a 500 palavras (NBR nº 6028/2003), além das palavras-chaves, como recomendado no resumo em língua vernácula, supra.

7.4 Notas sobre o formato do texto e a apresentação dos originais

A forma do projeto, relatório de pesquisa e monografia é um elemento importante que complementa o desenvolvimento do trabalho científico e é definido pela ABNT. As regras da ABNT, entretanto, não são integralmente vinculativas, pois em alguns casos, é possível adotar tanto uma como outra formatação e manter o trabalho em consonância com os padrões formais estabelecidos. É por esta razão que podem ser observadas algumas variações de orientação na formatação de trabalhos acadêmicos, sem que isso signifique a desobediência às regras. O que tem ocorrido na prática é que boa parte das instituições de ensino e pesquisa têm editado alguns manuais de formatação de trabalho, determinando, dentro das opções traçadas pela ABNT, qual o padrão a ser utilizado.[8] É importante, pois, se manter informado acerca das instruções sobre a formatação de trabalhos acadêmicos de cada unidade ou instituição.

A principal regra que norteia a apresentação do texto, portanto, é a de que **ao se adotar determinado formato, ele seja mantido em todo o trabalho.**

No que diz respeito à forma, os trabalhos devem ser datilografados ou digitados em papel branco ou reciclado de boa qualidade, formato A4 (210 mm X 297 mm), impresso em tinta preta, devendo-se utilizar outras cores somente para as ilustrações.

Após o advento da NBR nº 14.724/2011, passou-se a recomendar a impressão dos trabalhos no anverso (frente) e verso da folha, exceto para os elementos pré-textuais, que devem iniciar no anverso da folha. Deve-se lembrar, quanto aos elementos pré-textuais, que apenas a ficha catalográfica da folha de rosto deverá ser impressa, obrigatoriamente, no verso desta. Esta recomendação é bastante positiva, visto que a impressão dos trabalhos costumava gerar desperdício desnecessário de papel.

O espaçamento geral do texto é 1,5 entre as linhas (NBR nº 14.724/2011), devendo permanecer em espaço simples: citações com mais de três linhas, notas de rodapé, referências, legendas das ilustrações e das tabelas, ficha catalográfica e a nota explicativa da folha de rosto. As referências,

---

[8] É o caso da Pontifícia Universidade Católica de Minas Gerais, que mantém atualizado e disponível em sua página da rede internacional de computadores o documento "*Padrão PUC Minas de Normalização:* normas para apresentação de trabalhos científicos, teses, dissertações." (CUNHA, 2011).

ao final do trabalho, devem ser separadas entre si por um espaço simples em branco.

A regra geral para os espaçamentos entre os títulos das seções e o texto do trabalho é que os títulos das seções devem ser separados do texto que os sucede por um espaço 1,5 entrelinhas, da mesma forma devendo ocorrer entre os títulos das subseções e seus respectivos textos.[9]

As margens devem obedecer às seguintes medidas: superior e esquerda, 3 cm; margens inferior e direita, 2 cm. Esse formato procura aproveitar melhor o espaço do papel. Com a possibilidade de impressão no verso da folha, deve-se também adequar as margens do verso: direita e superior de 3 cm e esquerda e inferior de 2 cm.

O parágrafo formal e tradicional é o que se apresenta a 2 cm da margem esquerda, em que pese não haver recomendação expressa na NBR nº 14.724/2011, o que tem levado alguns livros de normalização a recomendar a utilização do formato padrão dos editores de texto (1,25cm)[10]. Esta NBR recomenda, apenas, que os resumos sejam constituídos em um único parágrafo.

No que diz respeito aos caracteres, devem ser do mesmo tipo para todo o trabalho, de forma a permitir uma melhor leitura e uniformidade. Variações tipográficas em relação ao tamanho dos mesmos são permitidas apenas para notas de rodapé, citações textuais longas (com mais de três linhas) paginação e legendas das ilustrações e das tabelas, conforme veremos no decorrer deste texto. Quanto aos tipos, a NBR nº 12.256 havia traçado, até 2005, diretriz segundo a qual os tipos de caracteres "[...] devem ser de tamanho médio e redondos, evitando-se tipos inclinados e de fantasia." (ASSOCIAÇÃO..., 1992, p. 4).

O problema da escolha do tipo a ser adotado em trabalhos científicos ficou mais complexo com a difusão da utilização dos computadores – equipamento com maior capacidade de armazenamento de dados e facilidades de correção e reprodução de textos do que as tradicionais máquinas de

---

9 Além da impressão em papel reciclado, impressão no verso da folha como regra geral, a alteração do espaçamento entre o título das seções e o texto foi uma das principais alterações da NBR 14.724/2011, ao afirmar que "Os títulos das seções primárias devem começar em página ímpar (anverso), na parte superior da mancha gráfica e ser separados do texto que os sucede por um espaço entre as linhas de 1,5. Da mesma forma, os títulos das subseções devem ser separados do texto que os precede e que os sucede por um espaço entre as linhas de 1,5." (ASSOCIAÇÃO..., 2011b, p. 10)

10 Cf, nesse sentido, CUNHA, 2011, p. 32.

escrever. A maioria das normas técnicas para textos científicos estão ainda voltadas para o trabalho feito em máquinas de escrever. Essas normas têm sido, pouco a pouco, adaptadas para os editores de texto dos microcomputadores. Assim, no que diz respeito à escolha do tipo e tamanho de caracteres a serem adotados em trabalhos científicos, a ABNT recomenda a utilização da fonte de tamanho 12 para todo o texto, inclusive capa (NBR nº 14.724/2011), com exceção das citações textuais longas (com mais de três linhas), notas de rodapé, paginação, ficha catalográfica, legendas e fontes das ilustrações e tabelas, que devem ser digitadas, segundo a citada NBR, em tamanho menor e uniforme, geralmente o tamanho 10. Em que pese ABNT não determinar a fonte a ser adotada tem-se utilizado com maior frequência Arial, tamanho 12; Times New Roman, tamanho 13. Deve-se buscar, na escolha do tipo mais adequado, clareza e possibilidades de utilização de recursos como **negrito** e *itálico*.

No que diz respeito às pastas e encadernações, algumas agências financiadoras de trabalhos científicos exigem ou não que os textos apresentados sejam encadernados, regra que deve ser atentamente observada em cada caso.

Se não houver qualquer regra para encadernação, sugere-se que o texto esteja preso numa pasta ou encadernado, para que não se perca. Encontramos no mercado diferentes tipos de pasta para que o papel seja perfurado ou somente preso. Diversas formas de encadernações podem ser feitas, dependendo sempre do tamanho do texto (encadernação tipo *binder*, espiral com capa plástica transparente, *booklet*, livreto, confecção de capas duras, entre outras).

No que concerne à numeração das páginas (paginação), para que não se confundisse a numeração das páginas pré-textuais – que, conforme veremos, não apresentam o conteúdo do trabalho desenvolvido, mas somente se prestam a organizá-lo –, costumava-se numerá-las com algarismos romanos (I, II, III, IV...) para diferenciar da numeração do corpo do trabalho, que é feita em algarismos arábicos (1, 2, 3, 4...). Como as partes pré-textuais não são muito extensas, é habitual que elas não contenham mais qualquer numeração. Elas são, no entanto, contadas e a numeração arábica inicia-se somente na introdução do trabalho, logo após o sumário ou listas de imagens. Sendo assim, a "Introdução" não mais recebe a paginação de número 1, mas aquela determinada pela contagem das páginas pré-textuais.

Conforme alteração promovida pela NBR nº 14.724/2011, foram modificadas as formas de numeração dos trabalhos quando forem impressos no verso e anverso da folha, da seguinte forma:

> Para trabalhos digitados ou datilografados somente no anverso, todas as folhas, a partir da folha de rosto, devem ser contadas sequencialmente, considerando somente o anverso. A numeração deve figurar, a partir da primeira folha da parte textual, em algarismos arábicos, no canto superior direito da folha, a 2 cm da borda superior, ficando o último algarismo a 2 cm da borda direita da folha. Quando o trabalho for digitado ou datilografado em anverso e verso, a numeração das páginas deve ser colocada no anverso da folha, no canto superior direito; e no verso, no canto superior esquerdo." (ASSOCIAÇÃO..., 2011b, p. 11)

Seguem os esquemas contendo o formato geral das regras da ABNT no anverso e verso das folhas (FIG. 24).

ANVERSO DA FOLHA

Margem superior de 3 cm

Numeração de página (2 cm) da borda superior e da borda direita

30

7 FORMATO GERAL DO TEXTO DE RELATÓRIO DE PESQUISA (MONOGRAFIA, DISSERTAÇÃO E TESE) SEGUNDO AS NORMAS DA ASSOCIAÇÃO BRASILEIRA DE NORMAS TÉCNICAS - ABNT

O espaço entre o título da seção primária e o texto é de um espaço 1,5 entrelinhas.

7.1 Como formatar os parágrafos?

O espaço entre os títulos das seções secundárias e o texto é também de um espaço 1,5 entrelinhas

Margem direita de 2 cm

Parágrafo (2 cm ou 1,25 cm). Observe:

O parágrafo formal e tradicional é o que se apresenta a 2 cm da margem esquerda, mas existem outros tipos de parágrafo. Pode-se ter um texto sem parágrafo, mas com um espaço entre um parágrafo e outro.

Margem esquerda 3 cm

O espaço entre os textos e os títulos das subseções é também um espaço 1,5 entrelinhas.

7.2 Citações

Segundo afirmam Gustin e Dias:

Recuo de citação com mais de três linhas (4 cm)

> A principal regra que norteia a apresentação do texto é a de que *ao se adotar determinado formato, ele seja mantido em todo o trabalho*. Assim, podemos dizer que existem dois princípios que norteiam a apresentação formal de um trabalho de pesquisa: o bom-senso e a uniformidade. (GUSTIN; DIAS, 2001)

Deve-se observar, entretanto, que "As citações curtas (de até três linhas) podem ser inseridas no texto, entre aspas." (FRANÇA, 2004, p. 110).

Margem inferior - 2cm

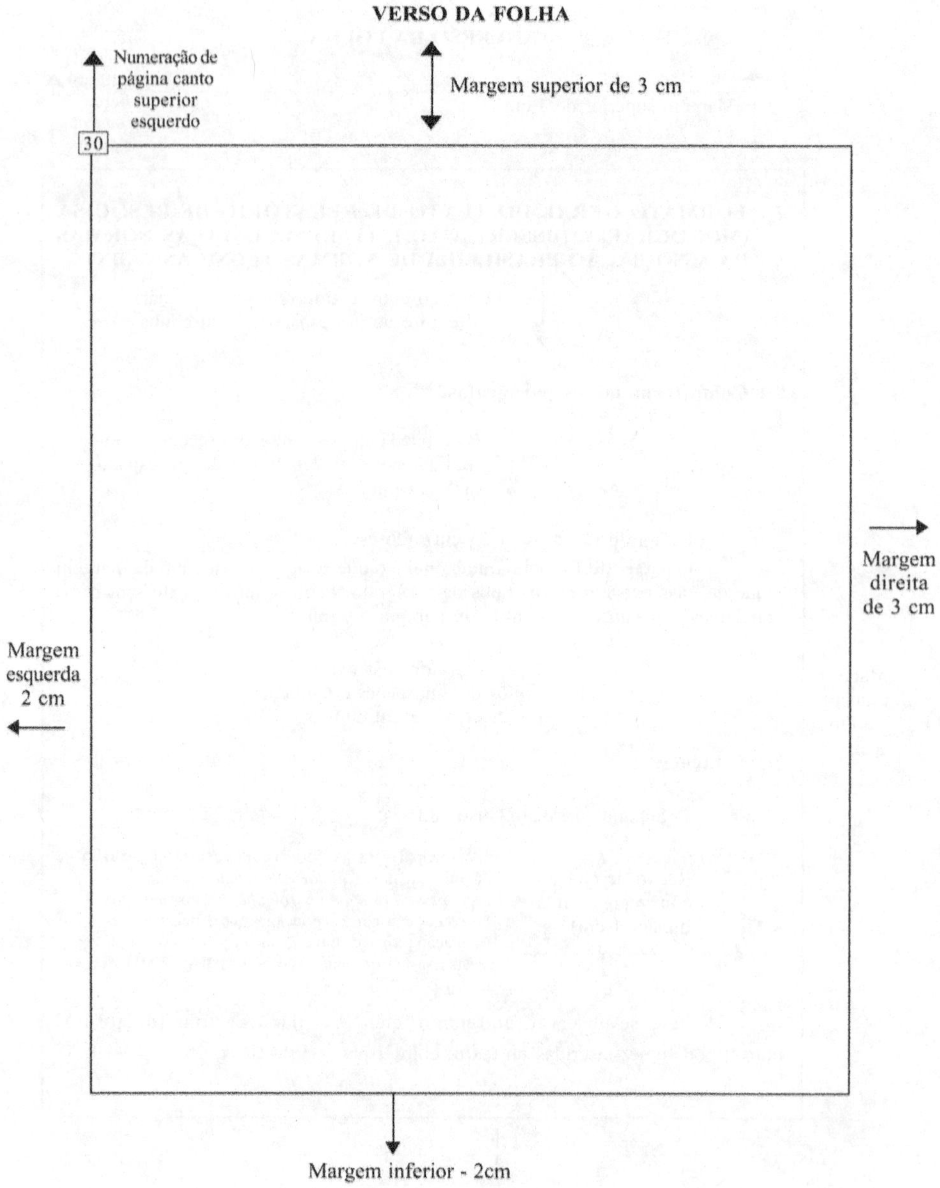

FIG. 24 - Esquema contendo o formato geral dos trabalhos acadêmicos, segundo as regras da ABNT.

7.5 Citações

A seguir, são apresentados os principais tipos de citação que poderão ser utilizados tanto na montagem do projeto de pesquisa quanto na redação do relatório final da investigação.

As citações deverão ser feitas de acordo com as regras da NBR nº 10520/2002. Segundo a ABNT, citação pode ser definida como "[...] menção de uma informação extraída de outra fonte." (ASSOCIAÇÃO... 2002b, p. 1).

a) Citação indireta (ou livre): que se compõe de um texto baseado na obra do autor consultado (NBR 10520/2002).

Exemplo:

Paulo Emílio Ribeiro de Vilhena (1996) e Augustín Gordillo (1998), fundados na distinção entre Estado-Administração e Estado-ordem jurídica, entendem que não é o Estado-Administração que pode alterar unilateralmente a relação de função pública.

Formato: Observe que o nome dos autores, quando estiver no texto, deve ser apresentado em maiúsculas e minúsculas.

b) Citação direta (ou textual): que consiste na transcrição textual de parte da obra do autor consultado (NBR 10520/2002).

Ex. 1:

Na Constituição Portuguesa, o princípio da impessoalidade está expresso como princípio da imparcialidade da administração e pode ser interpretado como

> [...] um **princípio simultaneamente positivo e negativo**: ao exigir-se imparcialidade proíbe-se o tratamento arbitrário e desigual dos cidadãos por parte dos agentes administrativos, mas, ao mesmo tempo, impõe-se a igualdade de tratamento dos direitos e interesses dos cidadãos através de um critério uniforme da ponderação dos interesses públicos. (CANOTILHO, 2002, p. 172, grifo nosso).

Formato: Observe que o nome do autor que aparece entre parênteses deve ser grafado todo em letras maiúsculas. Houve recuo de citação de 4 cm por se tratar de uma citação textual longa (mais de três linhas). O sinal [...] no início da frase indica que houve supressão de conteúdo do texto, devendo o mesmo aparecer sempre que isso ocorrer. Deu-se ênfase ao conteúdo do texto com negrito (podendo-se optar também pelo uso do itálico). Se o grifo for acrescido por quem faz a citação, como é o caso do exemplo acima, deve-se acrescentar, após a referência bibliográfica, a expressão "grifo nosso". Se, ao contrário, o grifo estiver no original, ele deverá ser mantido, devendo-se indicar junto à referência bibliográfica a expressão "grifo do autor". O espaçamento da citação é simples e não 1,5 como no decorrer do texto, por se tratar de citação textual longa.

Ex. 2:

De acordo com Rorty, "[...] o único sentido que há em contrastar o verdadeiro com o meramente justificado é contrastar um futuro possível com um presente real." (RORTY, 2000, p. 46, tradução nossa).

Formato: As citações curtas (menos de três linhas) permanecem no texto entre aspas duplas. Aspas simples devem ser utilizadas para indicar citações dentro de citação. Deve-se indicar, quando o texto for traduzido, a expressão "tradução nossa". A ABNT sugere que o texto na língua original conste em nota de rodapé logo após a referência. Para finalizar a frase citada, deve-se utilizar ponto [.] antes das aspas se for o final do texto e sinal de supressão [...] se tiver sido interrompido antes do término da frase original. Após a referência bibliográfica também deve ser colocado ponto [.].

c) Citação de citação: citação direta ou indireta de um texto em que não se teve acesso ao original (NBR nº 10520/2002).

O exemplo citado a seguir foi extraído da obra de Júnia Lessa França e outras (FRANÇA *et al.*, 2004, p. 108).

Marinho,[3] citado por Lakatos & Marconi (2002), apresenta a formulação do problema como uma fase de pesquisa que, sendo bem delimitada, simplifica e facilita a maneira de conduzir a investigação.

Na nota de rodapé a citação de citação deverá ser apresentada da forma a seguir:

[3] MARINHO, Pedro. *A pesquisa em ciências humanas*. Petrópolis: Vozes, 1980.

As citações podem aparecer, como visto nos exemplos acima, no próprio texto que está sendo produzido, ou, ainda, em notas de rodapé.

7.6 Formato das referências no texto

A ABNT, na NBR n. 10520 e na NBR n. 6023, reconhece dois sistemas de apresentar as referências bibliográficas, a saber: o sistema numérico e o sistema autor-data. Escolhido um sistema, ele deve ser utilizado em todo o trabalho, sendo vedada a mesclagem de sistemas de referências.

No sistema numérico "[...] a indicação é feita por uma numeração única e consecutiva, em algarismos arábicos, remetendo à lista de referências ao final do trabalho, do capítulo ou da parte, na mesma ordem em que aparecem no texto." (ASSOCIAÇÃO..., 2002b, p. 4). Tal sistema, como se pode observar pelo seu conceito, não é uma boa recomendação para os trabalhos acadêmicos: primeiro, porque as notas de referência somente irão aparecer no final do capítulo ou do texto, o que faria com que o leitor tivesse que, a todo o momento em que aparecer a numeração indicativa da referência, buscar o final do capítulo ou do texto; segundo, porque a NBR recomenda que "O sistema numérico não deve ser utilizado quando há notas de rodapé" (ASSOCIAÇÃO..., 2002b, p. 2). Nesse sentido, é importante salientar que a ABNT distingue notas de rodapé, que são indicações, observações ou aditamentos ao texto feitos pelo autor das notas de referência, que servem para indicar as fontes de pesquisa efetivamente consultadas. O objetivo dessa norma é exatamente não confundir no mesmo texto as notas de referências, onde são citadas as obras utilizadas, das notas de rodapé, que servem também para comentários, esclarecimentos ou explanações, esta última também designada nota explicativa. Caso o trabalho não contenha, portanto, notas de rodapé e notas explicativas, poderá ser utilizado o sistema numérico. Vê-se, pois, que sua utilização é bastante limitada.

Exemplo da citação indireta:

O modelo de gestão fiscal responsável da legislação brasileira tem como objetivo nuclear a busca do equilíbrio orçamentário (art. 1°, § 1°, Lei de Responsabilidade Fiscal).[4]

---

[4] BRASIL. Lei Complementar n. 101, de 5 de maio de 2000. *In*: MEDAUAR, Odete (Org.). *Coletânea de legislação administrativa.* 6. ed. São Paulo: Revista dos Tribunais, 2006, p. 542.

Exemplo na citação direta:

Os estudos desenvolvidos nesta tese pretendem aprofundar as noções de esfera pública e sociedade civil, desenvolvidas no âmbito da Teoria Discursiva do Direito e da Democracia. Segundo Habermas, a sociedade civil

> [...] compreende aquelas conexões não-governamentais e não-econômicas e as associações voluntárias que fixam as estruturas de comunicação da esfera pública no componente societário do mundo da vida. Neste contexto,

> a categoria abrange as diferentes associações voluntárias que absorvem e condensam a ressonância que as situações problema emergentes na sociedade encontram nos domínios da vida privada, canalizando tal resposta de forma amplificada para a esfera pública política.[5]

---

[5] HABERMAS, Jürgen. *Between facts and norms:* contributions to a Dircourse Theory of Law and Democracy. Cambridge: Massachussets, 1996, p. 70, tradução nossa.

Formato: O número da referência é feito logo após a citação e a nota de referência respectiva deve aparecer na mesma página. A numeração é única e consecutiva para cada capítulo ou parte (NBR 10520/2002). Na utilização deste sistema de referências, quando uma obra for citada pela primeira vez no trabalho, esta deve ter sua referência completa, como no exemplo acima. As citações subseqüentes podem ser feitas de forma abreviada, como no exemplo a seguir[6]:

---

[6] HABERMAS, 1996, p. 98, tradução nossa.

Deve-se também dar a devida atenção às expressões latinas a serem utilizadas quando da repetição de obras, trechos, etc., na mesma página, tais como **idem** ou **id**. (do mesmo autor); **op. cit**. (na obra citada), **ibidem** ou **ibid**. (na mesma obra); **Cf**. (confira ou confronte); **et seq**. (seguinte ou que se segue). No sentido de evitar dúvidas ao longo do texto essas expressões somente devem ser utilizadas na mesma página ou folha da citação a que se referem (NBR 10520).

Exemplo de como fica a nota de referência:

---

[6] HABERMAS, 1996, p. 98, tradução nossa.
[7] Ibid., p. 89 *et seq*.

Há também o sistema (AUTOR, data), que aparece logo após a citação no próprio texto do trabalho. Neste sistema, a indicação da fonte é feita: "[...] pelo sobrenome de cada autor ou pelo nome de entidade responsável até o primeiro sinal de pontuação, seguido(s) da data de publicação do documento e da(s) página(s) da citação, no caso de citação direta, separados por vírgula e entre parênteses." (ASSOCIAÇÃO ..., 2002b, p. 4) O sistema escolhido para as referências, neste livro, foi o sistema (AUTOR, data) visto que foram inseridas no texto diversas notas de rodapé e notas explicativas, sendo o sistema numérico utilizado como exceção.

Utilizado o sistema autor-data, a referência completa da obra aparecerá na lista de referências bibliográficas apresentadas no final do trabalho.

Veja o seguinte exemplo extraído da NBR nº 10.520 (ASSOCIAÇÃO..., 2002b, p. 4):

A chamada "[...] pandectística havia sido a forma particular pela qual o direito romano fora integrado no século XIX na Alemanha em particular." (LOPES, 2000, p. 225)

Na lista de referências bibliográficas, ao final do trabalho, deverá aparecer a referência completa do livro:

LOPES, José Reinaldo de Lima. *O Direito na História.* São Paulo: Max Limonad, 2000.

CAPÍTULO

8

O PLANO ESQUEMÁTICO DE DESENVOLVIMENTO DA INVESTIGAÇÃO E OS ELEMENTOS METODOLÓGICOS DO RELATÓRIO FINAL DA PESQUISA*

8.1 O plano esquemático de desenvolvimento da pesquisa

O plano esquemático de desenvolvimento da pesquisa é elemento de grande valor para estudantes pesquisadores de Graduação ou de Pós-Graduação e para o acompanhamento dos orientadores. Ele se torna elemento de grande importância quando, após a elaboração do Projeto, mesmo este estando completo e claro, ainda se tem dúvidas sobre qual a sequência dos encaminhamentos práticos a se tomar para a implantação da investigação. Isto ocorre com muita constância e se perde algum tempo especulando-se por onde começar.

Em verdade, esse plano é uma decorrência e complementação do planejamento anterior, o Projeto de Pesquisa. Por isto, não é possível elaborar apenas um plano esquemático sem todos os elementos que constaram do projeto. O plano esquemático é, pois, uma decorrência do Projeto de Pesquisa e um auxílio à implantação e acompanhamento do processo dialético e dialógico da investigação.

Como a pesquisa é uma testagem da hipótese proposta no Projeto, devidamente fundamentada em referências teóricas, a linha mestra do Plano constitui-se pelas variáveis apresentadas no Projeto. Ela é uma sequência lógica das variáveis e apresenta elementos antecedentes e subsequentes. Esse plano esquemático é, mais precisamente, um fluxograma de implantação da pesquisa.

No esquema, existem atividades, ações ou indicadores que precedem os produtos de campo que serão obtidos na investigação de cada variável. No esquema ou fluxograma eles aparecem na parte superior da linha mestra. Estão ai as ações que serão realizadas por variáveis e segundo os indicadores e

* Monografia de final de curso, dissertação de mestrado e tese de doutorado.

procedimentos metodológicos previstos. Na parte inferior ou subsequente à linha mestra, onde se encontram as variáveis, estão os produtos que deverão ser elaborados por cada fase teórico-metodológica da pesquisa.

Os exemplos, a seguir, deverão esclarecer melhor o que são esses planos esquemáticos e quais elementos eles devem conter. É claro que esse Plano Esquemático para implantação da pesquisa não segue normas pré-estabelecidas como se dá com o Projeto. Ele é elaborado segundo as indicações do Projeto e as necessidades e demandas dos estudantes pesquisadores e de seus orientadores. O que se apresenta e se explica a seguir são fluxogramas elaborados com alunos pesquisadores de Pós-Graduação e sob a orientação de uma das autoras. Foram experiências que obtiveram sucesso, por esta razão se resolveu incluí-las nesta 4ª edição.

Foram colocados dois exemplos, pois o primeiro refere-se a uma pesquisa de campo e o outro a uma investigação do tipo teórico. Segue-se o primeiro exemplo:

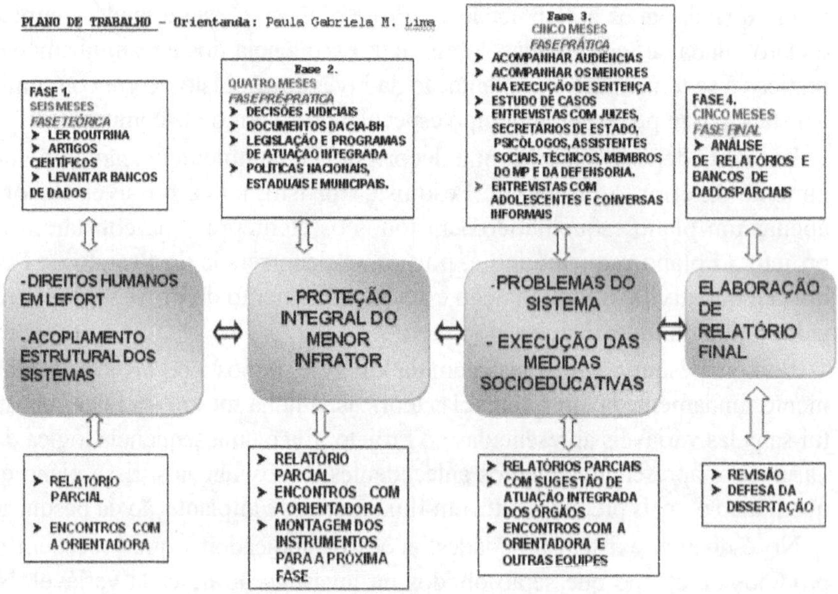

	Dez 2008	Jan 2009	Fev 2009	Mar 2009	Abri 2009	Maio 2009	Jun 2009	Jul 2009	Ago 2009	Set 2009	Out 2009	Nov 2009	Dez 2009	Jan 2010	Fev 2010	Mar 2010	Abr 2010	Mai 2010	Jun 2010
Fase 1.	X	X	X	X	X	X													
Fase 2.						X	X	X	X										
Fase 3.										X	X	X	X	X					
Fase 4.															X	X	X	X	X

Como se vê no plano esquemático apresentado, a linha mestra é esta composta pelas variáveis da estudante pesquisadora e que aparecem na parte central do fluxograma, em cinza. No primeiro quadro encontram-se as variáveis independentes e configurativas das referências teóricas da pesquisa, ou seja: 1) As características dos direitos humanos segundo Claude Lefort; 2) O acoplamento estrutural dos sistemas. Os elementos antecedentes, no quadro da parte superior do esquema, estão as atividades que serão realizadas durante seis meses para se elaborar os produtos destas primeiras variáveis, ou seja: leitura da literatura especializada, análise de artigos científicos, levantamento de bancos de dados. Essas atividades não são uma novidade, foram previstas nos objetivos específicos e nos indicadores pensados para cada variável no projeto. Como elementos subsequentes a essas atividades foram redigidos relatórios parciais referentes a essas primeiras variáveis (a partir dos procedimentos efetivados na parte antecedente do esquema) e analisados em encontros com o orientador.

O esquema que se está analisando, foi formulado para o desenvolvimento da pesquisa sobre o tema "O acoplamento estrutural entre o sistema político e o sistema jurídico para a efetividade da proteção integral do adolescente autor de ato infracional"[1], com foco no CIA-BH, previsto pelo Estatuto da Criança e do Adolescente, mas muito recentemente implantado em Belo Horizonte. Por essa razão, a segunda variável refere-se à "proteção integral do menor infrator". Durante quatro meses se desenvolveu a fase pré-prática, ou melhor, o momento de preparação para a fase posterior de pesquisa prática ou de ida a campo em sentido estrito. No quadro de procedimentos realizados vê-se que foram analisadas decisões judiciais, documentos referentes à CIA-BH, interpretações de legislação e programas de atuação integrada, além do estudo das políticas nacionais, estaduais e municipais. Todos eles preparatórios para a próxima fase. Por essa razão, os produtos dessa variável que aparece em sua parte inferior, foram um relatório parcial contendo as interpretações dos documentos analisados, a montagem de instrumentos a serem aplicados na fase 3 e encontros com a orientadora para discussão dos produtos apresentados.

As variáveis da terceira fase da pesquisa foram "Problemas do sistema" e "Formas de execução das medidas socioeducativas". Durante cinco meses, a fase prática ou de campo da pesquisa constou de: 1) acompanhamento e

---

1 Dissertação de Mestrado apresentada pela aluna Paula Gabriela Mendes Lima ao Programa de Pós-Graduação em Direito da Universidade Federal de Minas Gerais. (LIMA, 2010)

análise de audiências; 2) acompanhamento dos adolescentes na execução das sentenças, por meio da seleção de estudos de casos; 3) entrevistas com juízes, psicólogos, assistentes sociais, membros do Ministério Público e da Defensoria; 4) entrevistas e conversas informais com adolescentes e familiares. Como produtos dessa fase foram redigidos relatórios críticos sobre o objeto de campo com sugestão de atuação integrada dos órgãos, encontros com a orientadora para análise do relatório e da viabilidade de novos encontros com equipes da Secretaria de Defesa Social.

Nos cinco meses posteriores passa-se, então, para a elaboração do Relatório Final, ou a Dissertação, tendo como base o conteúdo de todos os relatórios parciais e de bancos de dados ainda não exauridos nesses relatórios.

O esquema seguinte refere-se a uma pesquisa de tipo teórico e que versou sobre o "Direito como vivência de alteridade: a tensão entre a imanência e a transcendência do direito a partir do raciovitalismo de José Ortega e Gasset"[2]. Da mesma forma que o anterior, ele é composto por uma linha mestra onde se encontram as variáveis previstas no projeto de pesquisa e as ações antecedentes e subsequentes (ou produtos) a essas ações. As análises são similares ao fluxograma anterior, por isso se dispensarão apresentações mais detalhadas.

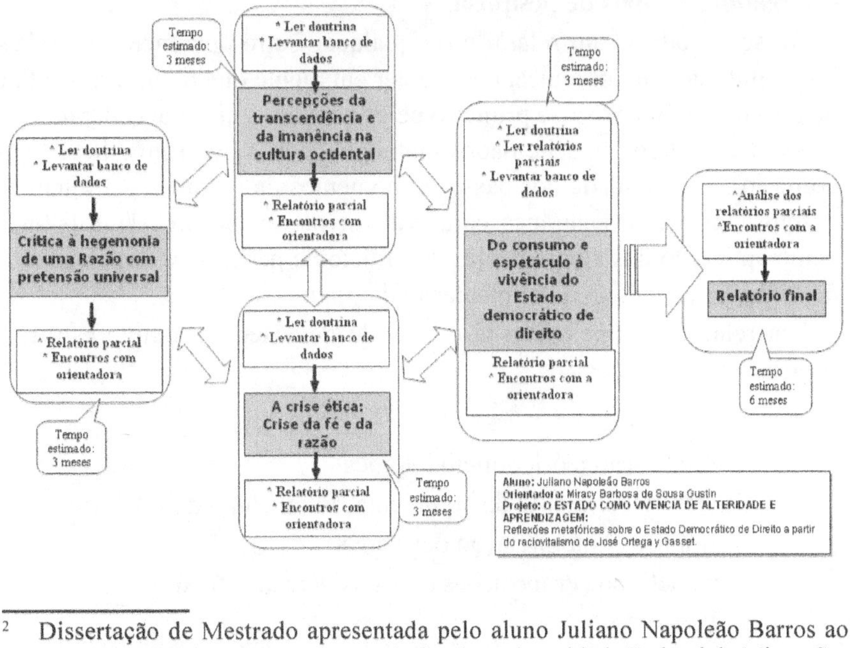

2 Dissertação de Mestrado apresentada pelo aluno Juliano Napoleão Barros ao Programa de Pós-Graduação em Direito da Universidade Federal de Minas Gerais. (BARROS, 2009).

Muito importante notar nos dois fluxogramas é que o esquema não é uma ação em um movimento unilinear. Isto, em ambos, é mostrado pelos sentidos das setas. Nenhuma delas indica um único sentido. Ou seja, a implantação da pesquisa, como já se disse, é um processo complexo e dialético. Nada é unilinear. Sempre se retorna aos documentos, ações e análises feitas em relatórios anteriores para se complementar ou modificar elementos que, possivelmente, se apresentaram pelos estudos das fases posteriores como insuficientes ou até mesmo contraditórios. Por isso, os planos esquemáticos podem sofrer inúmeras revisões se assim deliberarem estudante pesquisador e seu orientador ou equipes de pesquisa.

8.2 Os elementos metodológicos do relatório final de pesquisa

Os relatórios finais de pesquisa são, enfim, o que se chama no mundo acadêmico-científico como trabalhos de conclusão de curso (TCC), ou melhor, "monografia final de curso", "dissertação de mestrado" e "tese de doutoramento". Reitera-se a afirmação do capítulo anterior: **todos eles**, com especificidades relacionadas aos níveis diferenciados de qualificação, **são relatórios finais de pesquisa**.

Ao se introduzir um relatório ou qualquer outro documento de relato do produto de uma pesquisa, deve-se ter em mente que o leitor desse tipo de documento interessa-se primeiro pelos caminhos que antecederam esse produto científico, ou seja, dados metodológicos sobre a investigação. A correção e objetividade dos passos e momentos da pesquisa permitem ao pesquisador maior segurança para o desenvolvimento do relatório final, como aplicação dos componentes do projeto de pesquisa e dos elementos do Plano Esquemático de implantação da pesquisa.

Um relatório de pesquisa já concluído deve ter a seguinte estrutura genérica:

1. Pré-textos
2. Introdução teórico-metodológica
3. Desenvolvimento da argumentação ou corpo do relatório
4. Análise e interpretação dos dados
5. Conclusão (Proposições ou Considerações finais)
6. Pós-textos

A seguir, apresentam-se as partes constituintes desse relatório final.

8.2.1 Introdução teórico-metodológica

A "Introdução" do trabalho científico ou relatório final da pesquisa deve apresentar as seguintes partes:

1. Indicação do **objeto** e do **objetivo geral de pesquisa** e de seu campo de conhecimento, por ser este último o produto previsto para a pesquisa;
2. O **problema** e a **hipótese** formulados para a investigação;
3. A **metodologia** utilizada na pesquisa e as reformulações que se fizeram necessárias em razão de condicionamentos e fatos não esperados;
4. **Divisão do trabalho** em partes gerais ou capítulos e as razões da escolha desse formato do trabalho;
5. **Ideias** e **argumentos principais** que são discutidos em cada parte ou capítulo do trabalho;
6. **Considerações finais preliminares:** quase sempre impressões do próprio autor sobre o trabalho científico apresentado: lacunas que ainda permaneceram e que podem ser desenvolvidas por outros pesquisadores; achados ou produtos da investigação que apresentam relevância social ou para o campo científico de estudo; as dificuldades encontradas no desenvolvimento da pesquisa, etc. Essas considerações apenas dão um toque pessoal sobre a percepção do autor acerca da pesquisa e do relato de seus passos. Não confundir esse item com a conclusão do trabalho, que deverá ser apresentada somente ao final deste ou de cada capítulo do relatório da pesquisa.

A finalidade da "Introdução teórico-metodológica" é situar o leitor no contexto da pesquisa e do próprio relatório. Ao leitor deve ficar claro o tipo de investigação desenvolvido, suas motivações e o alcance da pesquisa, e de suas bases teóricas. Em geral, ela tem um caráter de feitio didático que indica para o leitor as partes teórico-metodológicas essenciais do trabalho. A "Introdução" poderia só discutir genericamente o que se segue e apresentar as partes essenciais do trabalho e suas ideias principais. Ela não teria qualquer diferença da "Apresentação". Propõe-se, entretanto, uma "Introdução teórico-metodológica" que faça a apresentação não só do trabalho como das diretrizes primordiais do planejamento e do desenvolvimento da pesquisa. Essa parte do relatório pode já apresentar o conteúdo crítico da pesquisa realizada.

Pode parecer que esta "Introdução" é apenas uma reprodução do Projeto. Ao contrário, ela é dissertativa, crítica, interpretativa e explicativa, e não apenas descritiva, como o foi no Projeto.

Antes da "Introdução", como já se explicou, pode-se inserir uma "Apresentação", que tem como objetivo uma exposição genérica sobre o trabalho. É um texto opcional e normalmente utilizado apenas em relatórios científicos. Costuma-se constar de alguns livros de metodologia que a introdução não é numerada. Não é o que está previsto, entretanto, na NBR nº 14.724/2011 item 5.3.3. (ASSOCIAÇÃO..., 2011b, p. 8).

8.2.2 Corpo do relatório: desenvolvimento da argumentação, análise e interpretação dos dados

O corpo do relatório de pesquisa deverá apresentar redação e conteúdo próprios. Ele é, afinal, o produto de uma pesquisa científica que, possivelmente, atribuiu autonomia ao investigador (agora, concluinte de curso de graduação ou de pós-graduação) para utilizar-se de uma linguagem clara, mas que, ao mesmo tempo, **problematiza** os assuntos que vão sendo abordados, inclusive sua relação com "verdades" anteriormente estabelecidas pela literatura especializada do campo e da área pesquisados.

Descrevem-se, a seguir, de forma genérica, as partes do corpo do relatório. Optou-se por esse tipo de abordagem em razão de o pesquisador ter seu estilo próprio e não conseguir, em um único capítulo, apresentar todas as formas e conteúdos possíveis de um relatório de pesquisa. Por isso, apresentam-se, a partir do próximo item, apenas diretrizes para um caminho crítico da redação de uma monografia de final de curso, dissertação ou tese.

De acordo com as características da pesquisa, divide-se o texto em grandes partes, capítulos, seções e subseções. As margens, os parágrafos, o formato do papel, as variações tipográficas e as citações devem seguir o modelo geral de texto monográfico, segundo as normas da ABNT, já apresentadas anteriormente..

É necessário lembrar que relatórios científicos não têm limite de páginas, pois a preocupação desses instrumentos é oferecer espaço suficiente para a discussão do problema e a argumentação crítica em torno dos produtos da pesquisa. Algumas teses de doutoramento apresentam número de páginas inferior a dissertações de mestrado ou, até mesmo, algumas monografias de final de graduação. Demérito? Sem dúvida que não. Dependendo do objeto de pesquisa e da metodologia utilizada, o campo de retórica do relatório final amplia-se ou torna-se mais conciso. Logo, não é uma questão de maior ou menor qualidade, mas de adequação.

Dependendo do enfoque metodológico da pesquisa e da necessidade de argumentação crítica por tópicos, o corpo do relatório ou da monografia será apresentado em tantas partes ou capítulos quantos necessários. Deve-se ter o cuidado, no entanto, de não perder a unidade postulada pelo teste da hipótese e solução do problema, por conseguinte, de não fragmentar em excesso a exposição crítica do conteúdo do trabalho que finaliza uma pesquisa. Essa fragmentação acaba determinando descontinuidade de argumentos.

As grandes partes do corpo do relatório de pesquisa podem ser as seguintes:

1. Argumentação crítica sobre o esquema da investigação, tendo em vista os resultados obtidos (argumentação sobre o marco teórico, procedimentos metodológicos, fases e obstáculos). O que antes se chamou de "Introdução teórico-metodológica".

2. Relato sobre a coleta de dados, sua organização, mapeamentos, codificações e tabulações. Demonstração das dificuldades com relação aos bancos de dados e com a exiguidade da bibliografia, jurisprudências e legislações sobre o objeto da pesquisa. Esse relato poderá ser colocado em um único capítulo ou parte ou aparecer nos vários capítulos ou itens do relatório, conforme a necessidade dessa apresentação.

3. Análise e interpretação dos dados e informações por meio de determinados tipos de raciocínio claramente apresentados e em face do marco teórico postulado para a fundamentação da pesquisa. Esses dados e informações podem ter sido coletados a partir de entrevistas, arquivos, jurisprudências e legislações, questionários, bibliografia, etc. Todos eles devem ser interpretados de forma crítica e realizando a triangulação metodológica. O tipo de organização dos dados poderá definir seções e subseções do relatório (monografia, dissertação, tese). Da mesma forma que no item anterior, essa análise e interpretação de informações podem estar condensadas em um único capítulo ou inserir-se em diversas partes do relatório, conforme necessidade. Prefere-se, contudo, esta segunda forma por ser mais adequada às exigências da apresentação do teste da hipótese realizado durante a investigação.

4. Análise do problema (sequência de raciocínios que permite a desconstrução gradual das partes do problema que foram ou não solucionadas a partir dos dados da pesquisa, com referências às afirmações da literatura sobre o assunto ou das características sócio-contextuais e jurídicas). Essa desconstrução/reconstrução do problema também poderá estar concentrada ou dispersa ao longo do relatório.

5. Finalmente, far-se-á a comprovação/refutação da(s) hipótese(s), com a apresentação das variáveis analisadas e dos indicadores utilizados. Nesse momento, faz-se o cruzamento da hipótese não só com os dados e percepções levantados e cruzados como também com o marco teórico e a revisão da literatura, demonstrando que:

a) a comprovação/refutação da hipótese produz novo conhecimento ou não para a compreensão de determinado tema jurídico; ou
b) a comprovação/refutação da hipótese nega ou não afirmações, diretrizes e teorias tradicionalmente aceites pelo Direito; ou
c) a comprovação/refutação da hipótese confirma teoria emergente que vem sendo negada por esferas mais conservadoras do Judiciário, Faculdades de Direito, teóricos reconhecidos no Brasil ou no exterior, etc.

Não se deve esquecer que as bancas examinadoras, em geral, à exceção do orientador, desconhecem o conteúdo do projeto de pesquisa, logo, suas partes, ao longo do texto, devem ser esclarecidas (problema, marco teórico, objetivos, hipóteses, metodologia, justificativas, etc.) convenientemente para melhor compreensão da argumentação crítica do relatório final da pesquisa.

A revisão da literatura especializada e os dados históricos levantados sobre o tema-problema não devem estar expostos em um único capítulo ou seção da monografia. Essa revisão só adquire sentido se for utilizada para a confirmação/suspeição de argumentos desenvolvidos em todas as partes do relato. É na **aplicação concreta e adequada** dessa revisão, que o autor demonstra profundidade de conhecimento sobre o assunto problematizado.

Apesar da necessidade de objetividade e clareza da linguagem utilizada para o processo argumentativo do relatório, o autor não deve se furtar a utilizar termos técnicos e próprios do campo jurídico que permitem uma comunicação bem mais ampliada com os demais integrantes da área de conhecimento.

Várias seleções para a pós-graduação exigem já no projeto um sumário do relatório final de pesquisa (monografia, dissertação, tese). Nada mais incorreto, só depois de concluída a pesquisa é que se torna possível a indicação dos capítulos ou partes do relatório. Para que isto seja facilitado deve-se, durante a pesquisa, formar bancos de dados segundo as variáveis indicadas no projeto, como no Plano Esquemático. Assim, o conteúdo de uma entrevista, por exemplo, pode ser distribuído em duas ou mais pastas de dados-variáveis. Dessa forma, essas pastas-variáveis, cujo conjunto forma o banco de dados da pesquisa, deverá cada uma delas (ou seu conteúdo) indicar os capítulos, seções e subseções do relatório.

Não é muito relembrar que o conteúdo dessas fases do relatório aparecem ao longo dele, não sendo algo consecutivo.

8.2.3 Conclusão ou considerações finais

A estrutura da "conclusão" ou das "considerações finais" deve restabelecer os raciocínios mais relevantes que foram expostos nos vários capítulos ou seções do relatório. Quando cada capítulo expôs suas próprias conclusões (o que nem sempre é bom, tendo em vista a perda de unidade teórica dos resultados), cabe, ao final, somente correlacioná-las em um último capítulo sob o título de "Considerações finais". Quando isso não foi feito, permanece para o capítulo da "Conclusão" a síntese-crítica dos resultados obtidos. Para isso é indispensável realizar boas correlações entre resultados/teorias/doutrina/contexto socioeconômico-cultural e jurídico. Também aí não se deve esquecer das argumentações relativas à validade dos produtos da pesquisa, tendo em vista sua aplicação em campo interno ao ordenamento jurídico ou externo.

Deve-se ter o cuidado de os raciocínios expostos na "Conclusão" não extrapolarem os dados e resultados da investigação. Quando isso ocorre, ou o autor não confia na pesquisa desenvolvida e em seus resultados, ou atribui valor desmesurado a outros teóricos, ou a intuições próprias sem qualquer testagem científica. É natural, ainda, que a pesquisa não esgote o teste da hipótese e a investigação do problema posto inicialmente. Sendo assim, vale a pena apontar esses vazios e as formas plurais de preenchê-los. Essa conduta demonstra o reconhecimento, pelo autor, dos limites da pesquisa científica.

Nesse capítulo, deve-se, inclusive, fazer indicações para correções metodológicas em novas situações investigativas similares. É importante demonstrar, ainda, que essas indicações estão ou não relacionadas com o fato de a pesquisa ter enfoque multi ou transdisciplinar ou, ao contrário, por ter se restringido à unidisciplinaridade.

8.3 Escrita e redação dos relatórios de pesquisa

A redação do relatório de investigação deve ser precedida por um **plano de desenvolvimento da argumentação** e do caminho crítico a ser percorrido. Esse plano já pressupõe, no mínimo, uma seleção, organização e análise anterior dos dados e informações obtidos durante a pesquisa. Essa seleção, já disposta em bancos de dados específicos, deverá considerar questões relacionadas ao valor dos dados em relação à solução do problema e à confirmação/refutação da hipótese. Nem sempre todos os dados, informações e percepções levantados são essenciais para o desenvolvimento do relatório final. Grande parte das informações pode ser dispensável, por sua inadequação ao objeto da investigação ou ser de conteúdo secundário. Essa inadequação pode levar o pesquisador a um desperdício de tempo e de energias.

Nesse plano, deve constar, também, a sequência lógica da argumentação e o cuidado com uma exposição discursiva que seja coerente com as propostas do projeto e os produtos da pesquisa. Para construir essa sequência lógica, é necessário construir uma espécie de "sumário comentado", ou seja, itens de um "sumário" com uma proposta dos principais conteúdos que serão abordados em cada item. Essa espécie de "sumário" não deve apresentar somente uma relação de itens e subitens. Deverá ser uma correlação de itens e de explicações argumentativas sobre a validade da inserção de cada tópico e das formas e conteúdos por meio dos quais ele será desenvolvido. Esse "sumário comentado" deverá ser exaustivamente discutido com o orientador ou outros especialistas, além do próprio "plano de redação", para que este seja o mais completo e coerente possível em relação às informações selecionadas e à sequência lógica da argumentação. E, principalmente, ser um relato crítico da testagem da hipótese para uma solução consequente do problema posto inicialmente.

O texto redigido deverá apresentar **clareza**, **objetividade** e **precisão da linguagem**. Para que isso ocorra, é importante uma revisão do texto final com relação a seu estilo, vocabulário, correções gramaticais, símbolos, abreviações, citações, etc. Isso requer consultas constantes ao orientador e, se necessário, a colegas ou profissionais da área de linguagem e de normalização para sanar dúvidas não solucionadas por meio dos demais expedientes. Não apenas o desenvolvimento da pesquisa, mas também seu relatório final, devem ser permanentemente discutidos em seminários de pares, de um mesmo campo teórico ou de áreas conexas ou similares, isso porque a dialogicidade enriquece os produtos de qualquer investigação. Já se foi a época em que o resultado de pesquisa – uma tese, principalmente – deveria ser guardado em completo segredo.

A redação de relatórios parciais ou finais deve considerar alguns cuidados formais e materiais ou de conteúdo. As frases muito longas, por exemplo, são sempre perigosas quanto à clareza do enunciado e às afirmações vagas. A reorganização desses períodos longos é conveniente; cuidado, no entanto, com a desconexão entre as frases reorganizadas. A inter-relação entre os argumentos deve constituir, ao final, uma seqüência lógica de raciocínios. Sempre que se lê um texto pela segunda vez, notam-se desconexões de seqüências de raciocínio. Às vezes, uma frase ou uma única palavra permite e realiza a correlação necessária. Freqüentemente, no entanto, a desconexão é de conteúdo teórico. Aí não bastam correções rápidas. Será indispensável uma correção mais profunda, revendo informações e correlações entre essas informações e a esfera teórico-doutrinária. Muitas vezes devem-se rever aspectos da testagem da hipótese. Problemas essenciais na redação são, em geral, disfunções do desenvolvimento da pesquisa e da compreensão imperfeita sobre o objeto testado. A clareza do texto é uma correspondência a uma escrita e raciocínio claros, em que o autor consegue explicar ao leitor o conteúdo mais relevante de seu trabalho. Isso significa que o próprio autor tem clareza sobre os produtos obtidos da investigação. Textos obscuros, inúmeras vezes, são decorrência de insegurança teórica, ou pior, de uma pesquisa mal feita em termos metodológicos.

O texto deve ser mais "leve". Uma forma de obter essa leveza é a abertura de novos parágrafos, além disso, usar poucos parênteses e reticências e incluir conceituações e definições em "pés de página" todas as vezes que os termos utilizados possam parecer de difícil compreensão para aqueles que não são iniciados no tema investigado. Não esquecer de que não se está escrevendo somente para o orientador. Escreve-se para uma banca, quase sempre multidisciplinar, mesmo com integrantes somente do Direito porém de áreas diversas, e para todo tipo de leitor após a divulgação do trabalho. A objetividade e precisão da linguagem requerem uma argumentação que apresente uma seqüência lógica; precisão de conteúdo e de palavras que possam reproduzir claramente esses conteúdos; frases e argumentos que sejam simples em sua redação, isto é, que permitam o acesso à complexidade do conteúdo por meio de formulações claras e simples. Quando se fala em "clareza", "objetividade" e "precisão", não se deseja, entretanto, reduzir a complexidade do conteúdo da comunicação a uma linguagem vazia de sentido. Essas qualidades da linguagem não significam superficialidade de conteúdo.

A redação científica deve ser, tanto quanto possível, impessoal: a terceira pessoa impessoal é a mais razoável. Não se afirma "nós concluímos que" ou "conclui que", mas "concluiu-se que" e assim por diante. Isto, no entanto, não é regra obrigatória, apenas uma indicação estética para a linguagem preferencial de relatórios de científicos.

Relatórios científicos, tais como as monografias, as dissertações e as teses, não têm limite de páginas, pois a preocupação desses instrumentos é oferecer o espaço suficiente para a discussão de um problema e o teste crítico da hipótese. Definir de antemão o tamanho do trabalho importaria em restringir o campo de discussão, criação e de originalidade que toda abordagem científica deve conter. Algumas vezes, dependendo do objeto da pesquisa, um relatório final de doutoramento pode ser menos longo que uma dissertação de mestrado e, nem por isso, ter argumentação menos crítica ou menos profunda.

8.4 Relembrando indicações importantes para a redação de trabalhos acadêmico-científicos

A linguagem científica tem que ser clara e objetiva. Evite excesso de adjetivações, frases invertidas e qualificações profissionais dos autores citados. Lembre-se que o mais importante no trabalho científico é o argumento do autor e não quem ele é, quais funções exerceu ou exerce ou cargos ocupados.

Recomenda-se que os trabalhos acadêmicos sejam redigidos na terceira pessoa impessoal e não na primeira pessoa (seja do singular, seja do plural). Isto porque o suposto é que o autor do trabalho está escrevendo não a partir de um vazio científico, mas revisitando inúmeras teorias que poderão estruturar a sua proposição. Por isto a recomendação de que se utilize a terceira pessoa, pois se fala a partir e para a comunidade científica. O autor não fala em seu próprio nome e nem de uma multiplicidade de indivíduos não especificados.

Ao citar alíneas, parágrafos e itens de artigos de legislação, não se esqueça de colocar o respectivo caput do dispositivo, indispensável para compreender o dispositivo legal citado.

Se houver muitas referências legislativas, citá-las em nota de rodapé para não tornar cansativa a leitura do texto do trabalho. E lembre-se, ao fazer referência a dispositivo de lei este deve ser citado e feita a respectiva referência bibliográfica, seja no sistema autor-data, seja no sistema numérico de referência.

Ao citar jurisprudências, lembre-se de introduzir informações sobre o caso para que o leitor possa entender melhor do que se trata e como a decisão reproduzida relaciona-se com o assunto que está sendo estudado.

Toda vez que fizer a citação textual de ideia de autor é obrigatória a devida referência bibliográfica.

Quando estiver redigindo o trabalho, ao concluir um capítulo, o novo capítulo deve iniciar-se em nova página, independente do número de linhas utilizadas no final do capítulo.

Quando for suprimida parte de texto de citação textual, seja no início, meio ou final de frase, indicar a supressão com três pontos entre colchetes [...]. Esta mesma recomendação aplica-se quando, ao ser citada legislação, forem suprimidos, parágrafos, alíneas, itens etc.

Cuidado com as citações "soltas" no texto. Toda citação deve estar conectada com a argumentação desenvolvida. Apresente conectivos entre o texto e a citação, a saber: ... "Conforme defende o citado autor, ..", "elementos da legislação, a saber....; etc.

Essas referências nesta seção 8.4 servem para relembrar-lhes de aspectos importantes que, inúmeras vezes, são esquecidos na redação dos relatórios finais. Elas não são, contudo, exaustivas. Ao longo do livro, muitas outras serão encontradas pelo leitor.

CAPÍTULO 9

NOTAS CONCLUSIVAS

(Re)pensar a pesquisa jurídica é tarefa árdua, tendo em vista a resistência de parcela significativa das faculdades de direito de nosso País em relação ao tema e à aceitação de que educação jurídica não se faz apenas em sala de aula, sendo também pesquisa e extensão (esta última somente aceita quando se configura no formato de "assistência jurídica"). Há, contudo, determinações ministeriais e grupos de especialistas que têm se esforçado para as mudanças curriculares que acobertem definitivamente as pesquisas no campo do Direito. Assim colocado, pode-se suspeitar da fidelidade ou correção do título do livro. Entretanto, ainda persevera nos meios jurídicos uma postura recalcitrante que supõe serem equivalentes as atividades de pesquisa com aquelas que se destinam tão-somente ao aprofundamento de estudos bibliográficos, jurisprudenciais e/ou normativos. Daí a necessidade de (re)pensamento para edificação e transformação de uma "produção científica da repetição" em uma postura crítica da "descoberta", da proposta permanente de desvendamento da complexidade do fenômeno jurídico a partir da problematização dos princípios, dos fundamentos, das regras e das normas que se expressam apenas em sua formalidade e que se encontram desconectados do mundo das relações vivas.

Esquece-se, não raras vezes, de que ato jurídico é, primordialmente, ato de *justiça*, qualquer que seja o campo específico do Direito. E ato de justiça é sempre ação de transformação da realidade no sentido do bem, da aproximação do homem de seu semelhante, de preservação do meio ambiente – habitat natural do ser humano, de manutenção da intimidade tanto quanto da pluralidade, do redimensionamento e reinvenção da vida e de tantos outros "fazeres" que dignificam a humanidade e a cada um de seus integrantes: quer sejam homens, mulheres, crianças, idosos, quer sejam das mais variadas etnias e dos mais diversos tempos ou espaços éticos.

Toda essa complexidade inserida em um simples ato de justiça só será compreendida, interpretada e recriada a partir da atividade constante de investigação científica, da procura de novos caminhos que respaldem a felicidade humana. Desde tempos imemoriais, tem-se atribuído aos direitos do homem o papel de guardiões dessa **eudaimonia**, da realização criativa e harmônica dos seres entre si, numa perspectiva dialógica e emancipadora.

A pesquisa jurídica é, portanto, não apenas um ato de reprodução – como se tem entendido –, mas de criação e de constituição crítica de novas formas de pensar o ordenamento jurídico, as relações de cidadania, os princípios ético-jurídicos, quer gerais ou especiais, tudo isso sob o manto revisto e revisitado da Justiça, que atribui significado ao fenômeno jurídico e lhe confere legitimidade e efetividade.

No campo das Ciências Sociais Aplicadas, no qual se aconchega a Ciência do Direito, a pesquisa deve ter sempre o objetivo final de "retorno" de sua produção ao homem comum, àquele que participa das sociedades locais e globais e que merece em troca de seu trabalho árduo, os frutos e produtos da investigação científica. Estes não devem se restringir à satisfação dos interesses de poucos ou às produções inócuas e repetitivas de saberes já postos. Uma pesquisa social-aplicada que emancipa esse homem comum em seu agir habitual e de sua própria vida, deve ser a meta do pesquisador jurídico.

Em boa hora, pois, instituiu-se a disciplina *Metodologia da Pesquisa Jurídica* nos currículos das Faculdades de Direito, quer nas graduações ou pós-graduações. Há muito que se fazer, há muito a se revelar no campo da ciência jurídica. Quer sejam pesquisas históricas, sociológicas, antropológicas quer sejam dogmáticas, a todas elas existe um espaço ainda promissor de produção, de recriação e de (re)pensamento. Essa é tarefa de todos: docentes, discentes, profissionais das várias áreas do Direito. Em conjunto, deveremos, por meio de investigações científicas, (re)pensar o fenômeno jurídico e sua conexão com o mundo da vida e das relações efetivas de justiça e de cidadania democrática.

Nesta obra, tudo se fez para contribuir com esse (re)pensamento complexo e multidisciplinar da pesquisa jurídica e de seus efeitos sobre o cotidiano do Direito. A produção do conhecimento jurídico renovado não pode sobreviver como uma área pura e isolada dos avanços científicos de todas as demais áreas do conhecimento humano.

REFERÊNCIAS

ANDERSON, James E. *Public policy-making*. London: Thomas Nelson and Sons, 1975.

ASSOCIAÇÃO BRASILEIRA DE NORMAS TÉCNICAS. NBR n. 12.256 – abr. 1992. Apresentação de originais. Rio de Janeiro: ABNT, 1992. 4p.

ASSOCIAÇÃO BRASILEIRA DE NORMAS TÉCNICAS. NBR n. 6.023 – ago. 2002. Informação e documentação – Referências – Elaboração. Rio de Janeiro: ABNT, 2002a . 24 p.

ASSOCIAÇÃO BRASILEIRA DE NORMAS TÉCNICAS. NBR n. 10.520 – ago. 2002. Informação e documentação – Citações em documentos – Apresentação. Rio de Janeiro: ABNT, 2002b. 7p.

ASSOCIAÇÃO BRASILEIRA DE NORMAS TÉCNICAS. NBR n. 6.024 – fev. 2012. Informação e documentação – Numeração progressiva das seções de um documento – Apresentação. Rio de Janeiro: ABNT, 2012. 4p.

ASSOCIAÇÃO BRASILEIRA DE NORMAS TÉCNICAS. NBR n. 6.027 – maio 2003. Informação e documentação – Sumário – Apresentação. Rio de Janeiro: ABNT, 2003a. 2p.

ASSOCIAÇÃO BRASILEIRA DE NORMAS TÉCNICAS. NBR n. 6.028 – nov. 2003. Informação e documentação – Resumo – Apresentação. Rio de Janeiro: ABNT, 2003b. 2p.

ASSOCIAÇÃO BRASILEIRA DE NORMAS TÉCNICAS. NBR n. 12.225 – jun. 2004. Informação e documentação – Lombada – Apresentação. Rio de Janeiro: ABNT, 2004. 3p

ASSOCIAÇÃO BRASILEIRA DE NORMAS TÉCNICAS. NBR n. 14.724 – mar. 2011. Informação e documentação – Trabalhos acadêmicos – Apresentação. Rio de Janeiro: ABNT, 2011b. 11 p.

ASSOCIAÇÃO BRASILEIRA DE NORMAS TÉCNICAS. NBR n. 15.287 – mar. 2011. Informação e documentação – Projeto de pesquisa – Apresentação. Rio de Janeiro: ABNT, 2011a. 8 p.

BARROS, Juliano Napoleão. *O Direito como vivência de alteridade:* a tensão entre a imanência e a transcendência do Direito a partir do raciovitalismo de Jose Ortega y Gasset. 2009. 138 f. Dissertação (Mestrado em Direito) – Faculdade de Direito, Universidade Federal de Minas Gerais, Belo Horizonte, 2009.

BACHELARD, Gaston. *A formação do espírito científico*. Tradução Estela dos Santos Abreu. Rio de Janeiro: Contraponto, 1998. 316p.

BAUMAN, Zygmunt. *Modernidade líquida.* Tradução Plínio Dentzien. Rio de Janeiro: Jorge Zahar, 2001. 258p.

BOTELHO, Eudas. *A natureza tributária da prestação cobrada pelo uso de bens ambientais.*2004. 15 f. (Projeto de Pesquisa apresentado à disciplina Metodologia da Pesquisa Jurídica) – Faculdade de Direito, Universidade Federal de Minas Gerais, Belo Horizonte, 2004.

BRASIL. Lei n. 9.394. 20 dez. 1996. Estabelece as diretrizes e bases da educação nacional. *Lex*: coletânia de legislação e jurisprudência. São Paulo, a. 60, p. 3719-3739, dez. (II) 1996.

BRASIL. Código Civil. Disponível em: <www.planalto.gov.br/legislação/códigos> Acesso em: jan. 2006.

BRASIL. Ministério da Educação e Cultura. Portaria n. 1.886. 30 dez. 1994. Fixa as diretrizes curriculares e o conteúdo mínimo do curso jurídico. *In*: NUNES, Luiz Antônio Rizzato. *Manual da monografia jurídica*. 2. ed. rev. ampl. São Paulo: Saraiva, 2000. 209p.

BURKE, Peter. *A Escola dos Annales*. São Paulo: UNESP, 1990. 154p.

CANOTILHO, Joaquim José Gomes. *Direito constitucional*. 6. ed. rev. Coimbra: Almedina, 2002. 1506 p.

CARVALHO NETTO, Menelick; GUSTIN, Miracy Barbosa de Sousa *et al*. *Diagnóstico preliminar das entidades comunitárias da região nordeste de Belo Horizonte*. Belo Horizonte: Faculdade de Direito da UFMG/Coordenadoria de Direitos Humanos e Cidadania PBH/CNPq, 1996.

———. *Projeto Pólos Reprodutores de Cidadania*: relatório de pesquisa de campo. Belo Horizonte: Faculdade de Direito da UFMG/Coordenadoria de Direitos Humanos e Cidadania PBH/CNPq, 1997.

———. *Diagnóstico das entidades sociais do aglomerado Santa Lúcia*: relatório preliminar. Belo Horizonte: Faculdade de Direito da UFMG/Coordenadoria de Direitos Humanos e Cidadania PBH/CNPq, 1998.

COSTA, Antônio Firmino da. A pesquisa de terreno em sociologia. *In*: PINTO, José Madureira; SILVA, Augusto Santos (Org.). *Metodologia das ciências sociais*. 8. ed. Porto: Afrontamento, 1986. p. 129-148.

CUNHA, Helenice Rego. *Padrão PUC Minas de normalização:* normas da ABNT para apresentação de teses, dissertações, monografias e trabalhos acadêmicos. 9. ed. revisada, ampliada e atualizada conforme norma NBR 14.724 de abril de 2011. Disponível em: <http://www.pucminas.br/documentos/normalizacao_monografias.pdf> Acesso em: 5 set. 2012.

DEMO, Pedro. *Metodologia científica em ciências sociais*. 3 ed. São Paulo: Atlas, 1995. 293p.

———. *Pesquisa e construção do conhecimento*: metodologia científica no caminho de Habermas. 5. ed. Rio de Janeiro: Tempo Brasileiro, 2002. 125p.

DIAS, Maria Tereza Fonseca. *Costumes e direito*: a dogmática e a sociologia jurídica, 1996. 105f. Monografia, (Programa Institucional de Bolsas de Iniciação Científica – CNPq) – Faculdade de Direito, Universidade Federal de Minas Gerais, Belo Horizonte.

———. Costumes e direito: uma interlocução entre a dogmática e a sociologia jurídica. *In*: REUNIÃO ANUAL SBPC, 49, Belo Horizonte. *Anais*... Belo Horizonte: UFMG, 1997. p. 224.

———. *"Las mujeres ante la ley en la Cataluña moderna", de Isabel Pérez Molina*: analisada segundo a perspectiva metodológica de Emmanuel Le Roy Ladurie, 1999. 43f. Monografia, (Disciplina História do Direito do Curso de Pós-Graduação) – Faculdade de Direito, Universidade Federal de Minas Gerais, Belo Horizonte, 1999.

———. *Uma (re)construção da distinção entre o público e o privado para a compreensão do fenômeno da reforma administrativa brasileira.* 2000. 16 f. (Plano de Pesquisa de Dissertação de Mestrado) – Faculdade de Direito, Universidade Federal de Minas Gerais, Belo Horizonte, 2000.

______. *Direito Administrativo pós-moderno?* Uma reconstrução da distinção entre o público e o privado para a compreensão do fenômeno da relação entre o Estado e a sociedade. 2002. 300 f. Dissertação (Mestrado em Direito Administrativo) – Faculdade de Direito, Universidade Federal de Minas Gerais, Belo Horizonte, 2002.

______. Análise diagnóstica dos interesses e disponibilidade de tempo dos alunos do Curso de Direito para a realização de estágio, pesquisa, atividades complementares e extensão. *Revista do Curso de Direito do Centro Universitário Izabela Hendrix*. Nova Lima, v. 2, p. 75-107, 2 sem. 2003.

______. *Por um novo marco legal das relações entre estado e terceiro setor*: legitimidade e regulação no Estado Democrático de Direito, 2007. 498 f. Tese (Doutorado em Direito Administrativo) – Faculdade de Direito, Universidade Federal de Minas Gerais, Belo Horizonte, 2007.

______. *Terceiro setor e estado:* legitimidade e regulação – por um novo marco jurídico. Belo Horizonte: Fórum, 2008.

______. As parcerias da administração pública com as entidades do terceiro setor nos municípios: análise comparativa de marcos jurídicos de capitais brasileiras. 2010. 18f. Projeto de Pesquisa (Programa Produtividade em Pesquisa) – CNPq, Brasília. (Não publicado)

DIAS, Maria Tereza Fonseca *et al. Organização popular em vilas e favelas*. Belo Horizonte: Faculdade de Direito da UFMG/Coordenadoria de Direitos Humanos e Cidadania da PBH/CNPq, 1999. (Relatório de Pesquisa da "Frente Vilas e Favelas e Organização Popular" apresentado ao "Projeto Pólos Reprodutores de Cidadania", ao CNPq e à Coordenadoria de Direitos Humanos e Cidadania da PBH). Não publicado.

DIAS, Maria Tereza Fonseca; GUSTIN, Miracy Barbosa de Sousa. *Usos e costumes como estrutura argumentativa dos discursos estatal e comunitário*, 1995. 10f. Projeto de Pesquisa, (Programa Institucional de Bolsas de Iniciação Científica – CNPq) – Faculdade de Direito, Universidade Federal de Minas Gerais, Belo Horizonte. (Não publicado)

DUBY, George; ARIÈS, Philippe; LADURIE, Emmanuel; LE GOFF, Jacques. *História e nova história*. Lisboa: Teorema, 1986. 96p.

DURKHEIM, Émile. *Les régles de la méthode sociologique*. Paris: PUF, 1968.

DYE, Thomas. *Understanding Public Policy*. 4 ed. New York: Prentice Hall, 1972.

ESTEVES, António Joaquim. A investigação-ação. *In*: PINTO, José Madureira; SILVA, Augusto Santos (Org.). *Metodologia das ciências sociais*. 8. ed. Porto: Afrontamento, 1986. p. 251-278.

FERRAZ JÚNIOR, Tércio Sampaio. *A ciência do direito*. 2. ed. 11 tir. São Paulo: Atlas, 1980. 111p.

———. *Introdução ao estudo do direito*: técnica, decisão, dominação. 3. ed. São Paulo: Atlas, 2001. 364p.

FONSECA, Maria Guadalupe Piragibe da. Projetos acadêmicos interdisciplinares e críticos: dificuldades. *Plúrima*: Revista da Faculdade de Direito da UFF. Porto Alegre, v. 4, p. 177-184, 2000.

FRANÇA, Júnia Lessa *et al*. *Manual para normalização de publicações técnico-científicas*. 7. ed. Belo Horizonte: UFMG, 2004. 230p.

FRATTARI, Rafhael; DIAS, Maria Tereza Fonseca. *Financiamento da união às entidades do terceiro setor*: estudo dos aspectos jurídicos das atividades de fomento direto e indireto no período de 2008 a 2011. 2012 24f. Projeto de Pesquisa (Programa de Pesquisa e Iniciação Científica - PROPIC) – Universidade Fumec, Belo Horizonte. (Não publicado)

GLASS, G. V.; STANLEY, J. C. Métodos estatísticos aplicados a las ciencias sociales. Madrid: Prentice-Hall, 1974. *In*: THIOLLENT, Michel. *Metodologia da pesquisa-ação*. 11. ed. São Paulo: Cortez, 2002. 108p.

GOMES, Elena de Carvalho. *A pessoa jurídica e os direitos da personalidade*. 16 f. (Projeto de Pesquisa apresentado à disciplina Metodologia da Pesquisa Jurídica) – Faculdade de Direito, Universidade Federal de Minas Gerais, Belo Horizonte, 2004.

GORDILLO, Augustín. *Tratado de derecho administrativo*. 5 ed. Buenos Aires: Fundación de Derecho Administrativo, 1998. 2v.

GUSTIN, Miracy Barbosa de Sousa. *Tutela jurídica às necessidades humanas em nova ordem social*: uma reconceituação da autonomia como necessidade primordial, 1997. 475f. Tese (Doutorado em Filosofia do Direito) – Faculdade de Direito, Universidade Federal de Minas Gerais, Belo Horizonte, 1997.

———. *Das necessidades humanas aos direitos*: ensaio de sociologia e filosofia do direito. 2. ed.Belo Horizonte: Del Rey, 2009. 230p.

———. *Plano de curso da disciplina história do direito*. Belo Horizonte: Curso de pós-graduação da Faculdade de Direito da UFMG, 1999b. 5f. (Não publicado)

GUSTIN, Miracy Barbosa de Sousa *et al*. *Amostra da fase II da pesquisa de campo*. Belo Horizonte: Faculdade de Direito da UFMG/Coordenadoria de Direitos Humanos e Cidadania PBH/CNPq, 1996. (Não publicado)

———. *Proposta de desenho metodológico de pesquisa de campo para investigação do fenômeno do "pluralismo jurídico"*. Belo Horizonte: Faculdade de Direito da UFMG/ Coordenadoria de Direitos Humanos e Cidadania PBH/CNPq, 1996.

GUSTIN, Miracy Barbosa de Sousa; VIEIRA, Margarida. L. M. *Semeando democracia*: a trajetória do socialismo democrático no Brasil. Prefácio de Antonio Cândido de Mello e Souza. Contagem: Palesa, 1995. 419p.

GUSTIN, Miracy Barbosa de Sousa. Social complecity and Teaching of law: New concepto and new roles. Proceedings of the 21st IVR World Congress. Stuttgart, Germany: Franz Steiner Verlag, 2005.

HABERMAS, Jürgen. *Teoría de la acción comunicativa*: complementos y estudios prévios. Traducción Manuel Jiménez Redondo. Madrid: Cátedra, 1994. 2v.

______. *Between facts and norms:* contributions to a Dircourse Theory of Law and Democracy. Cambridge: Massachussets, 1996. 631 p.

———. *Direito e democracia*: entre facticidade e validade. Tradução Flávio Beno Siebeneichler. Rio de Janeiro: Tempo Brasileiro, 1997. 2v.

______. *Théorie de l'agir communicationnel*. Tradution Jean Marc Ferry et Jean-Louis Schlegel. Paris: Fayard, 1987. 2 v.

HENRIQUES, Antonio; MEDEIROS, João Bosco. *Monografia do curso de Direito:* trabalho de conclusão de curso: metodologia e técnicas de pesquisa, da escolha do assunto à apresentação gráfica. 3. ed. São Paulo: Atlas, 2003. 298 p.

HERRERA, Enrique. *Práctica metodológica de la investigación jurídica*. Buenos Aires: Altrea, 1998. 304p.

HUNT, Lynn. *A nova história cultural*. São Paulo: Martins Fontes, 1992. 317p.

IHERING, Rudolf von. *A luta pelo direito*. Tradução João Vasconcelos. 12. ed. Rio de Janeiro: Forense, 1992. 88p.

JESUÍNO, Jorge Correia. O método experimental em ciências sociais. *In*: PINTO, José Madureira; SILVA, Augusto Santos (Org.). *Metodologia das ciências sociais*. 8. ed. Porto: Afrontamento, 1986. p. 215-246.

KELSEN, Hans. *Teoria pura do direito*. Tradução João Baptista Machado. 3. ed. São Paulo: Martins Fontes, 1991. 371p.

KHOLBY, Anne; KHOLBERG, Lawrence. *The measurement of moral jugement*: theoretical fundations and research validation. England: Cambridge University Press, 1987. 2v.

KÖCHE, José Carlos. *Fundamentos de metodologia científica*. 20 ed. atual. Petrópolis: Vozes, 2002. 182p.

LADURIE, Emmanuel Le Roy. Entrevistas. *Revista Ler História*. Lisboa, v. 11, p. 108-116, 1987.

LAKATOS, Eva Maria; MARCONI, Marina de Andrade. *Metodologia científica*. 3 ed. rev. ampl. São Paulo: Atlas, 2000. 289 p.

———. *Técnicas de pesquisa.* 5 ed. São Paulo: Atlas, 2002. 282 p.

———. *Metodologia do trabalho científico.* 6. ed. rev. ampl. São Paulo: Atlas, 2001. 219 p.

LAZARSFELD, Paul F.; SEWELL, William H.; WILENSKY, Harold L. (comp.) *La sociologia y el cambio social.* Buenos Aires: Paidos, 1971. 251p.

LE GOFF, Jacques *et al. A nova história.* Lisboa: Edições 70, 1989. 318p.

LIMA, Paula Gabriela Mendes. *O acoplamento estrutural entre o sistema político e o sistema jurídica para a efetividade da proteção integral do adolescente autor de ato infracional.* 167 f. Dissertação (Mestrado em Direito, Razão e História) – Faculdade de Direito, Universidade Federal de Minas Gerais, Belo Horizonte, 2010.

LOPES, José Reinaldo de Lima. *O Direito na História.* São Paulo: Max Limonad, 2000.

LOWY, Theodore. Decison Making vs. Policy Making: toward an antidote for technocracy. *Public Administration Review,* [s.l.], v. 30, n. 2, May/June 1970.

MARCH, Jarmes G.; OLSEN, Joahn P. *Rediscovering institutions*: the organizational basis of politics. New York: The Free Press, 1989. 227p.

MARINHO, Pedro. *A pesquisa em ciências humanas.* Petrópolis: Vozes, 1980.

MARX, Karl; ENGELS, Friedrich. *A ideologia alemã.* Lisboa: Presença, 1980. 311p.

MATTA MACHADO, Edgar de Godoy da. Conceito Analógico de Pessoa Aplicado à Personalidade Jurídica. *Revista da Faculdade de Direito [da] Universidade Federal de Minas Gerais*, Belo Horizonte, a. VI (nova fase), p. 55-78, out. 1954.

MEDAUAR, Odete (Org.). *Coletânea de legislação administrativa.* 6. ed. São Paulo: Revista dos Tribunais, 2006. p. 542

MELO, Giselle Luciane de Oliveira Lopes; ROCHA, Heloisa Helena Nascimento. *O exercício democrático do direito fundamental à liberdade de imprensa e de informação jornalística.*2004. 25 f. (Projeto de Pesquisa apresentado à disciplina Metodologia da Pesquisa Jurídica) – Faculdade de Direito, Universidade Federal de Minas Gerais, Belo Horizonte, 2004.

MIAILLE, Michel. *Introdução crítica ao direito.* 2. ed. Lisboa: Estampa, 1994. 328 p.

MINAS GERAIS. Fundação João Pinheiro. Projeto de Avaliação do Programa Monhangara, 1986. 15f.

MINAS GERAIS. Assembléia Legislativa. Escola do Legislativo. O Poder Legislativo estadual e a elaboração de políticas públicas: em busca de um novo padrão de atuação. 2000. 15 f. (Projeto de pesquisa apresentado do Curso de Especialização em Técnica Legislativa Avançada). Belo Horizonte: Escola do Legislativo, 2000.

MOLINA, Isabel Pérez. *Las mujeres ante la ley en la Cataluña moderna.* Granada: Servicio de Publicaciones de la Universidad de Granada, Edita, 1997. 395p.

MÜLLER, Friedrich. *Quem é o povo*? A questão fundamental da Democracia. São Paulo: Max Limonad, 2000.

NUNES, Luiz Antônio Rizzato. *Manual da monografia jurídica*. 4. ed. rev. ampl. atual. São Paulo: Saraiva, 2002. 234p.

PINTO, José Madureira; SILVA, Augusto Santos (Org.). *Metodologia das ciências sociais*. 8. ed. Porto: Afrontamento, 1986. 318p.

PONTÍFÍCIA UNIVERSIDADE CATÓLICA DE MINAS GERAIS. Pró-Reitoria de Graduação. Sistema de Bibliotecas. *Padrão PUC Minas de normalização*: normas da ABNT para apresentação de trabalhos científicos, teses, dissertações e monografias. Belo Horizonte, 2005. Disponível em: <www.pucminas.br/biblioteca/normalização_ monografias.pdf> Acesso em: jan. 2006. 37 p.

POPPER, Karl Raymund. *A lógica da pesquisa científica*. São Paulo: Cultrix, 1975. 148p.

______. *Conjecturas e refutações*. Tradução Sérgio Bath. Brasília: UnB, 1994.

PRIGOGINE, Ilya. *O fim das certezas*. Tradução Roberto Leal Ferreira. São Paulo: UNESP,1996. 199p.

RECASÉNS SICHES, Luis. *Tratado general de filosofia del derecho*. 4. ed. México: Porrua, 1970. 717p.

______. La natureza del pensamiento jurídico. *Arquivos do Ministério da Justiça*. Brasília, n. 30, v. 125, p. 22- 31, jan./mar. 1973.

RIBEIRO, Roberto Janine. Não há pior inimigo do conhecimento que a terra firme. *Tempo Social*: Revista Social. USP, São Paulo, n. 1, v. 11, p. 189-195, maio 1999.

RODRIGUEZ MOLINERO, Marcelino. *Introdución a la ciencia del derecho*. Salamanca: Librería Cervantes, 1991. 264p.

RORTY, Richard. *El pragmatismo, una versión*: antiautoritarismo en epistemología y ética. Tradução Joan Vergés Gifra. Barcelona: Ariel, 2000.

SALOMON, Délcio Vieira. *Como fazer uma monografia*. 10. ed. São Paulo: Martins Fontes, 2001. 412 p.

SANDER, Benno. Administração da educação no Brasil: é hora da relevância. *Educação Brasileira*. Brasília, n. 4, v. 6, p. 8-27. 2. sem. 1982.

SANTOS, Boaventura de Sousa. *O discurso e o poder*: ensaio sobre a sociologia da retórica jurídica. Porto Alegre: Sérgio Fabris, 1988. 115p.

———. *Um discurso sobre as ciências*. 13. ed. Porto: Afrontamento, 2002a. 59p.

———. *Introdução a uma ciência pós-moderna*. 3 ed. Porto: Afrontamento, 2000. 199p.

———. *Pela mão de Alice*: o social e o político na pós-modernidade. 2. ed. São Paulo: Cortez, 1996. 348p.

———. *A crítica da razão indolente*: contra o desperdício da experiência. Para um novo senso comum: a ciência, o direito e a política na transição paradigmática. 4. ed. São Paulo: Cortez, 2002b. v. 1.

SCHAFF, Adam. *História e verdade*. São Paulo: Martins Fontes, 1980. 317p.

THIOLLENT, Michel. *Metodologia da pesquisa-ação*. 11. ed. São Paulo: Cortez, 2002. 108p.

VALA, Jorge. A análise de conteúdo. *In*: PINTO, José Madureira, SILVA, Augusto Santos (Org.). *Metodologia das ciências sociais*. 8. ed. Porto: Afrontamento, 1986. p. 101-128.

VIEHWEG, Theodor. *Tópica e jurisprudência*. Tradução Tércio Sampaio Ferraz Júnior. Brasília: UNB, 1979. 166p.

VILHENA, Paulo Emílio Ribeiro de. *Direito público, direito privado*: sob o prisma das relações jurídicas. 2. ed. rev. amp. Belo Horizonte: Del Rey, 1996.

WITKER, Jorge. *Como elaborar una tesis en derecho*: pautas metodologicas y técnicas para el estudiante o investigador del derecho. Madrid: Civitas, 1985. 148p.

ANEXO A

PROJETO DE PESQUISA VERTENTE DOGMÁTICO-JURÍDICA

UNIVERSIDADE FEDERAL DE MINAS GERAIS
FACULDADE DE DIREITO

LUDMILLA SANTOS DE BARROS CAMILLOTO

DENÚNCIA ESPONTÂNEA:

exegese e aplicação do art. 138 do Código Tributário Nacional frente ao entendimento do Superior Tribunal de Justiça

Projeto de pesquisa apresentado pela aluna Ludmilla Santos de Barros Camilloto à disciplina de Metodologia da Pesquisa Jurídica do Programa de Pós-Graduação da Faculdade de Direito, da Universidade Federal de Minas Gerais – UFMG, ministrada pela Profa. Miracy Barbosa de Sousa Gustin.

Belo Horizonte
2005

RESUMO

A abrangência do instituto da denúncia espontânea, expressa no artigo 138 do Código Tributário Nacional, é questão amplamente discutida entre doutrinadores e especialistas do Direito Tributário. Tal discussão acontece quanto à sua exegese e aplicabilidade, tendo em vista que o Superior Tribunal de Justiça vem decidindo, na maior parte das vezes, em detrimento do contribuinte que se autodenúncia, bem como vem exigindo requisitos não necessários para a configuração do instituto em apreço. O objetivo precípuo desta pesquisa está em demonstrar a finalidade do instituto da denúncia espontânea assim como investigá-lo minuciosamente, a fim de verificar a possibilidade de sua aplicação diante de três questões corriqueiras no mundo jurídico, quais sejam, quando o contribuinte autodenunciante é infrator de obrigação acessória; quando o mesmo pede o parcelamento do débito fiscal juntamente com sua denúncia; e ainda quando o tributo não pago é sujeito ao lançamento por homologação. Para a persecução deste fim, será adotado como marco teórico a afirmação feita pelo professor italiano Emilio Betti (1990) acerca do processo teleológico que deve ser seguido quando da interpretação de qualquer norma jurídica, baseando-se na finalidade desta para que haja uma consonância entre o pretendido pela *ratio legis* e o fato hipotético por ela regulado. O caminho metodológico percorrerá a análise de conteúdos doutrinários, bem como pareceres e legislações, e especialmente das jurisprudências do Superior Tribunal de Justiça, buscando assim, retirar os pontos fundamentais de cada posicionamento, perquirindo-os e apresentando, por fim, a solução obtida. Apresentar-se-á como hipótese a possibilidade da configuração da denúncia espontânea e conseqüente perdão da multa, quando o cerne da questão for qualquer dos casos expostos. Ou seja, a hipótese será a de cabimento da denúncia espontânea quando da infração à obrigação acessória, quando houver pedido de parcelamento e, ainda, quando se tratar de tributo sujeito ao chamado lançamento por homologação.

Palavras-chave: Denúncia espontânea. Interpretação teleológica. Superior Tribunal de Justiça.

SUMÁRIO

1 DEFINIÇÃO DO TEMA-PROBLEMA

Reza o art. 138 do Código Tributário Nacional, acerca do instituto da denúncia espontânea:

> Art. 138. A responsabilidade é excluída pela denúncia espontânea da infração, acompanhada, se for o caso, do pagamento do tributo devido e dos juros de mora, ou do depósito da importância arbitrada pela autoridade administrativa, quando o montante do tributo dependa de apuração.
>
> Parágrafo único. Não se considera espontânea a denúncia apresentada após o início de qualquer procedimento administrativo ou medida de fiscalização, relacionados com a infração. (BRASIL, 2005).

O problema que se apresenta é se existe a possibilidade de contrariar a exegese do Superior Tribunal de Justiça (STJ) no que tange à aplicação do art. 138 do Código Tributário Nacional (CTN), em especial quando se tratar de infração à obrigação acessória, parcelamento e lançamento por homologação.

Discute-se nesta pesquisa a real extensão do instituto da denúncia espontânea, buscando sua finalidade, principalmente quando do surgimento das seguintes situações:

1) se a norma em questão abrange além das infrações à obrigação principal, também aquelas infrações às obrigações acessórias, elidindo a responsabilidade e ficando o contribuinte isento de multa quando descumprir prescrição legislativa que impõe a prática ou abstenção de ato, ou seja, deveres de fazer ou não fazer exigidos no interesse da arrecadação e fiscalização;
2) se quando o contribuinte infrator, ao se autodenunciar, pedir o parcelamento de sua dívida, ficará a salvo da sanção pecuniária. Ou seja, se só merece o amparo do instituto aquele que realiza o pagamento integral do tributo devido, além dos juros de mora e correção monetária ou do depósito;
3) se é possível a aplicação da denúncia espontânea em relação aos tributos sujeitos ao lançamento por homologação, quando o débito fiscal estiver devidamente declarado ou registrado nos documentos e livros fiscais do contribuinte. Ou seja, se o contribuinte merece o perdão, ficando isento de multa, quando realizar o pagamento em atraso de tributo por ele declarado, anteriormente à fiscalização da Fazenda Pública.

2 OBJETIVOS

2.1 Objetivos gerais

a) Demonstrar a finalidade, extensão e aplicabilidade do instituto da denúncia espontânea, partindo de uma interpretação teleológica do art. 138 do CTN.

b) Propor a possibilidade de sua permissão quando da ocorrência de infração à obrigação acessória, quando do pedido de parcelamento da dívida e ainda, quando se tratar de tributo sujeito ao lançamento por homologação que, destarte, eximiria o contribuinte da sanção pecuniária.

2.2 Objetivos específicos

a) Analisar em profundidade o instituto da denúncia espontânea apontando seus elementos constitutivos.

b) Enumerar os requisitos, consagrados na norma em questão, imprescindíveis para a aplicação do permissivo legal.

c) Levantar e interpretar dados jurisprudenciais examinando as decisões proferidas pelo Poder Judiciário, especialmente, pelo Superior Tribunal de Justiça (STJ).

d) Realizar estudo comparado das doutrinas especializadas concernentes à questão.

e) Identificar princípios constitucionais e tributários que fundamentem o art. 138 do CTN.

f) Fundamentar a possibilidade de aplicação da denúncia espontânea nos casos de infração à obrigação acessória, parcelamento da dívida e tributos sujeitos ao lançamento por homologação.

3 JUSTIFICATIVA

A pesquisa proposta se faz necessária pela divergência de opiniões entre os doutrinadores selecionados e o Superior Tribunal de Justiça, uma vez que este último vem decidindo em detrimento do contribuinte infrator que se utiliza do beneplácito do art. 138 do CTN para se autodenunciar e ter sua responsabilidade excluída, ficando, por conseguinte, isento do pagamento de multa.

Tal órgão julgador, vem realizando interpretações extensivas do artigo em tela, esquecendo de inseri-lo no contexto em que se encontra, através da interpretação sistemática e, principalmente, se esquivando de analisá-lo teleologicamente, buscando, assim, a finalidade da norma.

Destarte, a justificativa para o presente trabalho está em apurar o sentido e alcance da denúncia espontânea, apresentando os requisitos realmente imprescindíveis para sua configuração, utilizando, para tanto da interpretação teleológica, não deixando de lado a interpretação sistemática. É com base nesses momentos da interpretação, que se pode dizer que o STJ está malferindo o fim inspirador da norma, deturpando sua finalidade e acrescentando-lhe requisitos inexistentes para sua aplicação.

Em suas decisões, de acordo com as três questões apresentadas no problema exposto, o STJ tem praticamente levado o instituto da denúncia espontânea à sua completa extinção, uma vez que se posiciona contrariamente à sua aplicação quando do surgimento das situações em que basicamente se resume a provável utilização do benefício concedido pelo legislador.

4 HIPÓTESE

Considerando a teoria desenvolvida por Emílio Betti (1990) acerca da interpretação teleológica, afirma-se ser possível interpretar o instituto da denúncia espontânea diferentemente do STJ, podendo aplicá-la quando do surgimento de qualquer dos casos apresentados no problema exposto, quais sejam, quando houver infração à obrigação acessória, parcelamento de dívidas tributárias ou tributos sujeitos ao lançamento por homologação.

Se o legislador permitiu que o contribuinte ao se denunciar espontaneamente tivesse sua responsabilidade elidida, é porque assim o quis, ou seja, esta é a *ratio legis*, não podendo o intérprete estender ou restringir a norma segundo convicções distintas do conteúdo da lei. O legislador teria ressaltado, expressamente no artigo, que se tratava de infração à obrigação principal, ou ainda, que o pagamento deveria ser realizado de forma integral se fosse contrário à aplicação da denúncia espontânea quando o contribuinte cometesse infrações à obrigação acessória ou ao parcelamento, por exemplo.

4.1 Variáveis

Apresenta-se como **variável independente** o conceito normativo de denúncia espontânea. São **variáveis dependentes** a obrigação acessória, o parcelamento e o lançamento por homologação. Podem ser adotados como **indicadores** os posicionamentos do STJ, a interpretação teleológica e entendimentos de doutrinadores brasileiros e estrangeiros acerca do instituto da denúncia espontânea.

5 METODOLOGIA

O art. 138 do CTN, doutrinariamente chamado de "ponte de ouro", vem despertando dúvida acerca de sua extensão e aplicabilidade.

Deste modo, o que se busca é a real extensão do benefício aos contribuintes que se denunciam espontaneamente, partindo de uma interpretação teleológica para verificar sua finalidade e estabelecer seus limites.

5.1 Marco teórico

O Professor Emilio Betti (1809-1968), jurista e historiador do direito, preocupou-se com a construção de uma teoria da interpretação jurídica que tem por objetivo garantir o êxito epistemológico da atividade interpretativa. Para tanto elaborou uma metodologia que privilegia a interpretação teleológica para alcançar o sentido do ordenamento jurídico. O marco teórico no qual a pesquisa se baseia é a assertiva feita por Betti (1990, p. 3):

> Um processo teleológico voltado a transformar o real (a realidade) segundo certos fins se verifica em qualquer gênero das atividades práticas: ele é especialmente evidente naquelas atividades éticas, onde as ações se colocam a serviço dos ideais superiores, que somente por seu valor possam atuar; mas não menos evidente o processo normativo do direito se realiza com base no processo teleológico, enquanto disciplina da vida das relações, onde a típica hipótese de fato (norma) relaciona-se com situações correspondentes segundo certos critérios de valorações comparativas dos interesses em conflito.[1]

O pensamento acima transcrito deixa claro que o processo de interpretação ocorrido nas ciências éticas (aquela voltadas para uma ação prática) deve ser permeado pela realização de suas finalidades. Desta forma, a interpretação deverá estar voltada para cumprimento da finalidade, ou seja, do valor que norteia determinada ação prática.

Para o aplicador do direito o problema da segurança jurídica surge na investigação (histórica) dos interesses (valores) protegidos pela norma jurídica. Por outro lado, na hora da adaptação das valorações iniciais (primeiro momento) à situação social em que a

[1] "Un processo teleologico rivolto a trasformare il reale secondo certi fini si verifica in ogni genere di attività pratica: specialmente evidente esso è nell'etticità, dove l'azione se mette al servizio di superiori ideali, che solo per suo ministero possono attuarsi (§§ 7-8) (7); ma non meno evidente esso é nel processo normativo del diritto, in quanto disciplina della vita di relazione, che a tipiche ipotesi di fatto ricollega situazioni corrispondenti secondo certi criteri di valutazione comparativa degli interessi in conflito (8)." (BETTI, 1990, p. 3).

norma deve ser aplicada, surge a necessidade da correção da decisão e, principalmente, do respeito à finalidade do disposto na norma. Logo, os métodos de interpretação consagrados por Betti (1990) são o teleológico e o histórico.

A observação da finalidade e dos valores de determinada atividade prática está presente, de forma essencial, na Ciência do Direito. Deste modo, o processo de aplicação do direito deverá obedecer a um processo de interpretação que se voltará para a teleologia da norma a ser seguida.

5.2 Procedimentos metodológicos

A pesquisa que se propõe pertence à vertente jurídico-teórica, por basear-se no conceito, interpretação e aplicação de uma norma jurídica, que está inserida no art. 138 do Código Tributário Nacional. Por conseguinte, a pesquisa segue o tipo metodológico (ou de investigação jurídica) chamado jurídico-exploratório, através da análise do instituto da denúncia espontânea com sua decomposição em diversos aspectos, e também o tipo jurídico-propositivo, uma vez que parte do questionamento de uma norma com o intuito de propor, ainda que audaciosamente, certas mudanças no entendimento do Superior Tribunal de Justiça, em prol do contribuinte.

De acordo com as técnicas de análise de conteúdo, afirma-se que se trata de uma pesquisa teórica, de modo que o procedimento adotado para que se demonstre que é possível a aplicação do benefício da denúncia espontânea aos contribuintes que se auto-denunciam é a análise de conteúdo de textos doutrinários, pareceres, normas,e resoluções.

Far-se-á também um levantamento de dados jurisprudenciais, analisando as posições do Superior Tribunal de Justiça, bem como perquirindo as características e elementos apontados por este para seu posicionamento desfavorável ao contribuinte que se utiliza do permissivo legal.

5.3 Dados da pesquisa

Quanto à natureza dos dados, são dados primários da pesquisa as leis, resoluções e demais normas, bem como a jurisprudências do STJ relacionadas com o assunto; e são dados secundários da pesquisa as doutrinas referentes ao Direito Tributário e sua interpretação, além das específicas que abordam a denúncia espontânea, e as legislações comentadas.

6 FASES DA PESQUISA

FASE 1 – Conhecimento do objeto de estudo e redefinição da investigação:

- aprofundamento das pesquisas bibliográficas e das legislações;
- reelaboração e detalhamento do plano de pesquisa;
- organização do tema de estudo;
- levantamento bibliográfico;
- análise da literatura especializada acerca de Direito Tributário e mais especificamente sobre denúncia espontânea;
- discussão com o orientador e com pares para análise em profundidade do objeto de pesquisa.

FASE 2 – Investigação, interpretação e qualificação do marco teórico do estudo:

- organização e agrupamento de dados bibliográficos coletados na fase anterior;
- análise crítico-interpretativa e de qualificação dos elementos a serem aprofundados pela pesquisa;
- aprofundamento do marco teórico;
- confirmação ou refutação da hipótese levantada pela pesquisa;
- discussão com o orientador.

FASE 3 – Discussão e revisão de textos:

- revisão de conteúdo e checagem das proposições iniciais;
- redação preliminar da dissertação;
- discussão do texto preliminar com o orientador;

FASE 4 – Redação do relatório final da pesquisa e divulgação dos resultados obtidos:

- discussão com o orientador;
- redação final da dissertação;
- revisão de texto e edição final;
- defesa da dissertação perante a banca especializada;
- divulgação e publicação dos resultados obtidos.

7 CRONOGRAMA FÍSICO

Etapas/ Atividades	2005			2006		
	jan	maio	set	jan	maio	set
Fase 1 – Conhecimento do Objeto de Estudo e Redefinição da Investigação. 1) aprofundamento das pesquisas bibliográficas; 2) levantamento bibliográfico; 3) reelaboração do plano de pesquisa; 4) análise da literatura especializada acerca da denúncia espontânea; 5) elaboração de relatório parcial e discussão com o orientador.	------	------	------			
Fase 2 - Investigação, interpretação e qualificação do marco teórico do estudo. 1) organização e agrupamento de dados bibliográficos coletados na fase anterior; 2) análise crítico-interpretativa e de qualificação dos elementos a serem aprofundados pela pesquisa; 3) aprofundamento do marco teórico; 4) confirmação ou refutação da hipótese levantada pela pesquisa; 5) elaboração de relatório parcial e discussão com o orientador.		------	------	------		
Fase 3 – Discussão e revisão de textos. 1) revisão de conteúdo; 2) checagem das proposições iniciais; 3) revisão e análise da bibliografia levantada; 4) elaboração de relatório parcial e discussão com o orientador.			------	------	------	------
Fase 4 – Redação do texto final da pesquisa e divulgação dos resultados obtidos. 1) análise preliminar dos resultados obtidos; 2) análise preliminar dos conceitos analíticos obtidos. 3) discussão do texto preliminar com o orientador;				------	------	
Fase 5 – Elaboração do relatório final em fase definitiva					------	------

REFERÊNCIAS E BIBLIOGRAFIA BÁSICA PRELIMINAR

BALEEIRO, Aliomar. *Direito Tributário Brasileiro*. 4. ed. Atualizada por Misabel Abreu Machado Derzi. Rio de Janeiro: Forense, 2001. 1063 p.

BETTI, Emilio. *Teoria Generale della Interpretazione*. I. Milano Dott: A Giuffrè Editore, 1990.

BONITO, Rafhael Frattari. *Denúncia Espontânea e tributos sujeitos ao "lançamento por homologação":* novo requisito na jurisprudência do STJ? 2005 (não publicado).

BRASIL. Código Tributário Nacional. Disponível em: <www.planalto. gov.br/ legislação/códigos> Acesso em: nov. 2005.

CARVALHO, Paulo de Barros. *Curso de Direito Tributário*. 8. ed. São Paulo: Saraiva, 1996.

COÊLHO, Sacha Calmon Navarro. *Curso de Direito Tributário Brasileiro*. 5. ed. Rio de Janeiro: Forense, 2000. 801 p.

________. *Infrações tributárias e suas sanções*. São Paulo: Resenha Tributária, 1982.

________. *Comentários ao Código Tributário Nacional*: (Lei n. 5172, de 25.10.1966). *In*: NASCIMENTO, Carlos Valder do (Coord.). *Comentários ao Código Tributário Nacional*. 4. ed. Rio de Janeiro: Forense, 1999.

COSTA, Alexandre Freitas. A denúncia espontânea. *Revista da ABDT*. São Paulo, n. 53, p. 249-265, jun. 2000.

COSTA JÚNIOR, Paulo José; DENARI, Zelmo. *Infrações tributárias e delitos fiscais*. 4. ed. São Paulo: Saraiva, 2000. 167 p.

FANUCCHI, Fábio. *Curso de Direito Tributário Brasileiro*. 3. ed. São Paulo: Resenha Tributária, 1975.

FLÓRIDO, Luiz Augusto Irineu; BARROS, Afonso Cláudio Aquino de; BAZHUNI, Marco Antônio. *Curso de Direito Tributário*. 6. ed. Atualizada de acordo com a Constituição de 1988. Rio de Janeiro: Líber Júris, 1992. 239 p.

FIGUEIREDO, Lúcia Valle. Denúncia espontânea e parcelamento de débitos. *Revista da ABDT*, São Paulo, n. 76, p. 107-120, mar. 2001.

GUSMÃO, Paulo Dourado de. *Introdução ao estudo do Direito*. 30. ed. Rio de Janeiro: Forense, 2001, 459 p.

NOGUEIRA, Rui Barbosa. *Curso de Direito Tributário*. 13. ed. São Paulo: Saraiva, 1994. 346 p.

SILVA, Sérgio André R. G. da. Denúncia espontânea e lançamento por homologação: comentários acerca da Jurisprudência do STJ. *Revista Dialética de Direito Tributário*, São Paulo, n. 98, p.106-112, nov. 2003.

TAVARES, Alexandre Macedo. O parcelamento do débito fiscal espontaneamente confessado à luz do novo art. 155-A, § 1°, do Código Tributário Nacional. *Revista Dialética de Direito Tributário*, São Paulo, n. 71, p.18-24, ago. 2001.

ANEXO B
EXEMPLO DE QUESTIONÁRIO PARA ACOMPANHAMENTO DE EGRESSOS

Fundação Educacional Monsenhor Messias
Faculdade de Direito de Sete Lagoas

Acompanhamento de Egressos
Curso de Graduação em Direito da FADISETE

Convênio:
UFMG/Faculdade de Direito/NIEPE
FEMM/Faculdade de Direito/Coordenação Pedagógica

Fevereiro
2001

Fundação Educacional Monsenhor Messias
Faculdade de Direito de Sete Lagoas

Acompanhamento de Egressos
Curso de Graduação em Direito da FADISETE

Instruções para preenchimento do Questionário

- As informações solicitadas neste questionário referem-se a seu histórico escolar e a seu histórico ocupacional, além de alguns dados pessoais.
- Responda, colocando no quadrinho à direita das alternativas, o código correspondente àquela ou àquelas escolhida(s). As questões são, em sua maioria, pré-codificadas.

  Exemplo: Indique em que medida os fatores abaixo pesaram como dificuldade para você concluir seu curso. Responda **todos os itens** de acordo com os códigos seguintes:

  0 = Nada 1 = Pouco 2 = Bastante 3 = Muito

1. [3] poucos recursos para custear o curso (mensalidades, livros e outros materias)
2. [2] professores desestimulantes
3. [1] desinteresse pelo curso
4. [1] dificuldade de aprovação em determinadas disciplinas
5. [3] dificuldades de conciliar o curso com outras atividades (trabalho fora de casa, obrigações domésticas, etc.)
6. [1] falta de base no curso de nível médio
7. [ ] outro ______________________________

- Em outros casos, solicita-se apenas a indicação das alternativas que se aplicam. A resposta então será dada marcando com um "x" todas as escolhidas.

  Exemplo: Por que você não está trabalhando? (Assinale todas as escolhidas que se aplicam)

  1. [X] Não preciso trabalhar.
  2. [ ] Estou estudando e desejo dedicar-me só aos estudos
  3. [ ] Tenho que cuidar de minha família.
  4. [ ] Os empregos que poderia conseguir são pouco atraentes.
  5. [ ] Fui despedido do emprego que tinha.

FACULDADE DE DIREITO DE SETE LAGOAS Questionário de acompanhamento de egressos[1] Ano de remessa: 2001	Não escrever na margem direita ☐ ☐ ☐ ☐
DADOS PESSOAIS Q. 1. Sexo: 1. ☐ Masculino 2. ☐ Feminino Q. 2. Idade: _____ anos. Q. 3. Estado Civil: 1. ☐ Solteiro 2. ☐ Casado, ou outra forma de união. 3. ☐ Desquitado, divorciado ou viúvo.	Recebido em: __/__/__
Atenção: Procure caracterizar da forma mais precisa possível a ocupação e o cargo, bem como as principais tarefas desempenhadas. **Exemplo:** **Ocupação:** Professor de ensino de 2º Grau. **Atividades:** Ministrar aula; participar de reuniões de planejamento dos cursos de programas; elaborar ou selecionar o material didático. **Ocupação:** Assessor jurídico de empresa. **Atividades:** Acompanhar ações na área trabalhista; propor novas regulamentações internas. Caso possua mais de um emprego, refira-se àquele ao qual dedica mais tempo. Q. 4. Ocupação que seu pai (ou responsável) exerce ou exerceu por mais tempo: ____ Descreva brevemente as atividades desempenhadas ou o cargo ocupado: ____ ____	☐ ☐ ☐ ☐ ☐
Q. 5. Indique o nível de escolaridade dos pais ou responsáveis: Pai ☐ Mãe ☐ 1. analfabeto 2. primário incompleto (ou alfabetizado) 3. primário completo 4. ginasial incompleto 5. ginasial completo 6. colegial, técnico ou normal incompleto 7. colegial, técnico ou normal completo 8. superior incompleto 9. superior completo [1] Questionário elaborado por Miracy B. S. Gustin e Vanessa Paiva.	

HISTÓRICO ESCOLAR

Dados de 2º grau:

Q. 6. Escreva o nome e o local da instituição onde você obteve o diploma de 2º Grau:

Local:

Instituição:

1. ☐ Particular 2. ☐ Pública 3. ☐ Comunitária

Dados da graduação

Q. 7. Em que turno freqüentou a maior parte do seu curso?

1. ☐ Diurno 2. ☐ Noturno

Q. 8. Data de início e conclusão do curso de graduação:

Início: ____________(ano) Conclusão: ____________(ano)

Q. 9. Indique em que medida as razões abaixo influenciaram a escolha de seu curso de graduação. Responda cada item de acordo com os códigos seguintes:

0 = Nada 1= Pouco 2 = Bastante 3 = Muito

1. ☐ adquirir conhecimentos específicos
2. ☐ aumentar cultura geral
3. ☐ incentivo da família ou amigos
4. ☐ conseguir promoção no emprego
5. ☐ maiores oportunidades no mercado de trabalho
6. ☐ possibilidade de conseguir maior renda nesta carreira
7. ☐ ausência de alternativa melhor no local onde morava
8. ☐ maior facilidade para ingressar no curso
9. ☐ por já exercer atividades relacionadas ou semelhantes
10. ☐ não podia deixar de trabalhar durante o curso
11. ☐ menor custo para realização do curso
12. ☐ outra. Especifique: ____________________________

Atenção: caso você assinale mais de uma razão com o código "3" (muito), envolva com um círculo o quadrinho da alternativa que julga mais importante

Q. 10. Indique em que medida os fatores abaixo pesaram como dificuldade para você concluir seu curso. Responda todos os itens de acordo com os códigos seguintes: **0 = Nada 1= Pouco 2 = Bastante 3 = Muito** 1. ☐ poucos recursos para custear o curso (mensalidades, livros e outros materiais) 2. ☐ professores desestimulantes 3. ☐ desinteresse pelo curso 4. ☐ dificuldade de aprovação em determinadas disciplinas 5. ☐ dificuldades de conciliar o curso com outras atividades (trabalho fora de casa, obrigações domésticas, etc.) 6. ☐ falta de base no curso de nível médio 7. ☐ outro **Atenção:** dentre os fatores em que você assinalou o código "3" (muito) envolva com um círculo o quadrinho da alternativa que julga mais importante.	
Q. 11. Indique como você se mantinha durante o curso universitário. Responda cada item de acordo com os códigos seguintes: **0 = Não se aplica 1 = Meio secundário 2 = Meio principal** 1. ☐ apoio dos pais ou responsáveis 2. ☐ apoio do cônjuge 3. ☐ bolsa de estudos 4. ☐ trabalho 5. ☐ crédito educativo 6. ☐ bolsa de pesquisa/estágio 7. ☐ outras fontes (especifique) ____________	
Q. 12. Dentre as assertivas abaixo, assinale com um "x" todas as que se aplicam ao seu curso: 1. ☐ Concluí outro curso universitário. Qual? ____________ 2. ☐ Estou realizando outro curso universitário. Qual? ________ 3. ☐ Concluí um curso de aperfeiçoamento (mínimo de 180 horas) 4. ☐ Estou fazendo curso de aperfeiçoamento 5. ☐ Concluí curso de especialização (mínimo 360 horas)	

6. ☐ Estou fazendo curso de especialização
7. ☐ Concluí curso de mestrado. Área: ____________
8. ☐ Estou fazendo curso de mestrado. Área: ____________
9. ☐ Estou fazendo curso de doutorado. Área: ____________
10. ☐ Não realizei outros cursos
11. ☐ Outra. Especifique: ____________

HISTÓRICO OCUPACIONAL

Se você nunca trabalhou, passe para a **QUESTÃO 31**

Atenção: Procure caracterizar da forma mais precisa possível a ocupação e o cargo, bem como as principais tarefas desempenhadas.

Exemplo:

Ocupação: Professor de ensino de 2º Grau.

Atividades: Ministrar aula; participar de reuniões de planejamento dos cursos de programas; elaborar ou selecionar o material didático.

Ocupação: Assessor jurídico de empresa.

Atividades: Acompanhar ações na área trabalhista; propor novas regulamentações internas.

Caso possua mais de um emprego, refira-se àquele ao qual dedica mais tempo

Indique a ocupação principal exercida em três momentos de sua vida profissional: durante o curso, logo após de formado e atualmente. Descreva brevemente as funções e atividades desempenhadas. Se não mudou de trabalho depois de formado escreva "o mesmo".

Q. 13. Ocupação durante a maior parte do curso:

____________ ☐☐☐☐☐

Funções e atividades desempenhadas e/ou áreas de exercício:

Q. 14. Primeira ocupação após a conclusão do curso:

____________ ☐☐☐☐☐

Funções e atividades desempenhadas e/ou áreas de exercício:

Q. 15. Ocupação atual ou mais recente:

____________ ☐☐☐☐☐

Funções e atividades desempenhadas e/ou áreas de exercício:

____

Q. 16. Quanto tempo você levou para conseguir seu 1.º trabalho após concluir o curso universitário?

1. ☐ Já estava trabalhando
2. ☐ Na época não estava procurando emprego
3. ☐ Ainda não encontrei emprego
4. ☐ Menos de 2 meses
5. ☐ 2 a 6 meses
6. ☐ 7 meses a 1 ano
7. ☐ 1 a 2 anos
8. ☐ Mais de 2 anos

	Durante a maior parte do curso	Primeiro emprego após a conclusão do curso	Emprego atual ou mais recente
Q. 17. Local onde trabalha ou trabalhou: 1. Governo Federal (Adm. Direta, Fundação e Autarquia) 2. Governo Estadual ou Municipal (Adm., Fund. e Autarquia) 3. Empresa Pública ou sociedade de economia mista 4. Empresa privada 5. Sociedade ou escritório de autônomos 6. Autônomo 7. Outro. Especificar. Área:______________________	☐	☐	☐
Q. 18. Setor onde exerce ou exerceu a atividade principal: 1. Agricultura e correlatas 2. Indústria e correlatas 3. Construção civil 4. Serviços públicos 5. Comércio 6. Instituições de Crédito e correlatas 7. Serviços de Alojamento e Alimentação (hotéis, restaurantes e similares) 8. Serviços Técnicos 9. Serviços profissionais no campo jurídico Área:______________________ 10. Serviços comunitários e sociais 11. Serviços de diversão, esporte, TV, etc 12. Serviços públicos de Defesa e Segurança 13. Ensino de 1.º, 2.º Grau e aulas particulares 14. Instituições de Ensino Superior (atividades administrativas) 15. Outros serviços ou atividades	☐	☐	☐

Q. 19. Indique o quanto o seu trabalho se relacionava ou se relaciona com o seu curso superior. Use os seguintes códigos: **0 = Nada 1 = Pouco 2 = Bastante 3 = Muito**	□	□	□

Q. 20. Se seu trabalho atual ou mais recente está POUCO ou NADA relacionado ao curso, marque com um "x" todos os itens que se aplicam ao seu caso.

1. □ não gostei das experiências que tive em meus trabalhos relacionados
2. □ desde meu primeiro trabalho desenvolvi interesses diferentes dos trabalhos relacionados com o curso
3. □ estou ligado à firma de minha família ou de minha propriedade
4. □ encontrei um trabalho que remunera melhor
5. □ encontrei um trabalho com maiores oportunidade de ascensão funcional
6. □ fiz curso para trabalho relacionado, mas não fui aprovado
7. □ queria trabalhar em tempo parcial ou com horário flexível
8. □ não consegui trabalho relacionado, embora o tivesse preferido
9. □ os trabalhos relacionados exigem experiência anterior
10. □ não fui indicado por pessoas influentes
11. □ outros. Especificar: ______________________________

Atenção: Envolva com um círculo o quadrinho referente ao item considerado mais importante.

Q. 21. Para seu exercício profissional você considera importante o estágio supervisionado curricular?

1. □ Muito importante
2. □ Importante
3. □ Pouco ou nada importante
4. □ O currículo não exigia estágio supervisionado

Se você atualmente não está trabalhando, passe para a questão 25

Q. 22. Quantas horas você trabalha por semana? (tendo mais de um trabalho, registre o total de horas trabalhadas nos dois)

__________ horas

Q. 23. Quantos trabalhos você tem?

1. □ Um 2. □ Dois 3. □ Três

Q. 24. Indique como conseguiu ingressar no emprego que você está exercendo, desde que correlacionado com seu curso de Direito (marque com "x" todos os itens que se aplicam)

1. □ Anúncio nos meios de comunicação
2. □ Agência de colocação e/ou associação de profissionais
3. □ Indicação ou convite de parentes ou amigos
4. □ Indicação de professores e/ou profissionais da área
5. □ Concurso ou seleção
6. □ Contato direto com o empregador
7. □ Na própria empresa ou instituição onde trabalhava, por ascensão ou promoção
8. □ Por estabelecer-me por conta própria
9. □ Não se aplica

Atenção: Envolva com um círculo o quadrinho referente ao item considerado mais importante. O último item ("não se aplica") refere-se àqueles que nunca tiveram emprego na área jurídica.

Q. 25. Há quanto tempo está (esteve) no seu emprego atual ou mais recente?

1. □ menos de 6 meses
2. □ 6 meses a 1 ano
3. □ mais de 1 até 2 anos
4. □ mais de 2 até 3 anos
5. □ mais de 3 até 4 anos
6. □ mais de 4 até 5 anos
7. □ mais de 5 anos
8. □ trabalho como autônomo

Q. 26. Indique em que medida os seguintes aspectos que influenciaram na aquisição dos conhecimentos necessários a seu trabalho atual ou mais recente. Responda cada item de acordo com os códigos seguintes:

0 = Nada 1 = Pouco 2 = Bastante 3 = Muito

1. □ conteúdo das disciplinas profissionalizantes obrigatórias do meu curso
2. □ conteúdo das outras disciplinas do meu curso
3. □ outro curso universitário
4. □ experiência de trabalho
5. □ atividades de extensão universitária

6. □ programas de treinamentos oferecidos pelo empregador
7. □ contatos com outras empresas no trabalho (aprender vendo outras pessoas fazerem algo)
8. □ conteúdo de cursos de pós-graduação (mestrado, doutorado)
9. □ estágio realizado durante o curso
10. □ outro. Especifique: ______________________

Atenção: Dentre os aspectos que você assinalou 3 (muito), envolva com um círculo o quadrinho da alternativa que julga mais importante.

Q. 27. Após a conclusão do curso, quantas vezes você mudou o seu emprego principal?

0. □ Nenhuma
1. □ Uma
2. □ Duas ou três
3. □ Quatro ou mais

Q. 28. Indique o seu grau de satisfação em relação aos seguintes aspectos de seu emprego atual ou mais recente. Responda cada item de acordo com os códigos seguintes:

0 = Insatisfeito 1 = Pouco satisfeito 2 = Bastante satisfeito 3 = Muito satisfeito

1. □ salário
2. □ abonos, incentivos e outras vantagens
3. □ condições de trabalho (horário, local)
4. □ prestígio da instituição onde trabalho
5. □ variedade das atividades que desempenha
6. □ relacionamento pessoal no trabalho
7. □ competência de colegas
8. □ possibilidade de contatos com outros possíveis empregadores
9. □ estabilidade no emprego
10. □ oportunidade de treinamento oferecido por empregador
11. □ oportunidade de atuar com criatividade
12. □ oportunidade de utilizar os conhecimentos adquiridos na Faculdade
13. □ possibilidade de promoção
14. □ autonomia, independência
15. □ outro. Especifique: ______________________

Atenção: Dentre os aspectos em que você assinalou o código 3 (Muito satisfeito), envolva com um círculo o quadrinho da alternativa que julga mais importante.

Q. 29. Em relação ao seu emprego atual ou mais recente, com quais das seguintes afirmações você concorda? (assinale com um "x" todas as que se aplicam ao seu caso)

1. □ Pessoas com escolaridade menor que a minha estão trabalhando com emprego igual ao que tenho
2. □ Pessoas com escolaridade menor que a minha estariam aptas a ter o mesmo emprego que tenho
3. □ Tenho habilidades necessárias para desempenhar satisfatoriamente minhas atividades de trabalho
4. □ Dada minha formação e experiência considero-me "subempregado" ou subtilizado no meu trabalho
5. □ Se eu não tivesse freqüentado uma faculdade, não seria capaz de atuar satisfatoriamente no meu trabalho
6. □ Tenho habilidades necessárias para desempenhar funções mais complexas que as que exerço atualmente

Q. 30. De modo geral, qual o seu grau de satisfação em relação aos seguintes aspectos. Responda cada item de acordo com os códigos seguintes:

0 = Insatisfeito 1 = Pouco satisfeito 2 = Bastante satisfeito 3 = Muito satisfeito

1. □ vida em geral
2. □ vida familiar
3. □ qualidade das atividades de lazer
4. □ quantidade de tempo para as atividades de lazer
5. □ quantidade de tempo para dedicação à família
6. □ cidade onde você mora
7. □ perspectivas de vida
8. □ o curso realizado na faculdade

AS QUESTÕES 31 E 32 SÓ DEVERÃO SER RESPONDIDAS POR AQUELES QUE ATUALMENTE NÃO ESTÃO TRABALHANDO.

Q. 31. Há quanto tempo está procurando trabalho?

1. □ Não estou procurando trabalho
2. □ Menos de 2 meses
3. □ 3 a 6 meses
4. □ 7 meses a 1 ano
5. □ 1 a 2 anos
6. □ mais de 2 anos

Q. 32. Por que você não está trabalhando? (assinale todas as que se aplicam ao seu caso)

1. □ não preciso trabalhar
2. □ estou estudando e prefiro dedicar-me exclusivamente aos estudos
3. □ não me sinto capacitado para trabalhos em minha área
4. □ os empregos que poderia conseguir são pouco atraentes
5. □ os empregos que poderia conseguir requerem mudança para outra cidade
6. □ fui despedido do emprego que tinha
7. □ estou aguardando emprego já confirmado
8. □ os empregadores rejeitam empregados como eu, devido à idade
9. □ os empregadores rejeitam empregados como eu, devido ao sexo
10. □ os empregadores rejeitam empregados como eu, por não ter experiência em minha área de graduação
11. □ outros. Especifique: (deficiência física, cor, nacionalidade etc.)

Atenção: Envolva com um círculo o quadrinho da alternativa que julga mais importante.

Q. 33. Como você avalia hoje o seu curso em relação ao desenvolvimento das seguintes habilidades? Responda cada item de acordo com os códigos seguintes:

0 = Deficiente 1 = Regular 2 = Bom 3 = Excelente

1. □ capacidade de seleção e utilização de conhecimentos úteis à atividade profissional
2. □ habilidade de participação em grupos de trabalho (em escritórios, em assessorias de empresas ou de serviços públicos etc.)
3. □ capacidade de percepção crítica da realidade regional, nacional ou internacional
4. □ capacidade de leitura e interpretação de textos técnicos, filosóficos, teóricos
5. □ capacidade de reflexão e de utilização de conhecimentos de caráter inter disciplinar
6. □ aptidão para a pesquisa em Direito com ênfase não só em aspectos técnicojurídicos quanto nos campos filosóficos, sociológicos e políticos
7. □ habilidade de levantamento, avaliação e sistematização de dados no campo de conhecimento jurídico
8. □ capacidade de elaboração de textos técnicos

9. ☐ capacidade de elaboração de textos teóricos
10. ☐ habilidade de expressão verbal indispensável a sua prática profissional
11. ☐ autoconfiança no exercício profissional
12. ☐ ética profissional associada à responsabilidade para com a promoção da cidadania
13. ☐ capacidade de se responsabilizar por documentação pessoal ou institucional confidenciais
14. ☐ habilidade de emitir laudos e/ou pareceres técnicos que sejam fidedignos e verazes em relação a determinado fenômeno ou objeto jurídico
15. ☐ conduta criativa e autônoma na busca de soluções para os problemas do cotidiano profissional
16. ☐ capacidade ampla de relacionamento com outras pessoas no exercício da profissão
17. ☐ outra. Especifique: ______________________________

Atenção: Dentre os aspectos que você assinalou 3 (excelente), envolva com um círculo o quadrinho da alternativa que julga mais importante.

Q. 34. Assinale em que faixa se situa o total mensal dos seus rendimentos brutos, provenientes do conjunto de suas atividades profissionais, em janeiro de 2001 (se recebe mais de 12 salários por ano, calcule a média mensal de seus rendimentos):

1. ☐ menos de 1 salário mínimo
2. ☐ de 1 a 3 salários mínimos
3. ☐ de 3 a 5 salários mínimos
4. ☐ de 5 a 10 salários mínimos
5. ☐ de 10 a 15 salários mínimos
6. ☐ acima de 15 salários mínimos

DADOS COMPLEMENTARES PESSOAIS

Q. 35. Indique a renda mensal de sua família (inclusive a sua):

1. ☐ de 1 a 3 salários mínimos
2. ☐ de 3 a 5 salários mínimos
3. ☐ de 5 a 10 salários mínimos
4. ☐ de 10 a 15 salários mínimos
5. ☐ de 15 a 20 salários mínimos
6. ☐ acima de 20 salários mínimos

VISIBILIDADE DE MUDANÇAS NA FACULDADE

Q. 36. Do momento em que você entrou na FADISETE ao momento de sua conclusão de curso, ocorreram mudanças substanciais que influenciaram na melhoria do ensino, pesquisa e extensão? Indique qual a medida dessa influência:

0 = Nada 1 = Pouco 2 = Bastante 3 = Muito

1. ☐ maior adequação das instalações físicas e materiais
2. ☐ atendimento a interesses dos alunos quanto a inovações curriculares
3. ☐ aumento do bem-estar do aluno
4. ☐ melhoria da relação Universidade/meio
5. ☐ melhoria da relação ensino/pesquisa/extensão
6. ☐ melhoria da relação aluno/docente
7. ☐ melhoria das aulas (em termos de número de alunos e sala etc.)
8. ☐ melhoria da relação aluno/organizações estudantis
9. ☐ aumento das atividades complementares de graduação (atividades culturais, científicas etc.)
10. ☐ aumento de atividades práticas
11. ☐ maior acesso a acervo bibliográfico
12. ☐ acervo bibliográfico de melhor qualidade e mais atual
13. ☐ outra. Especifique: ____________________________

Q. 37. Considerando a maior capacitação de docentes e administrativos, em sua opinião, em que medida houve mudança nos últimos anos quanto a:

0 = Nenhuma 1 = Alguma 2 = Bastante 3 = Muita

1. ☐ aumento do tempo de trabalho entre aluno e professor
2. ☐ ensino mais adequado à realidade
3. ☐ melhor uso do acervo bibliográfico
4. ☐ inovações metodológicas
5. ☐ aumento e melhoria da participação de alunos e docentes nas atividades de pesquisa
6. ☐ aumento e melhoria da participação de alunos e docentes nas atividades de extensão
7. ☐ melhoria do planejamento das atividades de estágio
8. ☐ acompanhamento mais sistemático do estágio supervisionado
9. ☐ uso mais adequado de material didático
10. ☐ aumento da satisfação dos alunos com o curso

Q. 38. As mudanças curriculares na Faculdade foram importantes para que você, na condição de egresso do curso de graduação, fosse capaz de:

0 = não se aplica 1 = de certa importância 2 = importante

3 = muito importante

1. ☐ apresentar melhor desempenho em suas atividades
2. ☐ ter mais chances de emprego na área em que se especializou
3. ☐ conseguir mais prestígio dentre os profissionais da área
4. ☐ ter mais chances de ingresso em cursos de pós-graduação
5. ☐ adaptar-se melhor às condições reais do mercado de trabalho e de sua profissão

APÊNDICE A
PROPOSTA PARA FICHAMENTO DE TEXTOS

PROPOSTA PARA FICHAMENTO DE TEXTOS/LIVROS

1) Indicação bibliográfica precisa

Exemplos:

(LIVRO)

FERRAZ JÚNIOR, Tércio Sampaio. *Introdução ao estudo do direito*: técnica, decisão dominação. 3. ed. São Paulo: Atlas, 2001. 364p.

(ARTIGO)

RECASÉNS SICHES, Luis. La naturaleza del pensamiento jurídico. *Arquivos do Ministério da Justiça.* Brasília, n. 30, v. 125, p. 22- 31, jan./mar. 1973.

2) Informações sobre o autor

Exemplos:

Juiz do Tribunal de Alçada Civil de São Paulo

Professor/Diretor da Faculdade de Direito da UFRJ

Membro do Instituto Internacional de Filosofia do Direito e Sociologia Jurídica

Professor de Sociologia Jurídica/Direito Civil, etc.

3) Breve resumo do livro ou do artigo

Mostrar a orientação geral do livro ou artigo. Relatar as conclusões do autor sobre o assunto (parciais ou finais). Relatar as críticas feitas a outros autores ou correntes de pensamento.

É muito importante utilizar para o estudo de textos o procedimento de análise de conteúdo; sendo assim, devem-se anotar apenas os trechos que corresponderem às necessidades das variáveis teóricas previstas no projeto. Ver, no corpo do livro. A explicação sobre o procedimento de análise de conteúdo.

4) Citações de trechos do livro ou do artigo que merecerão ser citadas no relatório da pesquisa

Não esquecer de colocá-las **entre aspas** com **indicação precisa de página ou páginas**. Na citação que não é contínua, não esquecer de **colocar reticências entre colchetes** no lugar do trecho que se saltou [...]

5) Comentários pessoais

Esses comentários são para lembrar como se percebeu o texto na hora da leitura e em que ponto preciso do relatório da pesquisa seu conteúdo deve ser referido. E, ainda, as novas indicações para leitura encontradas no texto (autores citados em pé de página ou no texto, referências a leis ou a pareceres jurisprudenciais etc).

Os comentários pessoais podem aparecer no meio ou no final de citações. Nesse caso, sempre colocá-los entre colchetes.

APÊNDICE B
EXEMPLO DE RESUMO PARA PARTICIPAÇÃO EM ENCONTROS CIENTÍFICOS

B.3 – 010 – COSTUMES E DIREITO: UMA INTERLOCUÇÃO ENTRE A DOGMÁTICA E A SOCIOLOGIA JURÍDICA

Maria Tereza Fonseca Dias
(Departamento de Direito do Trabalho e Introdução ao Estudo do Direito, Universidade Federal de Minas Gerais)

Miracy Barbosa de Sousa Gustin
(Departamento de Direito do Trabalho e Introdução ao Estudo do Direito, Universidade Federal de Minas Gerais)

(INTRODUÇÃO) Os costumes, por serem normas que inspiram convicção de obrigatoriedade, são inegáveis dados da realidade que direcionam comportamentos, delineiam atividades humanas em sociedade e conseqüentemente influenciam o direito, sobretudo no que diz respeito à resolução de conflitos. Procurou-se, numa perspectiva dogmática do conhecimento jurídico, identificar em decisões proferidas pelos tribunais, sentenças, estudos doutrinários e entrevistas, o papel efetivo dos costumes sociais na resolução de litígios pelo Poder Judiciário e uma análise crítica da situação. Os resultados obtidos nesta fase podem ser assim sintetizados: a concepção de fontes do direito vincula-se necessariamente a uma concepção de direito; os costumes têm permitido uma expansão do conceito de direito e de sua origem; a natureza e função do direito é obscura por não se refletir (e conseqüentemente não reconhecer) sobre suas fontes reais de criação; os usos e costumes têm sido incorporado pela atividade jurisdicional brasileira não só como fonte formal do direito. Numa perspectiva sociológica do direito partiu-se para a análise de discurso e observação participante de reuniões com associações de bairro da Região Nordeste de Belo Horizonte, segundo indicações da pesquisa socioantropológica realizada por Boaventura Santos no Rio de Janeiro da década de 70. A metodologia empregada nesta fase é a da pesquisa-ação. Como resultados desta segunda fase podemos mencionar que a utilização de costumes locais por uma "comunidade urbana periférica" através da instituição de procedimentos próprios varia em proporção direta ao acesso à justiça; a proximidade ao discurso jurídico estatal através do acesso à justiça favorece a reprodução deste na comunidade, segundo demonstra o uso da linguagem "jurídica" pelos participantes das reuniões das associações de bairro na Região Nordeste de Belo Horizonte. O marco teórico adotado nas duas fases foi pano de fundo para a rediscussão do papel da Retórica e da Tópica (Viehweg) na Ciência do Direito.

APÊNDICE C
EXEMPLO DE PESQUISA DIAGNÓSTICA E ANÁLISE DE DADOS

Universidade Federal de Minas Gerais
Faculdade de Direito
COORDENADORIA ACADÊMICA

DIAGNÓSTICO DE INTERESSE E DISPONIBILIDADE PARA AS ATIVIDADES DE PESQUISA E DE ESTÁGIO

Belo Horizonte
1994

DIAGNÓSTICO DE INTERESSE E DISPONIBILIDADE PARA AS ATIVIDADES DE PESQUISA E DE ESTÁGIO

PÚBLICO-ALVO: ALUNOS DE GRADUAÇÃO DA FACULDADE DE DIREITO DA UNIVERSIDADE FEDERAL DE MINAS GERAIS

INSTRUMENTO: QUESTIONÁRIO DE MATRÍCULA – 2.º SEMESTRE 1994

As funções de ensino, pesquisa e extensão no nível universitário requerem planejamentos detalhados que derivem de diagnósticos sobre expectativas e disponibilidades do público. Nesse sentido, foi aplicado um questionário com os alunos da Faculdade de Direito, no nível de graduação, para a identificação e definição de expectativas e demandas, inclusive com delimitação de área ou matéria de interesse.

O questionário, em Anexo 1, constou de quatro grandes campos de indagação. O primeiro destinou-se à identificação do aluno (nome, n., período); o segundo considerou sua situação e condições de trabalho (se trabalha, local de trabalho e função, duração); o terceiro indagou sobre sua condição de estágio (se estagia, local e horário de estágio); e o último campo questionou sobre a disponibilidade e interesse pelas atividades de pesquisa e de estágio, com a especificação de preferência por área ou matéria.

Algumas falhas podem ser apontadas no questionário e que interferiram sobre a análise e resultados da pesquisa. Um questionário auto-aplicável deve conter indagações e comandos bastante precisos para não permitir dúvidas posteriores em sua tabulação. Assim, no último campo, onde o aluno respondeu que "não queria pesquisa", não fica claro se deseja estágio quando este espaço permaneceu em branco. Da mesma forma, no sentido inverso uma outra falha, e esta talvez ainda mais constrangedora, é quando se pergunta, em uma única indagação, se o aluno "tem tempo para pesquisa e gostaria de fazê-la". A mesma indagação repete-se para a atividade de estágio. Na tabulação surge o problema: quando o aluno responde negativamente ("não"), por exemplo, não se sabe se ele não tem tempo para a pesquisa (ou para o estágio, quando for o caso), ou se não gostaria de fazê-la. Para um diagnóstico que se prestará ao planejamento de funções universitárias, esta distinção entre "disponibilidade" e "interesse" é muito relevante. Se os comandos fossem mais impositivos essa falha não ocorreria.

Da mesma forma quanto a horário de trabalho. Melhor teria sido indagar sobre a duração diária do trabalho (4, 6, 8 horas ou outra?), o que facilitaria a tabulação e impediria dúvidas relacionadas à incorporação ou não de horário de almoço ou de outras interrupções na jornada diária. Uma outra falha do instrumento de pesquisa refere-se à incorporação ou não do estágio como atividade de trabalho. O questionário não permite que esta distinção seja feita.

Sabe-se que os métodos de levantamento (ou diagnóstico) são aqueles que têm por fim a obtenção de dados descritivos sobre determinada realidade ou público-alvo definido. Esse método, por sua própria natureza e forma de aproximação do objeto de estudo, não se destina a realizar análises de profundidade em sentido qualitativo. O máximo que se pode obter a partir de levantamentos realizados através da aplicação de questionário simples, não combinados a outras técnicas, são interpretações quantitativas de tipo linear ou correlacionadas a outros elementos obtidos na coleta de dados.

Não se deve esperar, portanto, uma análise mais abrangente. As observações deste relatório deverão, nesse sentido, traçar uma espécie de perfil dos alunos da Graduação, segundo seus interesses e disponibilidades em relação às funções de pesquisa e estágio, e tentar apontar problemas potenciais à vista das diretrizes curriculares ou de outros fatores relacionados com o tema. Pela mesma razão, a linguagem a se usar deverá ser objetiva e clara, sem pretensões de aprofundamento teórico-conceitual.

1 REPRESENTATIVIDADE DO DIAGNÓSTICO

Quanto à representatividade dos dados obtidos, pode-se afirmar que, em termos quantitativos globais, eles são bastante expressivos, ou seja, 87% dos alunos matriculados responderam ao questionário (Gráfico 1). Isto significa que, em uma base de 1474 pessoas, matriculadas no segundo semestre deste ano, 1280 responderam às indagações do questionário. O que, em termos estatísticos, pode ser considerado como um nível alto de representatividade no universo de alunos da Graduação.

GRÁFICO 1
Representatividade da Pesquisa

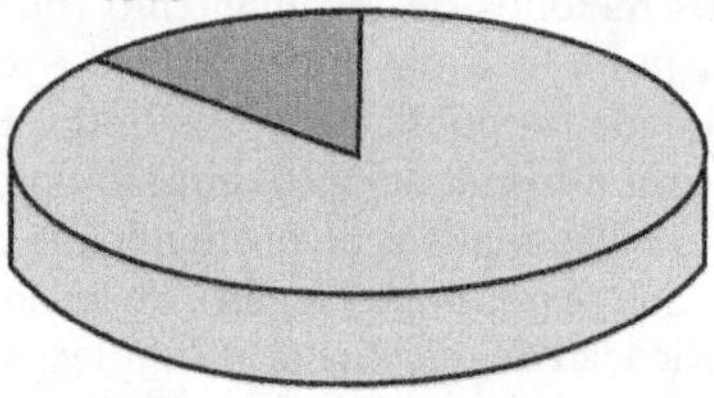

Fonte: Tabela 1.

Já em relação a cada período, dada a insuficiência de dados sobre o assunto, não se pode precisar o nível de representatividade. Isto porque o serviço de Ensino da Faculdade, em razão de seu formato de matrícula (por disciplina e não por período), não tem condições de informar o total exato de alunos por período. Supõe-se que a representatividade global possa ser atribuída aos períodos. Além disso, um alto percentual de alunos não preencheu o campo relacionado ao período (239 alunos ou 16% do total de entrevistados), o que reforça a impossibilidade de se verificar a representatividade da pesquisa por período.

Tendo em vista que a matrícula dos alunos do 1.º período não é feita na Faculdade de Direito, os seis alunos que aparecem nesse período devem ser considerados como "incorreção de preenchimento".

2 TEMPO DISPONÍVEL PARA PESQUISA E ESTÁGIO

A análise da disponibilidade dos alunos para a pesquisa e estágio será feita de forma indireta, ou seja, pressupor-se-á que a disponibilidade quanto a essas duas funções está em ordem inversa à duração da jornada de trabalho: maior disponibilidade/menor duração da atividade de trabalho. Far-se-á a análise nesse sentido tendo em vista que a indagação "se o aluno tem tempo" ficou prejudicada por imprecisão do questionário, conforme explicado em item anterior.

A participação de alunos que trabalham no universo pesquisado pode ser considerada bastante alta: 44% ou 562 alunos (Tabela 2). Esse dado é recrudescido pelo fato de que, desse total de alunos que trabalha, mais de 66% apresentam jornada diária de 6 a 8 horas. Somente 8,2% trabalham quatro horas por dia. Este é, sem dúvida, um indicador de baixa disponibilidade para atividades que requeiram uma permanência maior na Universidade ou em outros locais para estágios. Isso vem demonstrar, ainda, que é no período de aulas que habilidades e capacidades próprias da pesquisa e da extensão (estágio) deverão ser desenvolvidas. Essa situação sugere, talvez, que a função de ensino deva ser dinamizada e repensada no sentido de se tentar superar as deficiências do não envolvimento do alunado nas demais funções típicas do nível universitário.

TABELA 2

Condição de Trabalho dos Alunos da Graduação – 1994 (2.º Semestre)

Alunos que	N	%
Trabalham	562	43,91%
Não trabalham	689	53,83%
N.R.	29	2,27%

Fonte: Pesquisa direta. Questionário de Matrícula da Faculdade de Direito.

GRÁFICO 2

Duração da Jornada Diária de Trabalho dos Alunos da Graduação – 1994 (2.º Semestre)

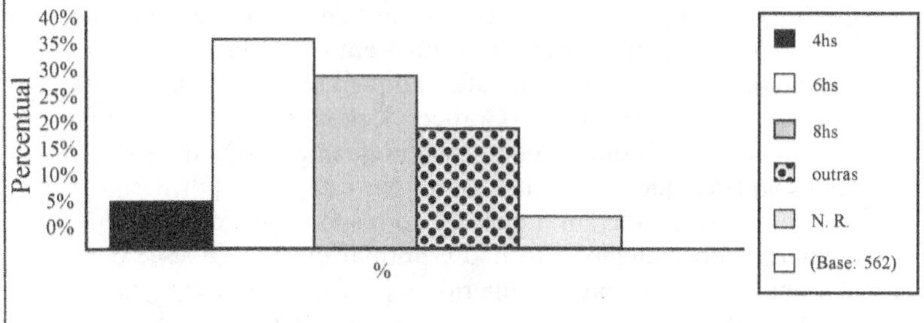

Fonte: Tabela 3.

Poder-se-ia supor que esses alunos que trabalham distribuem-se prioritariamente nos últimos períodos, o que não é absolutamente exato. Considerando mais atentamente os dados, por período (Gráfico 3), nota-se que eles se distribuem de forma bastante homogênea e as diferenças entre as turmas mais ou menos avançadas não são significativas. A participação de alunos que trabalham no 6.º período é, por exemplo, praticamente igual àquela encontrada para os 9.º e 10.º períodos (53% e 54%, respectivamente). Só nos 2.º e 3.º períodos apresentou-se maior participação de alunos com disponibilidade de tempo. Os dados sugerem, portanto, que já nesses períodos os alunos sejam estimulados a se envolverem com a função pesquisa. Daí porque cursos de iniciação à metodologia da pesquisa jurídica deveriam ser destinados também a esse público. Talvez, prioritariamente.

GRÁFICO 3
Disponibilidade para Pesquisa e Extensão dos Alunos da Graduação por Período – 1994 (2.º Semestre)

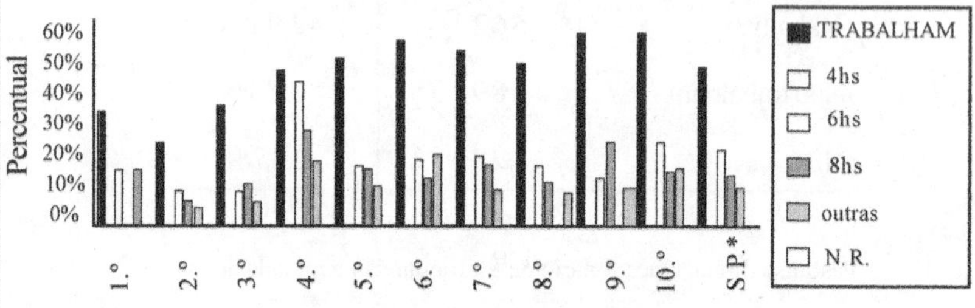

Fonte: Tabela 3.1.

3 INTERESSE POR PESQUISA E ESTÁGIO

O interesse expressado pelos alunos em relação às funções de pesquisa e de estágio reproduzem essa situação de não disponibilidade de tempo por boa parte do público entrevistado. Apesar da metade do público-alvo (51%) ter afirmado seu interesse pelas atividades de pesquisa e de estágio (Gráfico 4), praticamente 32% (406 alunos) disseram não querer tanto estágio quanto pesquisa. Somados estes àqueles que não se interessam por estágio ou por pesquisa ou que não responderam à questão correspondem exatamente à outra metade do alunado. Isto não é normal quando se sabe que alunos dos chamados cursos superiores profissionais interessam-se, via de regra, no mínimo, pelas chamadas atividades complementares de tipo prático que é o caso do estágio.

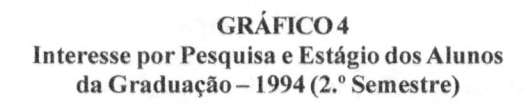

GRÁFICO 4
Interesse por Pesquisa e Estágio dos Alunos da Graduação – 1994 (2.º Semestre)

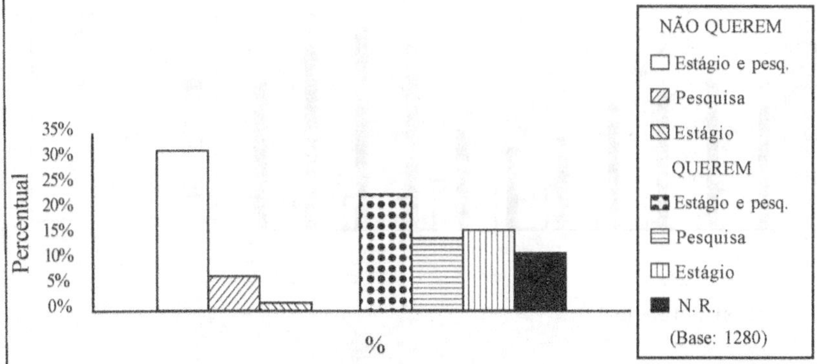

Fonte: Tabela 4.

Por falha do instrumento aplicado não se pode afirmar que dentre aqueles que disseram não querer estágio não estejam incluídos os alunos que já estagiam: 24% do universo pesquisado ou 306 alunos. Possivelmente isto tenha ocorrido, pois ao se analisar a distribuição dos dados por período, aqueles que afirmaram não querer as duas funções concentram-se nos últimos quatro períodos (praticamente 40% dos alunos que não demonstraram interesse pelas duas atividades).

Os dados demonstram que o interesse pelas duas funções conjuntas (pesquisa e estágio) concentra-se até o 7.º período, com predominância nos quatro primeiros períodos. A partir daí, o interesse pelas duas atividades conjuntas decresce sistematicamente (só 7% nos 9.º e 10.º períodos). O interesse só por pesquisa não é alto e distribui-se com certa homogeneidade entre os períodos, com pequeno acréscimo nos 8.º e 9.º períodos. O mesmo fenômeno ocorre com a função "só estágio", aumentando o interesse nos 2.º, 6.º e 7.º períodos sem possibilidade de explicação lógica para esse acréscimo.

GRÁFICO 5A
Interesse por Pesquisa e Estágio dos Alunos da Graduação por Período – 1994 (2.º Semestre)

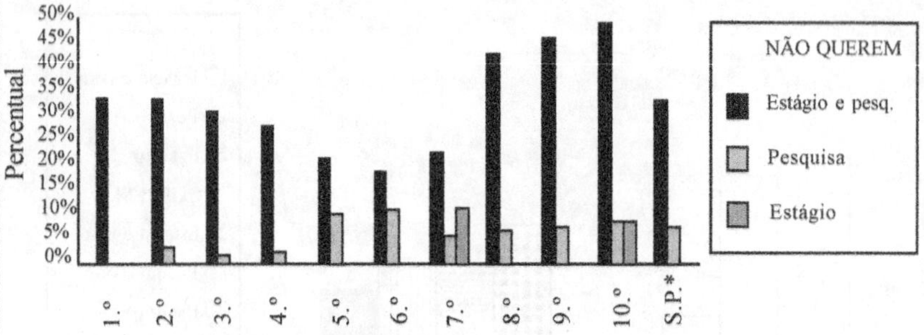

Fonte: Tabela 4.1.

GRÁFICO 5B
Interesse por Pesquisa e Estágio dos Alunos da Graduação por Período – 1994 (2.º Semestre)

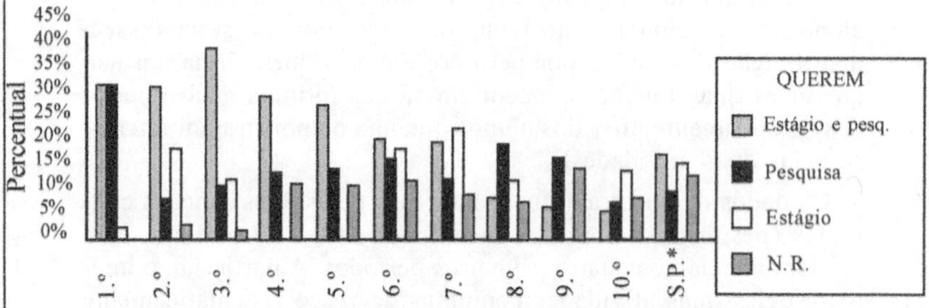

Fonte: Tabela 4.1.

O universo de alunos já envolvidos com estágio e pesquisa (320 alunos) é pequeno em relação ao público-alvo que se interessa pelas duas atividades, 651 alunos (Tabela 6). Quanto à atividade de pesquisa não se sabe exatamente quantos alunos estão envolvidos, visto que essa pergunta não foi feita. Os quatorze alunos que aparecem na Tabela 6 decorrem de informações complementares colocadas no questionário. Este fato prejudicou a análise, ficando mais clara a situação do estágio. Segundo informações dos arquivos da Coordenadoria Acadêmica, existem em torno de 40 bolsistas de Iniciação Científica na Graduação da Faculdade de Direito. Este é um universo muito pequeno quando comparado ao interesse expressado pela pesquisa: 171 alunos querem só pesquisa; 290 querem pesquisa e extensão (Gráfico 4 e Tabela 4).

4 INTERESSE POR ÁREA ESPECÍFICA DE PESQUISA E DE ESTÁGIO

Se não considerado o item "outras", a opção majoritária, quer para estágio ou pesquisa, é pelo campo civil (11,64% por estágio; 9,06% por pesquisa), seguido diretamente pela área constitucional quanto à pesquisa (6,41%) e penal quanto à estágio (6,02%). À exceção da área tributária, que ainda apresenta uma participação razoável (5% para estágio; 4,69% para pesquisa), seguida de comercial somente para estágio (4,45% ou 57 alunos), as demais áreas apresentaram participações pouco significativas e distribuídas homogeneamente.

GRÁFICO 6
Interesse por Área Específica de Pesquisa e Estágio dos Alunos da Graduação por Período
1994 (2.º Semestre)

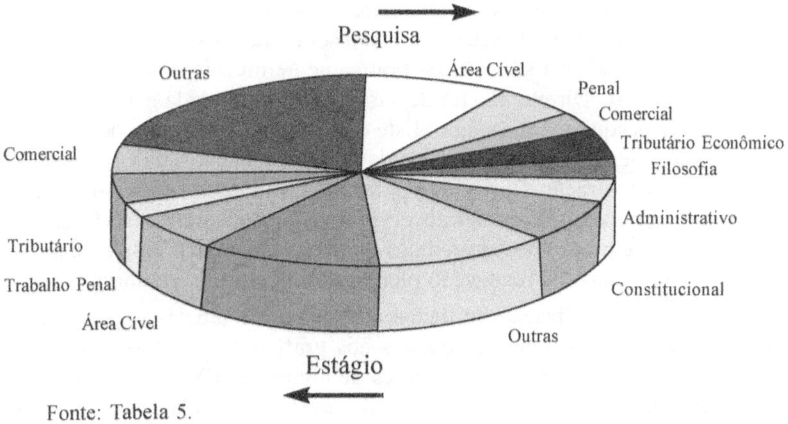

Fonte: Tabela 5.

Estranha-se que não tenha aparecido na pesquisa interesse mais significativo pelas áreas de Direito do Trabalho e de Filosofia do Direito. Sugere-se que atividades não estritamente curriculares (seminários, debates, grupos de estudo, etc.) sejam realizadas para estimular os alunos a esses dois campos importantes de estudo e de reflexão.

O item "outras" compõe-se majoritariamente de um público que se dispõe a realizar pesquisa ou estágio em "qualquer área", ou seja, ainda não é capaz de selecionar os campos de maior interesse. Este fato não seria estranhável se ocorresse somente entre alunos dos primeiros períodos. Aparece, contudo, e com relativa freqüência, entre pesquisados do 5.º a 8.º períodos, fase do curso em que os alunos já deveriam indicar, com certa segurança, suas áreas de preferência. Compõem, ainda, o item "outras" algumas áreas e subáreas jurídicas, como Direito Romano, Introdução ao Estudo do Direito, Direito Ambiental, Processo Legislativo, Direitos Difusos, Advocacia de Empresas, entre outras. Sua participação no total é, no entanto, pouco significativa em termos estatísticos.

5 CONSIDERAÇÕES FINAIS

Entende-se que os resultados da pesquisa foram diretamente prejudicados por imprecisões do instrumento de diagnóstico (Questionário de Matrícula). Por essa razão, apresenta-se, em Anexo 2, proposta de reformulação do instrumento. Seria importante, contudo, que essa proposta de questionário de matrícula fosse encaminhada aos Departamentos para que estes a analisem e proponham a inserção de novos itens ou modificação daqueles já definidos.

Apesar da opção, neste relatório, de se inserir considerações e propostas ao longo de seu texto e não somente em suas conclusões, deve-se ressaltar a situação de praticamente metade do alunado da Faculdade de Direito não ter declarado disponibilidade para as funções de pesquisa e de estágio. Este dado merece ser objeto de reflexão dos Departamentos, do Colegiado de Graduação e da Comissão de Reestruturação Curricular para que conteúdos típicos dessas outras funções possam ser absorvidos pela função ensino. Há que se inovar e propor novas medidas que venham superar essa evidente incapacidade de realização plena das funções universitárias.

Para a visualização de dados utilizou-se de tabelas e gráficos. Algumas tabelas complementares aos gráficos foram inseridas no Anexo 3 deste relatório. As fontes de alguns gráficos inseridos no texto estão, portanto, em anexo e não ao longo do relatório.

A iniciativa de realização deste diagnóstico, apesar das imprecisões, deverá servir para fundamentar o planejamento ou o replanejamento da oferta de atividades de pesquisa e de estágio da Faculdade de Direito. Poderá ter, inclusive, reflexos sobre a atividade de ensino. Por essa razão, a repetição desse questionário nos momentos de matrícula deverá ser reiterada. Se possível, combinando-se essa técnica a outras que possibilitem o aprofundamento da análise.

Outubro/1994

Miracy Barbosa de Sousa Gustin
Coordenadora Acadêmica

ANEXO 1

Questionário de Matrícula Aplicado

Protocolo de Requerimento de Matrícula n. ________

Nome do Aluno ______________________ N. Matrícula ________

Você tem matéria atrasada? ( ) Sim ( ) Não. Qual?_______ Período: ________

Preencha o quadro abaixo, relativo ao período que você vai cursar:

Período	Código	Denominação das Disciplinas	Turma

____
Assinatura do Aluno

Ratificação da Matrícula: entre dias 25 e 27 de julho, mediante a apresentação da guia de recolhimento da taxa de matrícula quitada:

____
(assinatura do Aluno)

Nome do Aluno: ______________________ n. Matrícula: ________

Período: ________________

Você trabalha? ( ) Sim ( ) Não

Cargo/função: ________________

Horário: ________________

Endereço: ________________

Telefone: ________________

Você tem tempo para pesquisa e gostaria de fazê-la?

( ) Sim ( ) Não. Em que área ou matéria?

Você faz estágio? ( ) Sim ( ) Não

Horário do estágio: ____________

Empresa/Órgão: ____________

Endereço: ____________

Telefone: ____________

Você tem tempo p/ estágio e gostaria de fazê-lo?

( ) Sim ( ) Não. Em que área ou matéria?

Outras observações ou sugestões? ________________________

____

____

ANEXO 2
Proposta de Reformulação do Questinário de Matrícula

I. Nome do Aluno: ______________________________ N. Matrícula: ________

Período: ( ) 1.º ( ) 2.º ( ) 3.º ( ) 4.º ( ) 5.º ( ) 6.º ( ) 7.º ( ) 8.º ( ) 9.º ( ) 10.º

(Marque com um X o período em que você solicitou matrícula no maior número de disciplinas)

Endereço: ______________________________________ Telefone: __________

____

II. Você trabalha?

( ) Sim ( ) Não (Responda **não** quando seu trabalho for estágio e passa para o item III)

Cargo/função: ______________________________

Duração da jornada diária de trabalho:

( ) 4 horas ( ) 6 horas ( ) 8 horas ( ) Outra: __________________________

(Especificar)

Empresa/Órgão: ____

Local de trabalho:

Belo Horizonte ( ) Sim ( ) Não

Cidade da Região Metropolitana ( ) Sim ( ) Não

Outra cidade: ____

(Especificar)

III. A) Você faz estágio? ( ) Sim ( ) Não

(No caso de resposta negativa passar para o item **B**)

Duração diária do estágio:

( ) 4 horas ( ) 6 horas ( ) Outra: ________________________________

(Especificar)

Empresa/Órgão: ____

Endereço: ______________________________________ Telefone: __________

____

Área de estágio ou função que realiza: ______________________________

____

É convênio da UFMG? ( ) Não ( ) Sim. Qual? __________________________

Outro convênio? ( ) Não ( ) Sim. Qual? ______________________________

Outro tipo de estágio? ( ) Não ( ) Sim. Qual? __________________________

B) Você está desenvolvendo alguma pesquisa?
( ) Sim ( ) Não (No caso de resposta negativa, passe para o item **IV**)
Na Faculdade de Direito? ( ) Sim ( ) Não
Em outro órgão? ( ) Sim ( ) Não Qual? ____________
Você é bolsista? ( ) Sim ( ) Não Em qual programa?
( ) PAD ( ) PBIC/CNPq ( ) PBIC/FAPEMIG ( ) Outro: ____________

Se **não é bolsista** mas desenvolve pesquisa:

- Você integra projeto de algum professor? ( ) Sim ( ) Não
- Foi iniciativa sua e algum professor o orienta? ( ) Sim ( ) Não
- Outra alternativa: ____________ (Especificar)

Área de pesquisa: ____________

IV. Interesse por pesquisa e por estágio

A) Você gostaria de fazer estágio?
( ) Não. Por quê? ____________
( ) Sim. Em que área ou matéria? ____________
Por quanto tempo? ____________

B) Você tem tempo disponível para estágio:
( ) Não
( ) Sim. Quanto tempo diário? ____________ (Em horas consecutivas)
Em turno do dia? ____________ (Manhã/Tarde/Noite)

C) Você gostaria de fazer pesquisa?
( ) Não. Por quê? ____________
( ) Sim. Em que área ou matéria? ____________
Por quanto tempo? ____________

D) Você tem tempo disponível para pesquisa?
( ) Não.
( ) Sim. Quanto tempo diário? ____________ (Em horas consecutivas)
Em turno do dia? ____________ (Manhã/Tarde/Noite)

V. Outras observações e sugestões?

____

____

Assinatura: ____________
Data: ____/____/____

ANEXO 3
Tabelas – Dados Absolutos

TABELA 1
Representatividade da Pesquisa – 1994 (2.º semestre)

Alunos	N	%
Pesquisados (Base: 1474)	1280	86,84%

Fonte: Pesquisa direta – Questionário de Matrícula da Faculdade de Direito.

TABELA 2
Condição de Trabalho dos Alunos da Graduação – 1994 (2.º semestre)

Alunos que	N	%
Trabalham	562	43,91%
Não trabalham	689	53,83%
N.R.	29	2,27%
(Base: 1280)		

Fonte: Pesquisa direta – Questionário de Matrícula da Faculdade de Direito.

TABELA 3
Duração da Jornada Diária de Trabalho dos Alunos da Graduação – 1994 (2º semestre)

Alunos que trabalham	N	%
4hs	46	8,19%
6hs	206	36,65%
8hs	166	29,54%
outras	115	20,46%
N.R.	29	5,16%
(Base: 562)		

Fonte: Pesquisa direta – Questionário de Matrícula da Faculdade de Direito.

TABELA 3.1
Duração da Jornada Diária de Trabalho dos Alunos da Graduação por Período – 1994 (2.º semestre)

Período	1.º	2.º	3.º	4.º	5.º	6.º	7.º	8.º	9.º	10.º	SP*
Trabalham	33%	24%	35%	44%	48%	53%	49%	46%	54%	54%	44%
4hs	0%	2%	4%	11%	4%	2%	5%	6%	4%	5%	2%
6hs	17%	10%	10%	41%	17%	18%	19%	16%	12%	22%	19%
8hs	0%	7%	12%	27%	15%	13%	16%	11%	22%	13%	12%
outras	17%	5%	6%	18%	11%	19%	9%	6%	7%	14%	8%
N.R.	0%	1%	4%	4%	1%	0%	0%	7%	8%	0%	2%
(Base)	(6)	(131)	(142)	(126)	(144)	(93)	(91)	(107)	(95)	(106)	(239)

* Alunos que não especificaram o período

Fonte: Pesquisa direta – Questionário de Matrícula da Faculdade de Direito.

TABELA 4
Interesse por Pesquisa e Estágio dos Alunos da Graduação – 1994 (2.º semestre)

Alunos	N	%
Não querem		
Estágio e Pesq.	406	31,72%
Pesquisa	82	6,41%
Estágio	13	1,02%
Querem		
Estágio e Pesq.	290	22,66%
Pesquisa	171	13,36%
Estágio	190	14,84%
N.R.	128	10,00%
(Base: 1280)		

Fonte: Pesquisa direta – Questionário de Matrícula da Faculdade de Direito.

TABELA 4.1
Interesse por Pesquisa e Estágio dos Alunos da Graduação por Período – 1994 (2.º semestre)

Período	1.º	2.º	3.º	4.º	5.º	6.º	7.º	8.º	9.º	10.º	SP*
Não querem											
Estágio e Pesq.	33%	33%	30%	28%	21%	18%	22%	42%	45%	48%	32%
Pesquisa	0%	4%	2%	3%	10%	11%	5%	7%	7%	8%	7%
Estágio	0%	0%	0%	0%	1%	0%	5%	0%	0%	4%	1%
Querem											
Estágio e Pesq.	33%	33%	42%	31%	29%	22%	21%	9%	7%	7%	18%
Pesquisa	33%	8%	11%	14%	15%	17%	13%	21%	18%	8%	11%
Estágio	2%	19%	13%	10%	11%	19%	24%	13%	6%	15%	17%
N.R.	0%	3%	2%	12%	12%	13%	10%	8%	16%	9%	14%
(Base):	(6)	(131)	(142)	(126)	(144)	(93)	(91)	(107)	(95)	(106)	(239)

* Alunos que não especificaram o período

Fonte: Pesquisa direta – Questionário de Matrícula da Faculdade de Direito.

TABELA 5
Interesse por Área Específica de Pesquisa e Estágio dos Alunos da Graduação – 1994 (2.º semestre)

Alunos	N	%
Querem Pesquisa		
Área Cível	116	9,06%
Penal	66	5,16%
Comercial	38	2,97%
Tributário	60	4,69%
Econômico	36	2,81%
Filosofia	18	1,41%
Administrativo	31	2,42%
Constitucional	82	6,41%
Outras	140	10,94%
Querem Estágio		
Área Cível	149	11,64%
Penal	77	6,02%
Trabalho	24	1,88%
Tributário	64	5,00%
Comercial	57	4,45%
Outras	247	19,30%
(Base: 1280)		

Fonte: Pesquisa direta – Questionário de Matrícula da Faculdade de Direito.

TABELA 5.1
Interesse por Área Específica de Pesquisa e Estágio dos Alunos da Graduação, por período – 1994 (2.º semestre)

Período	1.º	2.º	3.º	4.º	5.º	6.º	7.º	8.º	9.º	10.º	SP*
Querem Pesq.											
Área Cível	0%	4%	15%	8%	13%	17%	12%	9%	4%	2%	7%
Penal	0%	3%	8%	10%	10%	3%	3%	3%	2%	2%	4%
Comercial	0%	2%	0%	5%	4%	5%	5%	3%	3%	2%	3%
Tributário	0%	4%	8%	6%	6%	6%	8%	1%	5%	0%	3%
Econômico	0%	5%	6%	7%	2%	2%	2%	0%	1%	1%	1%
Filosofia	0%	2%	4%	2%	1%	2%	0%	2%	0%	0%	2%
Administrativo	0%	1%	0%	2%	1%	2%	4%	7%	7%	4%	1%
Constitucional	0%	7%	7%	7%	10%	5%	4%	6%	3%	3%	8%
Outras	33%	25%	18%	6%	10%	5%	7%	7%	4%	4%	13%
Querem Est.											
Área Cível	0%	13%	20%	13%	13%	23%	14%	7%	3%	5%	8%
Penal	0%	2%	11%	10%	10%	6%	4%	3%	4%	2%	5%
Trabalho	0%	2%	3%	3%	1%	2%	2%	2%	0%	2%	1%
Tributário	0%	4%	8%	10%	3%	6%	4%	5%	1%	2%	5%
Comercial	0%	2%	1%	7%	8%	5%	11%	2%	1%	6%	3%
Outras	67%	37%	25%	14%	20%	11%	20%	14%	6%	8%	23%
(Base):	(6)	(131)	(142)	(126)	(144)	(93)	(91)	(107)	(95)	(106)	(239)

*Alunos que não especificaram o período

Fonte: Pesquisa direta – Questionário de Matrícula da Faculdade de Direito.

TABELA 6
Envolvimento com Pesquisa e Estágio

Alunos	N	%
Pesquisam	14	1,09%
Estagiam	306	23,91%
(Base: 1280)		

Fonte: Pesquisa direta – Questionário de Matrícula da Faculdade de Direito.

TABELA 6.1
Envolvimento com Pesquisa e Estágio

Período	1.º	2.º	3.º	4.º	5.º	6.º	7.º	8.º	9.º	10.º	SP*
Trabalham	33%	24%	35%	44%	48%	53%	49%	46%	54%	54%	44%
Pesquisam	0%	0%	1%	3%	2%	2%	1%	1%	0%	0%	1%
Estagiam	0%	3%	7%	13%	19%	24%	37%	46%	47%	46%	20%
(Base)	(6)	(131)	(142)	(126)	(144)	(93)	(91)	(107)	(95)	(106)	(239)

* Alunos que não especificaram o período

Fonte: Pesquisa direta – Questionário de Matrícula da Faculdade de Direito.

Reflexões sobre o diagnóstico de interesse e disponibilidade dos alunos da Faculdade de Direito em relação às atividades de Pesquisa e de Estágio

Entendendo que as funções de ensino, pesquisa e extensão no nível universitário requerem planejamentos detalhados que se estruturem a partir de dados objetivos sobre expectativas e disponibilidades do público alvo, foi aplicado no último semestre um questionário com os alunos de graduação da Faculdade de Direito para a identificação desses aspectos.

A Coordenadoria Acadêmica que, em nossa Faculdade, é o órgão responsável pelo apoio às atividades de pesquisa e extensão de docentes e alunos, incumbiu-se da tarefa de organizar e analisar as informações obtidas no questionário de matrícula. Dessa atividade resultou um relatório que nos permite algumas reflexões sobre potencialidades e condições de pesquisa e extensão e sobre demandas ainda latentes.

Pode-se afirmar que, em termos quantitativos globais, os dados obtidos são bastante expressivos e representativos: 87% dos alunos matriculados responderam ao questionário. Isto significa que, de 1474 alunos matriculados no segundo semestre de 1994, 1280 responderam às indagações do questionário. É possível, portanto, afirmar que, apesar de nossas dificuldades de tabulação e algumas imprecisões do instrumento aplicado, atualmente temos noção razoável do interesse, disponibilidade e demandas de nossos discentes em relação à pesquisa e à extensão.

Consideremos primeiro a disponibilidade de tempo de nosso alunado para essas atividades. A participação de alunos que trabalham no universo pesquisado pode ser considerada bastante alta: 44% ou 562 alunos trabalham. Este dado é recrudescido pelo fato de que mais de 66% desse total declaram uma jornada diária de trabalho de seis a oito horas. Apesar desse percentual distribuir-se de forma praticamente homogênea entre os períodos, há menor incidência de alunos que trabalham nos primeiros períodos (1.º a 3.º períodos). Os dados sugerem, portanto, que já nessa fase inicial de cursos os alunos deveriam ser estimulados a se envolverem com as funções de pesquisa e extensão. Daí porque cursos de iniciação à metodologia da pesquisa jurídica devam ser destinados também a esse público. Talvez, prioritariamente.

O interesse expressado pelos alunos em relação às atividades de pesquisa e de estágio reproduzem essa situação de não disponibilidade de tempo por boa parte do público entrevistado. Apesar de metade do alunado (51%) ter afirmado seu interesse pelas atividades de pesquisa e de estágio, praticamente 32% (406 alunos) disseram "não querer tanto estágio quanto pesquisa". Esta é, sem dúvida, uma situação a ser reexaminada tendo em vista que alunos de cursos superiores, especialmente os chamados cursos profissionais, interessam-se, via de regra, no mínimo, pelas atividades de tipo prático, que é o caso do estágio.

O total de alunos já envolvidos com estágio e pesquisa (320 alunos) é ainda pequeno em relação ao público que se interessa pelas duas atividades, 651 alunos. Segundo informações dos arquivos da Coordenadoria Acadêmica, existem em torno de 40 bolsistas de pesquisa nesta Faculdade. Este é um universo extremamente pequeno quando comparado ao número de alunos que se interessam por essa atividade: 171 entrevistados optaram só por pesquisa, 290 querem pesquisa e extensão.

Quanto ao interesse por área específica, a opção majoritária dos entrevistados, quer para estágio ou pesquisa, é pelo campo **civil** (11,64% por estágio, 9,06% por pesquisa), seguido diretamente pela área **constitucional** quanto à pesquisa (6,41%) e **penal** quanto a estágio (6,02%). À exceção do campo tributário, que ainda apresenta uma participação razoável (5% interessam-se por estágio; 4,69% por pesquisa), seguido de comercial somente para estágio (57 alunos, ou 4,45%), as demais áreas curriculares apresentaram participação pouco expressiva quanto à demanda de estágio ou pesquisa. Estranha-se o menor interesse pelas áreas de Direito do Trabalho e Filosofia do Direito. Sugere-se que atividades não estritamente curriculares (seminários, debates, grupos de estudo, etc.) sejam realizadas para estimular o corpo discente a esses dois campos relevantes de estudo e de reflexão.

A iniciativa de realização deste diagnóstico deverá servir para fundamentar o planejamento ou replanejamento da oferta das atividades de pesquisa e de estágio da Faculdade de Direito. Por esta razão, a repetição da aplicação do questionário – agora, já reformulado e mais completo – neste primeiro semestre de 1995, deverá fornecer novos e importantes subsídios para que nossos setores acadêmicos, como Colegiado de Graduação, Departamentos, Comissão de Reestruturação Curricular e Coordenadoria Acadêmica, dentre outros, possam utilizar-se de dados objetivos para o reexame das ofertas e do planejamento das atividades-fim de nossa Faculdade de Direito, com sua conseqüente melhoria.

A Coordenadoria Acadêmica está em fase final de elaboração do relatório com as informações obtidas através do questionário de matrícula deste primeiro semestre. Sua divulgação deverá ser feita amplamente.

Miracy Barbosa de Sousa Gustin
Coordenadora Acadêmica

Impresso em Fevereiro de 2015.